北京农业职业学院院级人文社科基金项目：《都市农业职业教育专题信息服务研究》（XY-SK-13-07）

# "都市农业职业教育"

## 研究文献分析报告（2017）

辛力春　宸铁梅◎主编

GMSKWK

光明社科文库　GUANG MING SHE KE WEN KU

光明日报出版社

图书在版编目（CIP）数据

"都市农业职业教育"研究文献分析报告.2017 /
辛力春，宸铁梅主编. -- 北京：光明日报出版社，
2018.5

ISBN 978 - 7 - 5194 - 4234 - 7

Ⅰ.①都… Ⅱ.①辛… ②宸… Ⅲ.①都市农业—
职业教育—文献分析—研究报告—中国—2017
Ⅳ.①F304.5②G353.1

中国版本图书馆 CIP 数据核字（2018）第 110422 号

## "都市农业职业教育"研究文献分析报告.2017

"DUSHI NONGYE ZHIYE JIAOYU" YANJIU WENXIAN FENXI BAOGAO . 2017

主　　编：辛力春　宸铁梅

责任编辑：杨　娜　　　　　　　责任校对：赵鸣鸣
封面设计：中联学林　　　　　　责任印制：曹　净

出版发行：光明日报出版社

地　　址：北京市西城区永安路 106 号，100050

电　　话：010 - 67078251（咨询），63131930（邮购）

传　　真：010 - 67078227，67078255

网　　址：http://book. gmw. cn

E - mail：yangna@ gmw. cn

法律顾问：北京德恒律师事务所龚柳方律师

印　　刷：三河市华东印刷有限公司

装　　订：三河市华东印刷有限公司

本书如有破损、缺页、装订错误，请与本社联系调换

开　　本：170mm × 240mm

字　　数：290 千字　　　　　　印　　张：15

版　　次：2018 年 6 月第 1 版　　印　　次：2018 年 6 月第 1 次印刷

书　　号：ISBN 978 - 7 - 5194 - 4234 - 7

定　　价：58.00 元

# 编委会

# 前　言

　　从全国来看，我国正面临着加快新型城镇化建设，向城乡一体化转变的重要历史机遇，这势必对发展都市农业职业教育提出了急迫和高标准的要求。基于首都优势地位，北京农业职业学院作为中国都市农业职业教育集团、北京都市农业职业教育集团牵头和理事长单位，承担着为北京乃至全国培养高素质"都市农业"职业技能人才的重任。学院非常重视有关"都市农业职业教育"的研究工作，重视从办学理念、成功经验到有益尝试等方面资料、信息的收集和积累。从图书馆自身职责担当来说，学院方面也希望图书馆能够积累起对学校研究、实践和发展"都市农业职业教育"足够丰富和有参考价值的资料和信息，并建立起这方面的资源库。

　　"都市农业职业教育"作为城市化转型进程中"都市农业"这一农业新经济形态与现代职业教育这一适应现代教育发展和专业化社会分工所需要的教育形式相结合的产物，承担着为转型期培养都市农业建设人才的关键作用，以保证"都市农业"的可持续发展。"都市农业职业教育"在我国正处于发展的成长期，但发展时间尚短。成长中的"都市农业职业教育"要进一步发展，急需从现实经验、理论研究进一步归纳总结和提炼，以便于对其自身发展的脉络和趋势有所了解和把握，吸取先进、成功的经验，避免重复前人已走过的失败覆辙，从而有效提高前人研究对于"都市农业职业教育"发展的科学指导意义。

　　目前"都市农业职业教育"研究的相关文献已初具规模，但对这些相关文献还没有人做过比较系统的收集、整理。因此，对于现有"都市农业职业教育"研究方面的文献全景化的揭示，对其中理论观点、实践经验进行系统的梳理、归纳和总结，形成清晰的发展脉络，都将会对"都市农业职业教育"研究乃至"都市农业职业教育"发展本身产生重要而积极的影响。

　　本研究即是基于北京农业职业学院院级课题的前期研究成果：《都市农业职业教育专题信息服务研究》(XY - SK - 13 - 07)(主持人辛力春)，以文献计量学、数理统计及可视化计算等方法,对全国主要的"都市农业职业教育"数字文献进行全面的收集、分析、提炼、归纳和概括,从中追溯和梳理"都市农业职业教育"研究的历史、现状脉络,并佐以深入的分析和总结,试图找出全国"都市农业职业教育"的主要研究热点、难点,所取得的成功经验以及"都市农业职业教育"发展趋势,绘制出"都市农业职业教育"的知识图谱,最终形成基于"都市农业职业教育"专题研究文献的汇编集以及有关"都市农业职业教育"研究综述及汇总分析报告。

本研究经过前期对"都市农业职业教育"概念内涵和外延的解构,力图最大限度提高文献收集的查准率和查全率。数字文献搜集方面,通过制定检索策略,全面检索馆藏数据库,搜集有关"都市农业职业教育"相关文献,对数据库检索的文献结果按照其影响因子进行排序。从最初348篇检索结果中经过人工筛选后由120篇相关文献形成"都市农业职业教育"数字文献汇编。

本研究在国内尚属空白,通过2013年至今4年多的深入研究,积累了较为充分、全面的相关资料,并通过深入梳理、汇总和归纳,提升凝练了有关"都市农业职业教育"发展的价值信息。本研究能够对国内的"都市农业职业教育"研究、发展起到引导、启发和研究门户及入口的基础作用。作为文献和理论综述,本研究具有一定的学术价值。通过汇总梳理,提升了知识价值。同时,本研究也具有首创性。本书研究将作为持续研究项目在今后继续跟踪关注"都市农业职业教育"文献发展,提供发展的更新报告和深入分析,形成持续价值和影响。

本书由辛力春、宸铁梅担任主编,副主编为吕巧枝、王敏。编委会组成有肖丽华、郭秀红、周建成、汤云。全书由辛力春主要撰稿和统筹。编委会成员提供了统稿、咨询和指导。副主编王敏(北京农业职业学院图书馆馆长)在本研究和成书过程中给予了大力支持。在此一并感谢对本书和相关研究提供支持、指导和建议的领导、专家和同仁们。

由于编者学识所限,加之时间仓促,以及所依据和积累的资料和信息所限,书中难免有疏漏和不当之处,敬请同行、专家、相关作者和读者朋友谅解,也请诸位能够第一时间指出,以便在后续工作中及时更新和改正。

编者

2018年3月

# 目　录
## CONTENTS

# 第一章

# "都市农业职业教育"研究概述

## 1.1　研究背景及意义

### 1.1.1　研究背景

（1）宏观政策导向

都市农业发展政策方面：基于国家和北京市关于推进城镇化、城乡一体化以及都市现代农业的规划和政策大背景，为都市农业的发展指明了未来的方向。

《中国国民经济和社会发展第十三个五年规划纲要》对城镇化和都市农业提出了新的要求：要"推进农村一二三产业融合发展"，"拓展农业多种功能，推进农业与旅游休闲、教育文化、健康养生等深度融合，发展观光农业、体验农业、创意农业等新业态。加快发展都市现代农业"。要"推进新型城镇化"："坚持以人的城镇化为核心、以城市群为主体形态、以城市综合承载能力为支撑、以体制机制创新为保障，加快新型城镇化步伐，提高社会主义新农村建设水平，努力缩小城乡发展差距，推进城乡发展一体化。"[1]

2005年11月，北京市发布了《关于加快发展都市型现代农业的指导意见》，首次提出了"发展都市型现代农业是首都农业发展方向的必然选择"，正式将发展都市型现代农业确定为政府行为。[2]《北京市国民经济和社会发展第十二个五年规划纲要》提出：要"推进都市型现代农业发展"，"大力发展籽种农业、休闲农业、循环农业、会展农业、设施农业、节水农业等都市型现代农业"。"纲要"还对产业升级调整提出了进一步要求："发展都市型现代农业。加快推动农业调结构、转方式，促进与二三产融合发展。注重农业生态功能，推进高效节水农业、循环农业、现代种业、生态旅游农业发展。保障农产品质量安全，发展精品农业，打造管理服务精细、产业产品高端的都市现代农业'升级版'。"[3]《北京市"十三五"时期都市现代农业发展规划》进行了明确:"以发展北京都市现代农业为方向,按照高科技、高辐射、高效益、生态环保、质量安全、集约节约的发展要求,着力构建与首都功能定位相一致、与二、三产业发展相融合、与京津冀协同发展相衔接的农业产业结构,打造生态环境友好、产业产品高端、田园乡村秀美、管理服务精细、城市郊区共融的都市农业'升级版'",到 2020 年"使北京成为全国都市农业引领区、国家现代农业示范区、高效节水农业样板区、京津冀协同发展先行区,率先在全国全面实现农业现代化".[4]

职业教育发展政策方面:《国家中长期教育改革和发展规划纲要(2010—2020年)》《国务院关于加快发展现代职业教育的决定》及北京市《关于加快发展现代职业教育的实施意见》为职业教育指明了良好的发展前景。

教育部 2010 年发布的《国家中长期教育改革和发展规划纲要(2010—2020年)》中提出:"大力发展职业教育。发展职业教育是推动经济发展、促进就业、改善民生、解决'三农'问题的重要途径,是缓解劳动力供求结构矛盾的关键环节,必须摆在更加突出的位置。职业教育要面向人人、面向社会,着力培养学生的职业道德、职业技能和就业创业能力。到 2020 年,形成适应经济发展方式转变和产业结构调整要求、体现终身教育理念、中等和高等职业教育协调发展的现代职业教育体系,满足人民群众接受职业教育的需求,满足经济社会对高素质劳动者和技能型人才的需要。"[5]

国务院在国发〔2014〕19 号文件《国务院关于加快发展现代职业教育的决定》中明确提出:"加快现代职业教育体系建设,深化产教融合、校企合作,培养数以亿计的高素质劳动者和技术技能人才。""到 2020 年,形成适应发展需求、产教深度融合、中职高职衔接、职业教育与普通教育相互沟通,体现终身教育理念,具有中国特色、世界水平的现代职业教育体系。"[6]

各地相继出台了加快发展本地现代职业教育的实施意见。其中北京市在《关于加快发展现代职业教育的实施意见》进一步明确了:"深化职业教育综合改革,创新体制机制,着力提高技术技能人才培养水平,为首都经济社会发展、产业转型升级和京津冀协同发展提供有力人才支撑。""到 2020 年,形成适应首都城市战略定位和经济社会发展需要,产教深度融合、中职高职衔接、职业教育与普通教育相互融通、学历教育与职业培训有机结合,体现终身教育理念,具有首都特色的国际一流现代职业教育体系。"[7]

2017 年 10 月 18 日,习近平总书记在党的十九大报告中进一步指出,优先发展教育事业。完善职业教育和培训体系,深化产教融合、校企合作。加快一流大学和一流学科建设,实现高等教育内涵式发展。[8]

在国家和地方的规划、政策推动、实施和影响下,我国职业教育驶上了发展"快车道"。发展体系不断完善,办学模式不断创新。招生规模和毕业生就业率保持了稳定增长。截至2015年的统计数字,全国职业院校的招生规模总数已经达到891万人,在校学生总数超过2506万人。其中高职教育毕业生、招生数、在校生人数均保持了稳定增长趋势。中职教育的学校数、毕业生、招生数、在校生人数均持稳定递减趋势。这也表明了职业教育转型升级的态势。(参见"表1—1 2011—2016全国职业教育发展统计")

表1—1 2011—2016全国职业教育发展统计

| 统计项目<br>年份 | 2011 | 2012 | 2013 | 2014 | 2015 | 2016 |
|---|---|---|---|---|---|---|
| 高职(专科)院校数(所) | 1280 | 1297 | 1321 | 1327 | 1341 | 1359 |
| 高职(专科)院校毕业生数(人) | 2365823 | 2383347 | 2406749 | 2396615 | 2476005 | — |
| 高职(专科)院校招生数(人) | 2579318 | 2550021 | 2608385 | 2770065 | 2899105 | — |
| 高职(专科)院校在校生数(人) | 7440966 | 7597464 | 7756258 | 8038190 | 8496353 | — |
| 中等职业教育学校数(所) | 13093 | 12663 | 12262 | 11878 | 11202 | 10893 |
| 中等职业教育毕业生数(人) | 6603460 | 6748946 | 6744396 | 6229463 | 5678833 | 5336240 |
| 中等职业教育招生数(人) | 8138664 | 7541349 | 6747581 | 6197618 | 6012490 | 5933411 |
| 中等职业教育在校生数(人) | 22053300 | 21136871 | 19229706 | 17552823 | 16567024 | 15990127 |

﹡数据来源:中国国家统计局、教育部。2016年没有单独的高职人数统计数据。

(2)学院发展定位

作为北京地区唯一涉农专业高职院校,北京农业职业学院是国家示范性高等职业院校、北京市职业教育先进单位;担任中国都市农业职业教育集团、北京都市农业职业教育集团理事长单位,也是中国职业技术教育学会农村与农业职业教育专业委员会主任单位。

学院坚持"立足首都,面向全国,服务'三农'"的办学宗旨,主动适应首都城市战略定位、京津冀协同发展、城乡一体化和都市型现代农业发展的新形势和新要求。为区域经济社会发展提供有效的人才支撑、科研支持与社会服务。

学院现开设普通高职专业 40 个，其中，园艺技术、畜牧兽医、绿色食品生产与检验专业作为示范校重点建设专业，创新形成了"植物生长周期循环""岗位轮动""1—4—1 工学结合"的人才培养模式，构建完成了"任务导向、模块设置""岗位化""从田间到餐桌"的课程体系，为全国农业种植类、畜牧兽医类、食品安全类高职专业的建设提供了范例。

学院不断创新三农服务机制，相继组建都市现代农业、畜牧兽医新技术等专业化服务工作室和奶牛、健康养殖、种苗组培、设施农业等产学研服一体化工作室。以"项目带动计划""人才支撑计划"为依托，在"院乡、院镇、院区、院企"共建合作中，创新实践了"科技挂职 1＋1""五能标杆"主题工作，形成了"滴灌式""孵化式""链条式"等服务模式和"五个一"挂职服务机制。[9]

2014 年 3 月 6 日北京市教委、市农委批复由北京农业职业学院牵头成立北京都市农业职业教育集团。北京都市农业职业教育集团以服务都市型现代农业发展，服务区域经济建设，关注"三农"问题，推进首都农业和社会主义新农村建设快速发展为目标，以培养现代农业技术技能型人才为依托。

2015 年 11 月 25 日中国都市农业职业教育集团由我院与北京首都农业集团有限公司联合牵头发起。集团将着重培养都市农业技术技能型人才，开展应用性研究、服务都市农业发展。

随着国家的新农村建设、推进城镇化、加快城乡一体化进程和培育新型职业农民的宏观政策的提出，以城市，尤其是在中心城市、大城市的带动辐射作用下，对区域农业转型升级的需求提升，使得现代都市农业发展方兴未艾。都市农业的巨大发展前景及其有别于传统乡村农业的多功能性、集约性、融合性、科技知识密集性的突出特点，给农业职业教育提供了广阔的发展前景和难得机遇。农业职业教育正可以凭借其人才培养、科技和文化的带动和辐射作用等方面的优势在都市农业发展中发挥出应有的重要作用。

（3）图书馆服务职能要求

大学图书馆承担着为国家和地区培养高素质人才提供文献信息和知识系统的储备、传承、增殖的重要保障功能。大学图书馆同时也是培育和滋养人才的摇篮和重要的第二课堂。大学图书馆也是办好大学教育，提高教学科研水平的重要依靠。

北京农业职业学院立足首都面向全国，承担着培养高素质农业职业人才的重任。发展首都都市现代农业，也要求我院要加强都市农业职业教育的教学和科研，为输送高质量的都市农业建设人才打好基础。作为学院文献信息保障机构的图书馆,其职责使命所在就是以图书馆专业、丰富的信息资源体系为依托,以专业的信息收集、汇聚、二次整理分析为手段,为北京农业职业学院的都市农业职业教育提供人才培养、领导决策、科研辅助等所需的专题信息服务,并最终形成可用好用的都市农业职业教育专题文献汇编和特色数据库。这也正是图书馆可以做好并且应当做好的服务手段和重要内容。

### 1.1.2 研究目的及意义

本研究以图书馆藏文献信息资源体系为主要文献信息来源,以专业的数字化文献信息收集、汇聚、筛选、整理及数据的深入分析和挖掘等方法为研究手段,以为北京农业职业学院的都市现代农业专业教育及本校所牵头的都市农业职教集团办学和人才培养、领导决策、科研辅助等所需提供专题文献信息及其分析为主要目的,形成针对"都市农业职业教育"专题研究文献的研究综述、研究报告和专题研究文献汇编。

本研究希望通过对"都市农业职业教育"近些年的研究文献的系统梳理和深入总结、归纳和提炼,试图总结出对"都市农业职业教育"这些年的一些发展规律及趋势,并希望对"都市农业职业教育"今后的发展能够有所启发。

本研究报告基于北京农业职业学院院级课题的前期研究成果:《都市农业职业教育专题信息服务研究》(XY – SK – 13 – 07)(主持人辛力春),进一步深化分析扩展而成。

## 1.2 研究概念解析

研究主题"都市农业职业教育"是一个复合主题概念。作为研究前提,必须首先从词的内涵外延分层次解析出构成主题概念的各要素,才能做到能够准确全面恰当表达研究主题。

"都市农业职业教育"这一复合主题概念可拆分为"都市农业"和"职业教育"两个基本概念。其中"职业教育"为复合主题的中心部分,"都市农业"为复合主题的限定部分。

对于本研究的文献收集来说,仅仅收集主题字面上含有"都市农业"和"职业教育"两个基本概念的文献是远远不够的。需要满足文献查全率的要求,就必须对"都市农业"和"职业教育"两个基本概念进行概念解析,查出在词义上等同、相似或相近、相关,以及包含等关系的词,并进行筛选,选出可用于文献查找和检索的关键词/主题词。

### 1.2.1 "都市农业"概念解析

"都市农业"内涵词:按照《北京市"十二五"规划纲要》对"都市型现代农业"的定义,限定了籽种农业、休闲农业、循环农业、会展农业、设施农业、节水农业六个专有名词属于"都市农业"的范畴。因此,这些词应当属于"都市农业"概念的内涵之一,属于"都市农业"这一概念的词义包含关系,应当列入检索词范围。

"都市农业"同义词(或近义词):借助中文主题词词表或者按照计算机检索的自然语言语词规则,根据搜索引擎或智能助手(如"万方创新助手")的检索词扩展选词提示,可以选中以下常用的同义词(或相似词)作为检索用词的补充:都市农业、都市型农业、都市现代农业、都市型现代农业、都市指向型现代农业、城郊农业、城市农业。

"都市农业"相关词(下位词):借助中文主题词词表或者按照计算机检索的自然语言语词规则,根据搜索引擎或智能助手(如"万方创新助手")的检索词扩展选词提示,可以选中以下下位词(词义包含关系)作为检索用词的补充:休闲农业、都市休闲农业、休闲观光型农业、休闲观光农业、观光休闲农业、休闲旅游农业、旅游休闲农业、休闲型观光农业、都市生态农业、都市观光农业、都市型观光农业。

"都市农业"内涵扩展词:根据"都市农业"内涵包含的籽种农业、休闲农业、循环农业、会展农业、设施农业、节水农业六个专有名词,借助中文主题词词表或者按照计算机检索的自然语言语词规则,根据搜索引擎或智能助手(如"万方创新助手")的检索词扩展选词提示,可以选中以下内涵扩展词作为检索用词的补充:农业会展、节水生态农业、生态经济农业、生态旅游农业、生态农林业、生态效益农业、农业生态旅游、农业循环经济。

"都市农业"地域扩展词:作为都市农业来说,由于都市的辐射带动作用,其地域特点十分明显。因此,主要大都市的地域农业概念也是都市农业的重要范畴之一,选择这些地域农业名词也是检索词的重要补充。可以选择以下城市化程度较高的具有一定代表性的都市农业地域名词作为检索词:首都农业、北京农业、上海农业、苏州农业、无锡农业、常州农业、长三角农业、珠三角农业、广州农业、佛山农业、东莞农业、武汉农业、西安农业、天津农业、成都农业、重庆农业、沈阳农业、南京农业。

以上有关"都市农业"这一主题概念的检索词经遴选共计 50 个关键词。

### 1.2.2 "职业教育"概念解析

"职业教育"内涵词及同义词(或近义词):按照"职业教育"定义,可以确定职业学校教育、职业技术教育、高等职业教育、中等职业教育属于"职业教育"的范畴。另外借助中文主题词词表或者按照计算机检索的自然语言语词规则,根据搜索引擎或智能助手(如"万方创新助手")的检索词扩展选词提示,可以选中职业教育、职教、职业技能教育、高职教育、中职教育、职业化教育作为检索用词的补充。

相关词(下位词):借助中文主题词词表或者按照计算机检索的自然语言语词规则,根据搜索引擎或智能助手(如"万方创新助手")的检索词扩展选词提示,可以选中以下下位词(词义包含关系)作为检索用词的补充:职业学历教育、高等农业职业教育、高等职业技能教育、高等职业技术教育、高职专科教育、高职本科教育、高职技术教育、高职高专院校教育、中等职业技术教育、中等农业职业教育。

内涵扩展词:根据"职业教育"内涵范畴,借助中文主题词词表或者按照计算机检索的自然语言语词规则,根据搜索引擎或智能助手(如"万方创新助手")的检索词扩展选词提示,可以选中以下内涵扩展词作为检索用词的补充:职业培训、职业训练、职业进修、技能培训。

以上有关"职业教育"这一概念的检索词经遴选共计 24 个关键词。

### 1.2.3 知识图谱

根据以上对"都市农业"和"职业教育"两个概念内涵和外延解析出的具有从属(或下位、包含)关系词、同义词(或近义词)以及相关词、扩展词等,将本研究"都市农业职业教育"这一主题包含的知识概念用知识图谱图示如下。(见下图"图1—1 '都市农业职业教育'主题概念知识图谱")

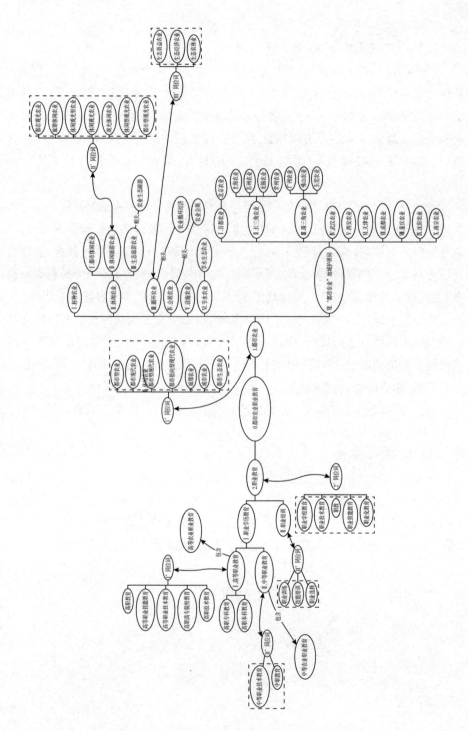

**图1—1 "都市农业职业教育"主题概念知识图谱**

## 1.3　前期课题研究概述

本研究基础是北京农业职业学院院级课题的前期研究成果:《都市农业职业教育专题信息服务研究》(XY – SK – 13 – 07)(主持人辛力春),以文献计量学、数理统计等方法,对全国主要的"都市农业职业教育"文献包括从数字文献到纸质文献进行较为全面的收集并汇集成册,进行分析、提炼、汇总和概括,形成课题报告和文献汇编。

前期课题专门就"都市农业职业教育"的专题文献信息进行了深入研究,借鉴了北京农学院图书馆对都市农业研究文献的分析成果为范例,结合我院都市农业职业教育的特点,经过调研和对相关文献的收集、筛选、整理、排序、汇编,最终形成"都市农业职业教育"课题研究成果。

### 1.3.1　前期课题的提出

(1)"都市农业"概述

根据前人总结,都市农业具有多功能性、集约性、融合性、科技知识密集性的特点。都市农业是都市区域内形成的具有紧密依托并服务都市的、生产力水平较高的现代农业生产体系,它既是融商品生产、建设、生物技术、休闲旅游、出口创汇等功能为一体的新型农业,又是市场化、集约化、科技化、产业化的农业。

针对都市农业的特点,当前农业职业教育面临着机遇和挑战,农业职业教育应该弥补自身不足,更新教育观念,找准办学定位,发挥自身优势,对接都市农业实际需要。

(2)"职业教育"概述

针对职业教育内涵,多数学者认为职业教育是为从事某种职业做准备的教育。中国职业教育发展存在的困境,既有职业教育自身体制上的缺陷,又有职业教育发展外部环境制约的因素。包括管理体制不顺,体制僵化,人们的观念问题,生源问题,师资问题,专业设置问题等。职业技术教育体系建设方面,职业教育应当采取正规学历教育和继续教育相结合的办学模式,建立完善的、与其他教育相互沟通协调发展的多层次的职业教育体系(包括职高、大专、本科、硕士、博士)已成为职业教育特别是高等职业教育发展的共识,这一方向也符合知识经济时代的发展趋势。

（3）"都市农业职业教育"概述

作为研究选题,农业教育业界对于农业职业教育在都市农业方面的作用和功能方面的探讨已经有一些较有深度的研究。以武汉都市农业培训学院杨长荣等人的《农业职业教育服务现代都市农业研究》、湖南农业大学黄春来等人的《浅谈都市农业发展与职业教育创新》等文章为代表,已经充分认识到都市农业发展的巨大前景及其所需要的都市型、广适型、创新型人才培养要求农业职业教育进行相适应的专业设置和教学模式改革。但多数仍是止于眼前,就事论事,还缺乏成体系的,从整体和宏观角度探讨的较为系统、成熟的论述。对于北京农业职业学院"都市农业职业教育"的发展和都市农业职教集团的建设需要从图书馆自身的文献信息挖掘和文献资源库建设方面予以积极配合和支持。

### 1.3.2　前期课题研究思路

专题文献汇编由于按照一定标准通过广泛收集和严格筛选形成,作为对某一专题一定时间范围内的研究成果汇集,具有这一专题在相应历史阶段的代表性和权威性,有助于理清这一专业领域的研究脉络,能够对这一专题的研究者具有启发、示范和引领作用。因此,专题文献汇编是具有较好参考和研究价值的文献服务形式。

作为课题研究,最终提出有关都市农业职业教育的专题文献汇编。作为更高层次的信息服务,从文献集合中发现和总结出具有代表性、标志性、普遍性,对现实具有启发和指导意义的结论和规律。进一步提出专题文献综述和研究报告,形成基于都市农业职业教育文献结果集的有关都市农业职业教育研究现状和规律的分析报告。以期对都市农业职业教育的研究和发展有所助益。

### 1.3.3　前期课题研究路线

遵循多样性、系统性、实用性、权威性等信息源建设原则建设,依靠现有较为丰富的文献信息资源体系。依靠项目成员的专业知识结构、专业基础和科研情报分析能力、情报获取和信息检索能力。通过调研考查,对具体的工作内容进行了分工,合理分配每人所承担的任务,广泛搜集与都市农业职业教育有关的文献资源;征询专家意见;跟踪职教集团会议及活动信息;整理、分类、加工文献资源信息;撰写论文发表;撰写结题报告;完成课题工作内容。

主要研究过程分为:①前期准备、调研,人员分工阶段。完成背景资料的收集、研究内容框架的搭建。②研究方案确定、初步检索完成。研究"都市农业职业教育"概念的内涵和外延,确定检索词。③文献甄别、筛选,排序。对检索结果按照不同影响因子排序,人工筛选相关内容。④研究报告和论文的撰写。

### 1.3.4 前期课题专题文献汇编的具体问题

(1)需要收集和获取汇编文献的专题文献收录标准

采集范围数据库、文献类型、时间段、出版类型、加工层次、单篇文献学术价值评判标准的确定、文献汇编集文献排序方式及计算方法。

单篇文献的评价问题,是目前文献情报研究领域的一个没有突破进展的世界性难题。单篇文献的学术价值主要基于对于符合内容要求的所载刊物级别、被引和下载频次,基金情况,作者及作者单位情况,时间新旧程度等因素综合考量文章的学术价值。本研究只能对此做一初步尝试。其他方面的问题以现实可行性、易获得性为实际的确定标准。

(2)文献信息采集范围的确定

可选择范围为同类院校以及研究机构、相关学者和专家、政府机构、示范性农村区域以及各大综合图书馆、文献收藏单位、专业图书馆、网上 OA 资源和免费资源等。限于时间、人力等条件所限,本研究电子文献主要从中国知网期刊资源中获取。纸质图书从国家图书馆版本图书馆藏中获取相关目录。

(3)专业数据库检索问题

涉及检索路径、检索词、检索方法、检索策略、检索结果的筛选、甄别和排序等。该研究中相关文献的检索、筛选、去重和排序是重点也是难点所在。

主要基于可获得性、具有代表性的原则确定标准。

# 第二章

# "都市农业职业教育"研究文献检索
# 实践及计量分析

## 2.1　检索策略和检索式

在本研究检索实践中,由于研究主题"都市农业职业教育"是一个复合主题概念,由"都市农业"和"职业教育"两部分概念组成。"职业教育"为复合主题的中心部分,"都市农业"为复合主题的限定部分。通过概念解析(见第一章1.2研究概念解析)可知,表达"都市农业"和"职业教育"两部分概念的同义、近义、下位和相关概念的词很多。对于这样的检索案例,通过人工或者数据库一般的简单检索、高级检索方式都很难解决,或者说解决起来非常繁复,成本太高。只有采用构造检索式的方式直接进行专业检索,才是唯一可行的方案。

### 2.1.1　检索策略设计

研究所需文献资料的收集首先要按照满足查全率、查准率的要求。要对研究主题深入分析,确定好所包含的概念分面和层次,以保证能够提炼出较为准确、全面的检索词以实现有效检索和收集文献的目的。应当按照尽量减少额外检索开销的原则,根据研究需要和实际条件选择适用的检索策略和检索范围,并根据所选择的数据库特定要求,使用以上经主题概念分析得到的检索词构造出相应的专业检索式进行检索,进而对检索出的结果进行分析。根据检索结果是否能满足检索需求的情况,必要情况下合理的调整检索策略,进行二次检索,实施扩检或缩检,使得检索结果相对优化。最终通过对检索结果的进一步去重、筛选、排序得到研究所需的文献集合。

### 2.1.2　检索式构建

由于本研究的检索涉及较多的检索词及其间运算匹配关系,必须使用专业检索方式进行检索才能满足需求。具体专业检索的实施将根据所选择数据库不同而不同,要按照其规定的专业检索语法规则的要求和检索式字数的限制,针对性地构造相应的专业检索式,得到所需的检索结果集。

专业检索式的构造方法就是利用布尔逻辑算法建立专业检索式。在对"都市农业"及"职业教育"两个主题概念分析得到的两个词族分别检索后,获得与两个主题概念相关的两个文献合集。再对两个合集进行并集匹配即得到研究所需的文献结果集。

即:【("都市农业"相关词文献合集)与("职业教育"相关词文献合集)】的并集,即为所需的相关文献。

(1)检索入口/途径

本研究是从"都市农业职业教育"这一主题概念出发进行概念解析找到相关的检索词实现检索。因此本研究的检索入口/途径也为主题途径。

主题途径包括了对篇名、关键词、中文摘要三个字段内容的检索。检索特征项设定为"主题"途径,即可检索出这三项中任意一项或多项满足指定检索条件的文献。

(2)检索匹配方式

基于检准率的要求,检索词与检索内容要进行精确匹配,以控制和防止非相关结果过多,对正确结果造成不必要的干扰。

(3)检索式运算方式

按照以上检索策略的要求,对同一主题概念的词族进行布尔逻辑合集运算,集中包含词族的所有文献;对于不同主题概念("都市农业"与"职业教育")进行布尔逻辑并集运算,集中所有同时符合两个主题概念的文献。

通常的布尔逻辑算符如下:

合集:布尔逻辑"或""+""OR";并集:布尔逻辑"与""*""AND"。

### 2.1.3 检索范围

(1)文种(语种)和加工层次

本次研究仅限于国内的中文文献和一次文献为主。

(2)时间范围

一方面是由于国内"都市农业职业教育"发展时间不长,这方面的研究文献数量还很少;另一方面出于查全率的考虑,在数据来源上还是要尽量扩大覆盖范围。所以对时间范围不做限定。

（3）学科范围

与上述同样理由，对检索的学科范围也不做限制。

（4）数据库类型

全文数据库具有最好的情报价值和方便利用特性。因此全文数据库类型是不二选择。

（5）文献类型

因期刊论文出版和传播速度较快，观点较新、学术价值较高等优点，也由于本研究人员精力及成本所限，本研究专题文献检索范围限以期刊论文为主。

## 2.2　数据库的选择及检索

### 2.2.1　数据库的选择

数据库应当选取国内主要的、主流的，文献收录范围较为全面的，便于获得原文全文的综合性全文数据库（期刊库）。

目前国内的综合性中文全文数据库以中国知网、万方数据、维普科技期刊和超星读秀知识库四大数据库为主，各数据库各有特点，也有一定的内容重合度。实际使用中应当从这四个数据库的检索性能、检索结果的数量和质量等方面综合衡量，择优选择。下表为几大全文数据库的内容数量指标比较（读秀知识库无数据）。

表 2—1　四大综合性全文数据库主要内容数量指标比较

| 数据库 | 总量 | 中文核心刊数量 | 外文核心刊数量 | 内容特色 |
|---|---|---|---|---|
| 一、中国知网（期刊） | 10974 种期刊 | 北大核心期刊 1978 种 CSCD 中国科学引文数据库来源期刊（2017—2018 年度）(含扩展版)1185 CSSCI 中文社会科学引文索引(2017—2018)来源期刊(含扩展版)898 | SCI 科学引文索引(美)(2016)136 EI 工程索引（美）(2016)202 CA 化学文摘(美)(2014)1668 SA 科学文摘（英）(2011)262 | 独家授权 1540 种期刊。特色期刊（如农业、中医药等）收录率100%。收录年限:自1915年至今出版的期刊,部分期刊回溯至创刊。 |
| 二、读秀知识库（期刊） | （无数据） | （无数据） | （无数据） | 文献互助和原文传递 |

续表

| 数据库 | 总量 | 中文核心刊数量 | 外文核心刊数量 | 内容特色 |
|---|---|---|---|---|
| 三、维普科技期刊 | 14351 种期刊 | 北大核心期刊 1970 种<br>中国科技核心期刊 2007<br>中国人文社科核心期刊 721 | SCI 科学引文索引(扩展库)134<br>EI 工程索引 227<br>CA 化学文摘 1633<br>SA 科学文摘数据库 229 | 国内规模最大的文摘和引文索引型数据库,可进行文献引证追踪,对文献之间的引证关系进行深度数据挖掘 |
| 四、万方数据(期刊) | 7839 种期刊 | 北大核心期刊 2146 种<br>CSTPCD 中国科技核心期刊 2470<br>CSSCI 中文社会科学引文索引 777 | SCI 科学引文索引 22<br>EI 工程索引 185 | 外文期刊主要来源于 NSTL 外文文献数据库以及牛津大学出版社等国外出版机构 |

＊(该表数据截至 2018 年 1 月底,数据来源于数据库自身网页)

下表是根据"都市农业"和"职业教育"词义解析得到的检索词以及根据这四个数据库专业检索的语法规则编制的检索式,并根据检索式字数限制进行检索式拆分后对期刊论文检索得到的结果比较。

**表 2—2　四大综合性全文数据库"都市农业职业教育"专业检索式及期刊论文检索结果比较**

| 数据库 | 专业检索式 | 专业检索式拆分 | 拆分式结果 | 结果总数 |
|---|---|---|---|---|
| 一、中国知网(期刊) | SU=('籽种农业'+'休闲农业'+'循环农业'+'会展农业'+'设施农业'+'节水农业'+'都市农业'+'都市型农业'+'都市现代农业'+'都市型现代农业'+'都市指向型现代农业'+'城郊农业'+'城市农业'+'休闲农业'+'都市休闲农业'+'休闲观光型农业'+'休闲观光农业'+'观光休闲农业'+'休闲旅游农业'+'旅游休闲农业'+'休闲型观光农业'+'都市生态农业'+'都市观光农业'+'都市型观光农业'+'农业会展'+'节水生态农业'+'生态经济农业'+'生态旅游农业'+'生态农林业'+'生态效益农业'+'农业生态旅游'+'农业循环经济'+'首都农业'+'北京农业'+'上海农业'+'苏州农业'+'无锡农业'+'常 | 超过 500 字以内拆分,对"都市农业"主题部分的检索词拆分成两部分。<br>拆分检索式1:<br>SU=('籽种农业'+'休闲农业'+'循环农业'+'会展农业'+'设施农业'+'节水农业'+'都市农业'+'都市型农业'+'都市现代农业'+'都市型现代农业'+'都市指向型现代农业'+'城郊农业'+'城市农业'+'休闲农业'+'都市休闲农业'+'休闲观光型农业'+'休闲观光农业'+'观光休闲农业'+'休闲旅游农业'+'旅游休闲农业'+'休闲型观光农业'+'都市生态农业'+'都市观光农业'+'都市型观光农业'+'农业会展'+'节水生态农业'+'生态经济农业'+'生态旅游农业'+'生态农林业'+'生 | 141 | 348 |

| 数据库 | 专业检索式 | 专业检索式拆分 | 拆分式结果 | 结果总数 |
|---|---|---|---|---|
| | 州农业'+'长三角农业'+'珠三角农业'+'广州农业'+'佛山农业'+'东莞农业'+'武汉农业'+'西安农业'+'天津农业'+'成都农业'+'重庆农业'+'沈阳农业'+'南京农业')*('职业教育'+'职教'+'职业学校教育'+'职业技术教育'+'职业技能教育'+'高等职业教育'+'高职教育'+'中等职业教育'+'中职教育'+'职业化教育'+'职业学历教育'+'高等农业职业教育'+'高等职业技能教育'+'高等职业技术教育'+'高职专科教育'+'高职本科教育'+'高职技术教育'+'高职高专院校教育'+'中等职业技术教育'+'中等农业职业教育'+'职业培训'+'职业训练'+'职业进修'+'技能培训') | 态效益农业'+'农业生态旅游'+'农业循环经济')*('职业教育'+'职教'+'职业学校教育'+'职业技术教育'+'职业技能教育'+'高等职业教育'+'高职教育'+'中等职业教育'+'中职教育'+'职业化教育'+'职业学历教育'+'高等农业职业教育'+'高等职业技能教育'+'高等职业技术教育'+'高职专科教育'+'高职本科教育'+'高职技术教育'+'高职高专院校教育'+'中等职业技术教育'+'中等农业职业教育'+'职业培训'+'职业训练'+'职业进修'+'技能培训') | | |
| | | 拆分检索式2：SU=('首都农业'+'北京农业'+'上海农业'+'苏州农业'+'无锡农业'+'常州农业'+'长三角农业'+'珠三角农业'+'广州农业'+'佛山农业'+'东莞农业'+'武汉农业'+'西安农业'+'天津农业'+'成都农业'+'重庆农业'+'沈阳农业'+'南京农业')*('职业教育'+'职教'+'职业学校教育'+'职业技术教育'+'职业技能教育'+'高等职业教育'+'高职教育'+'中等职业教育'+'中职教育'+'职业化教育'+'职业学历教育'+'高等农业职业教育'+'高等职业技能教育'+'高等职业技术教育'+'高职专科教育'+'高职本科教育'+'高职技术教育'+'高职高专院校教育'+'中等职业技术教育'+'中等农业职业教育'+'职业培训'+'职业训练'+'职业进修'+'技能培训') | 207 | |

续表

| 数据库 | 专业检索式 | 专业检索式拆分 | 拆分式结果 | 结果总数 |
|---|---|---|---|---|
| 二、读秀知识库（期刊） | (K＝籽种农业｜K＝休闲农业｜K＝循环农业｜K＝会展农业｜K＝设施农业｜K＝节水农业｜K＝都市农业｜K＝都市型农业｜K＝都市现代农业｜K＝都市型现代农业｜K＝都市指向型现代农业｜K＝城郊农业｜K＝城市农业｜K＝休闲农业｜K＝都市休闲农业｜K＝休闲观光型农业｜K＝休闲观光农业｜K＝观光休闲农业｜K＝休闲旅游农业｜K＝旅游休闲农业｜K＝休闲型观光农业｜K＝都市生态农业｜K＝都市观光农业｜K＝都市型观光农业｜K＝农业会展｜K＝节水生态农业｜K＝生态经济农业｜K＝生态旅游农业｜K＝生态农林业｜K＝生态效益农业｜K＝农业生态旅游｜K＝农业循环经济｜K＝首都农业｜K＝北京农业｜K＝上海农业｜K＝苏州农业｜K＝无锡农业｜K＝常州农业｜K＝长三角农业｜K＝珠三角农业｜K＝广州农业｜K＝佛山农业｜K＝东莞农业｜K＝武汉农业｜K＝西安农业｜K＝天津农业｜K＝成都农业｜K＝重庆农业｜K＝沈阳农业｜K＝南京农业）＊(K＝职业教育｜K＝职教｜K＝职业学校教育｜K－职业技术教育｜K＝职业技能教育｜K＝高等职业教育｜K＝高职教育｜K＝中等职业教育｜K＝中职教育｜K＝职业化教育｜K＜职业学历教育｜K＝高等农业职业教育｜K＝高等职业技能教育｜K＝高等职业技术教育｜K＝高职专科教育｜K＝高职本科教育｜K＝高职技术教育｜K＝高职高专院校教育｜K＝中等职业技术教育｜K＝中等农业职业教育｜K＝职业培训｜K＝职业训练｜K＝职业进修｜K＝技能培训) | 拆分检索式1：<br>(K＝籽种农业｜K＝休闲农业｜K＝循环农业｜K＝会展农业｜K＝设施农业｜K＝节水农业｜K＝都市农业｜K＝都市型农业｜K＝都市现代农业｜K＝都市型现代农业｜K＝都市指向型现代农业｜K＝城郊农业｜K＝城市农业｜K＝休闲农业｜K＝都市休闲农业｜K＝休闲观光型农业｜K＝休闲观光农业｜K＝观光休闲农业｜K＝休闲旅游农业）＊(K＝职业教育｜K＝职教｜K＝职业学校教育｜K＝职业技术教育｜K＝职业技能教育｜K＝高等职业教育｜K＝高职教育｜K＝中等职业教育｜K＝中职教育｜K＝职业化教育｜K＝职业学历教育｜K＝高等农业职业教育｜K＝高等职业技能教育｜K＝高等职业技术教育｜K＝高职专科教育｜K＝高职本科教育｜K＝高职技术教育｜K＝高职高专院校教育｜K＝中等职业技术教育｜K＝中等农业职业教育｜K＝职业培训｜K＝职业训练｜K＝职业进修｜K＝技能培训) | 32 | 32 |
| | | 拆分检索式2：<br>(K＝旅游休闲农业｜K＝休闲型观光农业｜K＝都市生态农业｜K＝都市观光农业｜K＝都市型观光农业｜K＝农业会展｜K＝节水生态农业｜K＝生态经济农业｜K＝生态旅游农业｜K＝生态农林业｜K＝生态效益农业｜K＝农业生态旅游｜K＝农业循环经济）＊(K＝职业教育｜K＝职教｜K＝职业学校教育｜K＝职业技术教育｜K＝职业技能教育｜K＝高等职业教育｜K＝高职教育｜K＝中等职业教育｜K＝中职教育｜K＝职业化教育｜K＝职业学历教育｜K＝高等农业职业教育｜K＝高等职业技能教育｜K＝高等职业技术教育｜K＝高职专科教育｜K＝高职本科教育｜K＝高职技术教育｜K＝高职高专院校教育｜K＝中等职业技术教育｜K＝中等农业职业教育｜K＝职业培训｜K＝职业训练｜K＝职业进修｜K＝技能培训) | 0 | |

续表

| 数据库 | 专业检索式 | 专业检索式拆分 | 拆分式结果 | 结果总数 |
|---|---|---|---|---|
| | | 拆分检索式3:<br>(K=首都农业 | K=北京农业 | K=上海农业 | K=苏州农业 | K=无锡农业 | K=常州农业 | K=长三角农业 | K=珠三角农业 | K=广州农业 | K=佛山农业 | K=东莞农业 | K=武汉农业 | K=西安农业 | K=天津农业 | K=成都农业 | K=重庆农业 | K=沈阳农业 | K=南京农业) * (K=职业教育 | K=职教 | K=职业学校教育 | K=职业技术教育 | K=职业技能教育 | K=高等职业教育 | K=高职教育 | K=中等职业教育 | K=中职教育 | K=职业化教育 | K=职业学历教育 | K=高等农业职业教育 | K=高等职业技能教育 | K=高等职业技术教育 | K=高职专科教育 | K=高职本科教育 | K=高职技术教育 | K=高职高专院校教育 | K=中等职业技术教育 | K=中等农业职业教育 | K=职业培训 | K=职业训练 | K=职业进修 | K=技能培训) | 0 | |
| 三、维普科技期刊 | (M=籽种农业 + M=休闲农业 + M=循环农业 + M=会展农业 + M=设施农业 + M=节水农业 + M=都市农业 + M=都市型农业 + M=都市现代农业 + M=都市型现代农业 + M=都市指向型现代农业 + M=城郊农业 + M=城市农业 + M=休闲农业 + M=都市休闲农业 + M=休闲观光型农业 + M=休闲观光农业 + M=观光休闲农业 + M=休闲旅游农业 + M=旅游休闲农业 + M=休闲型观光农业 + M=都市生态农业 + M=都市观光农业 + M=都市型观光农业 + M=农业会展 + M=节水生态农业 + M=生态经济农业 + M=生态旅游农业 + M=生态农林业 + M=生态效益农业 + M=农业生态旅游 + M=农业循环经济 + M=首都农业 + M=北京农业 + M=上海农业 + M=苏州农业 + M=无锡农业 + M=常 | 拆分检索式1:<br>(M=籽种农业 + M=休闲农业 + M=循环农业 + M=会展农业 + M=设施农业 + M=节水农业 + M=都市农业 + M=都市型农业 + M=都市现代农业 + M=都市型现代农业 + M=都市指向型现代农业 + M=城郊农业 + M=城市农业 + M=休闲农业 + M=都市休闲农业 + M=休闲观光型农业 + M=休闲观光农业 + M=观光休闲农业 + M=休闲旅游农业 + M=旅游休闲农业 + M=休闲型观光农业 + M=都市生态农业 + M=都市观光农业 + M=都市型观光农业) * (M=职业教育 + M=职教 + M=职业学校教育 + M=职业技术教育 + M=职业技能教育 + M=高等职业教育 + M=高职教育 + M=中等职业教育 + M=中职教育 + M=职业化教育 + M=职业学历教育 + M= | 64 | 171 |

| 数据库 | 专业检索式 | 专业检索式拆分 | 拆分式结果 | 结果总数 |
|---|---|---|---|---|
| | 州农业+M=长三角农业+M=珠三角农业+M=广州农业+M=佛山农业+M=东莞农业+M=武汉农业+M=西安农业+M=天津农业+M=成都农业+M=重庆农业+M=沈阳农业+M=南京农业)*(M=职业教育+M=职教+M=职业学校教育+M=职业技术教育+M=职业技能教育+M=高等职业教育+M=高职教育+M=中等职业教育+M=中职教育+M=职业化教育+M=职业学历教育+M=高等农业职业教育+M=高等职业技能教育+M=高等职业技术教育+M=高职专科教育+M=高职本科教育+M=高职技术教育+M=高职高专院校教育+M=中等职业技术教育+M=中等农业职业教育+M=职业培训+M=职业训练+M=职业进修+M=技能培训) | 高等农业职业教育+M=高等职业技能教育+M=高等职业技术教育+M=高职专科教育+M=高职本科教育+M=高职技术教育+M=高职高专院校教育+M=中等职业技术教育+M=中等农业职业教育+M=职业培训+M=职业训练+M=职业进修+M=技能培训) | | |
| | | 拆分检索式2:(M=农业会展+M=节水生态农业+M=生态经济农业+M=生态旅游农业+M=生态农林业+M=生态效益农业+M=农业生态旅游+M=农业循环经济+M=首都农业+M=北京农业+M=上海农业+M=苏州农业+M=无锡农业+M=常州农业+M=长三角农业+M=珠三角农业+M=广州农业+M=佛山农业+M=东莞农业+M=武汉农业+M=西安农业+M=天津农业+M=成都农业+M=重庆农业+M=沈阳农业+M=南京农业)*(M=职业教育+M=职教+M=职业学校教育+M=职业技术教育+M=职业技能教育+M=高等职业教育+M=高职教育+M=中等职业教育+M=中职教育+M=职业化教育+M=职业学历教育+M=高等农业职业教育+M=高等职业技能教育+M=高等职业技术教育+M=高职专科教育+M=高职本科教育+M=高职技术教育+M=高职高专院校教育+M=中等职业技术教育+M=中等农业职业教育+M=职业培训+M=职业训练+M=职业进修+M=技能培训) | 107 | |
| 四、万方数据(期刊)* | (主题:(籽种农业)+主题:(休闲农业)+主题:(循环农业)+主题:(会展农业)+主题:(设施农业)+主题:(节水农业)+主题:(都市农业)+主题:(都市型农业)+主题:(都市现代农业)+主题:(都市型现代农业)+主题: | 按300字以内拆分。须拆分成50个检索式,即"都市农业"主题部分的50个检索词(式中标粗部分)每一个分别与"职业教育"主题的检索词进行布尔逻辑"与"匹配运算。拆分式检索式1:(主题:(籽种农业))*(主题:(职 | 略 | 略 |

| 数据库 | 专业检索式 | 专业检索式拆分 | 拆分式结果 | 结果总数 |
|---|---|---|---|---|
| | (都市指向型现代农业)+主题:(城郊农业)+主题:(城市农业)+主题:(休闲农业)+主题:(都市休闲农业)+主题:(休闲观光型农业)+主题:(休闲观光农业)+主题:(观光休闲农业)+主题:(休闲旅游农业)+主题:(旅游休闲农业)+主题:(休闲型观光农业)+主题:(都市生态农业)+主题:(都市观光农业)+主题:(都市型观光农业)+主题:(农业会展)+主题:(节水生态农业)+主题:(生态经济农业)+主题:(生态旅游农业)+主题:(生态农林业)+主题:(生态效益农业)+主题:(农业生态旅游)+主题:(农业循环经济)+主题:(首都农业)+主题:(北京农业)+主题:(上海农业)+主题:(苏州农业)+主题:(无锡农业)+主题:(常州农业)+主题:(长三角农业)+主题:(珠三角农业)+主题:(广州农业)+主题:(佛山农业)+主题:(东莞农业)+主题:(武汉农业)+主题:(西安农业)+主题:(天津农业)+主题:(成都农业)+主题:(重庆农业)+主题:(沈阳农业)+主题:(南京农业))*(主题:(职业教育)+主题:(职教)+主题:(职业学校教育)+主题:(职业技能教育)+主题:(职业技能教育)+主题:(高等职业教育)+主题:(高职教育)+主题:(中等职业教育)+主题:(中职教育)+主题:(职业化教育)+主题:(职业学历教育)+主题:(高等农业职业教育)+主题:(高等职业技能教育)+主题:(高等职业技术教育)+主题:(高职专科教育)+主题:(高职本科教育)+主题:(高职技术教育)+主题:(高职高专院校教育)+主题:(中等职业技术教育)+主题:(中等农业职业教育)+主题:(职业培训)+主题:(职业训练)+主题:(职业进修)+主题:(技能培训)) | 业教育)+主题:(职教)+主题:(职业学校教育)+主题:(职业技术教育)+主题:(职业技能教育)+主题:(高等职业教育)+主题:(高职教育)+主题:(中等职业教育)+主题:(中职教育)+主题:(职业化教育)+主题:(职业学历教育)+主题:(高等农业职业教育)+主题:(高等职业技能教育)+主题:(高等职业技术教育)+主题:(高职专科教育)+主题:(高职本科教育)+主题:(高职技术教育)+主题:(高职高专院校教育)+主题:(中等职业技术教育)+主题:(中等农业职业教育)+主题:(职业培训)+主题:(职业训练)+主题:(职业进修)+主题:(技能培训))<br><br>拆分式检索式n:<br>(主题:(…))*(主题:(职业教育)+主题:(职教)+主题:(职业学校教育)+主题:(职业技术教育)+主题:(职业技能教育)+主题:(高等职业教育)+主题:(高职教育)+主题:(中等职业教育)+主题:(中职教育)+主题:(职业化教育)+主题:(职业学历教育)+主题:(高等农业职业教育)+主题:(高等职业技能教育)+主题:(高等职业技术教育)+主题:(高职专科教育)+主题:(高职本科教育)+主题:(高职技术教育)+主题:(高职高专院校教育)+主题:(中等职业技术教育)+主题:(中等农业职业教育)+主题:(职业培训)+主题:(职业训练)+主题:(职业进修)+主题:(技能培训)) | | |

（＊注：检索时间为2018年1月底。"万方数据"因检索式拆分过多，实际检索意义不大，所以忽略其检索结果。）

为了进一步说明本研究采用专业检索及进行详细主题解析获得较为全面的检索用词集合对于解决查全率和查准率这一矛盾体之间较好平衡问题的重要性和必要性，现把通过主题途径只用"都市农业"和"职业教育"两个检索词进行简单布尔逻辑"与"运算得到的结果与用详细主题解析后得到的检索词族进行专业检索得到的结果对比如下表所示。

表2—3 四大综合性全文数据库"都市农业职业教育"期刊文献二词
普通检索与多词专业检索结果比较

| 数据库 | 多词专业检索 | 二词普通检索 |
| --- | --- | --- |
| 一、中国知网 | 348 | 38 |
| 二、读秀知识库 | 32 | 38 |
| 三、维普科技期刊 | 171 | 30 |
| 四、万方数据＊ | 略 | 37 |

（＊注：检索时间为2018年1月底。"万方数据"因专业检索式拆分过多，实际检索意义不大，所以忽略其检索结果。）

从上表可以明显看出，对于本研究而言，普通检索与专业检索结果差距很大。普通检索会漏掉很多具有意义的相关结果，造成查全率很低。而实际中一旦发现这一问题要实行扩检，在不增加检索词而用"模糊"匹配等方法后又会发现检索结果会数量级猛增到几万以上，造成检索结果不可用。因此，本研究使用专业检索并对主题概念深入解析得到检索词族对于有效的文献研究来说是十分必要的。

下表是利用已构造的专业检索式及检索式拆分后对其他类型文献检索得到的结果比较。

表2—4 四大综合性全文数据库"都市农业职业教育"专业检索式

其他类型文献检索结果比较

| 数据库 \ 专业检索式拆分 | 检索结果数 博硕士学位论文 | | 会议论文 | | 报纸文献 | |
|---|---|---|---|---|---|---|
| 一、中国知网 | 拆分检索式1 | 13 | 54 | 5 | 12 | 0 | 0 |
| | 拆分检索式2 | 41 | | 7 | | 0 | |
| 二、读秀知识库 | 拆分检索式1 | 1 | | 3 | | 9 | |
| | 拆分检索式2 | 0 | 1 | 0 | 3 | 1 | 10 |
| | 拆分检索式3 | 0 | | 0 | | 0 | |
| 三、维普科技期刊 | 拆分检索式1 | | | | | | |
| | 拆分检索式2 | | | | | | |
| 四、万方数据* | 拆分成50个检索式。 拆分式检索式1 … 拆分式检索式50 | 略 | 略 | 略 | 略 | 略 | 略 |

（*注:检索时间为2018年1月底。维普科技期刊数据库不适用其他文献。"万方数据"因检索式拆分过多,实际检索意义不大,所以忽略其检索结果分析。）

通过以上实际检索可以得出对四个综合性全文数据库专业检索方面性能的评价:

①中国知网:专业检索式可容纳字数最多,为500字,拆分式仅为2个;专业检索响应时间很快;检索结果总数以及真实相关的有效检索结果数量最多;检索结果排序导出很方便,可利用性好。

②读秀知识库:专业检索式需拆分成3个;专业检索响应时间很快;检索结果总数较少;检索结果可利用性一般。

③维普科技期刊:专业检索式只需拆分为2个;专业检索响应时间很快;检索结果总数以及真实相关的有效检索结果数量仅为中国知网的一半左右;检索结果可利用性与中国知网相比次之。且没有期刊意外的其他类型文献

④万方数据:专业检索式可容纳字数仅300字,需拆分成50个检索式,使得专业检索变得过于繁杂,失去了专业检索本身的高效率和简洁性,丧失了其实际可行性;专业检索响应时间很慢,检索结果返回不稳定(时有时没有)。专业检索性能最差。不适用于本研究较多检索词的检索需求。

综上比较可知,"中国知网"数据库不仅专业检索性能最佳,有效检索结果数量也最多,从内容数量上和可检索其他文献种类上也是综合比较最强。因此最终

选择"中国知网"作为本研究的数据库及文献来源。

### 2.2.2 检索

确定选择"中国知网"期刊全文数据库之后,将针对"中国知网"的两个拆分式分别检索得到各自结果,再分别进行人工筛选过滤,去除不相关结果,最后去重后合并两式结果,得到最终排序结果即为经本次初步检索实践所得的专题文献研究和文献汇编所需的文献。检索结果排序使用相关度、被引频次、下载频次这三个最能体现文献价值的指标。

检索步骤如下:

①拆分后的专业检索式一的检索结果按相关度、被引频次、下载频次三种排序类型导出结果;

②人工筛选去除式一不相关结果后重排序;

③拆分后的专业检索式二的检索结果按相关度、被引频次、下载频次三种排序类型导出结果;

④人工筛选去除式二不相关结果后重排序;

⑤分别对式一和式二按相关度、被引频次、下载频次三种排序类型排序并筛选后的结果去重后合并,得到三种排序合并后的结果。再以相关度、被引频次、下载频次的影响因子不同,按通常的被引频次权重 > 下载频次权重 > 相关度权重的优先顺序,在结合人工判断的前提下,以被引频次为主,下载频次为辅,相关度次之的顺序对三种排序结果进行合并并重排序,得到最终排序结果。(如下图示:图2—1"中国知网"专业检索结果处理流程)排序顺序的先后一定程度上可以显示该篇文献的学术影响力和学术水平。最终结果集既是"都市农业职业教育"专题的主要学术论文成果集,也是作为本项研究的文献来源。

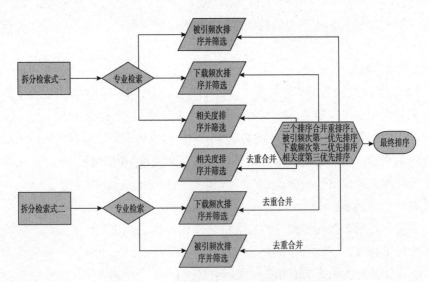

**图 2—1 "中国知网"专业检索结果处理流程**

具体检索结果处理过程如下。

(1)去重及甄别、筛选

拆分式一检索结果为 141 条,拆分式二检索结果为 207 条。两拆分式合并后总数 348 条。经过去重及去除不相关(非学术研究性论文及内容不符不相关)的"双去"过程,最终结果为 120 篇文献。"双去"过程包含了第一步"粗筛",即对文体不符文献的筛除,例如稿约、简讯、目录、消息、简介等文献;第二步"细筛",即筛除内容不相干、不符的文献。需要逐篇下载全文,大致查看文献内容后才能人工判断。经过细致的筛选过程,保证了最终结果的查准率。

(2)结果文献分类及排序

这 120 篇文献按内容侧重点不同可以大致划分成两大类文献。一、都市农业职业教育总论,63 篇;二、都市农业职业教育专业建设、教育教学改革和教法研究,57 篇。

文献排序细则:1. 人工判断为前提。被引频次为主,下载频次为辅;2. 相关度作为参考值;3. 出版两年以内文献以下载频次为主,辅之相关度位次作为排序因子;4. 被引或下载频次在同一档位内(前后 5 名,总 10 名以内),以相关度位次排序。

对于单篇文献的学术评价问题,研究表明,发表两年内的较新文献其被引率较低并不能完全说明其学术价值和影响力就小,需要把下载频次作为一个相对主要的影响因子加以考虑。是否在核心期刊发表对于被引率影响较大,但被引率大小也不足以说明文献的学术价值。有许多因为各种原因没有能在核心期刊上发表的文章也有比较好的学术价值。相关度是基于特定数据库搜索引擎的算法得到的数值,只能作为一个影响因子相对较弱的参考值。

## 2.3 检索结果及分析

对本研究文献检索结果的分析,可以看出经过前期检索词比较全面的遴选,在"中国知网"数据库中较好实现了通过检索查找所需文献的目的。使用专业检索较好解决了较为复杂的复合主题概念的文献检索任务,最终检索结果能够集中有关"都市农业职业教育"的主要的、有代表性的、质量较高的期刊学术论文,为研究打下了很好的基础。同时也应看到,检索结果仍存在着一定程度的误检率。尽管造成误检的实际原因很复杂,不一而足,也应该认真地进一步分析产生误检的原因,调整检索策略,增加逻辑非(NOT)筛选运算,辅助以二次检索,争取进一步降低误检率,在查全率(漏检率较少)和查准率(相关性较好)之间取得较好的平衡,实现检索优化的目标。

需要强调的一点就是,即使经过了前期详细的主题概念分析后构造了复杂的专业检索式进行专业检索,以最大限度地提高查全率和查准率,使得有效检索结果的集中度大幅提高,并大大提高了对结果进行进一步详细分析利用的可行性,但这样也并不能很有效避免结果中一定比例的误检率存在。究其原因既有数据库本身的问题,比如很多诸如稿约、简讯、目录、消息、简介等文体不符的文献,这些文件照道理不应该收录进以学术性论文为主的"中国知网"数据库中的,它们只是期刊的辅助部分,但并不是学术论文本身。也有专业检索式和检索词进一步优化、排除的问题。一些文献主题词中虽含有检索词,但实际文献本身内容并不相关,这样的文献通过看文摘可以大体判断;还有一些文献仅仅通过文摘也不好判断,必须下载全文,通篇浏览全文后才能做出判断。比如对于相关问题一句话带过价值不大的或者并不符合有关"都市农业职业教育"主题内容的文献,这些需要通过人工进一步"细筛"的文献无疑大大增加了文献研究的工作量和难度。但是要想深入扎实地研究文献内容,这样做是值得也是必需的,只有通过真实相关文献的统计分析和研究才能得到有价值的分析和结论。

### 2.3.1 研究文献第一作者情况

根据研究文献的专业检索结果,对120篇文献按照第一责任者排序,总共有96位第一责任者。从中选择发文量多于1篇的"都市农业职业教育"研究较活跃的 16 位作者排名,如下表所示。

表 2—5　"都市农业职业教育"研究较活跃作者排名(前 16)

| 序号 | 第一责任人 | 发文数量 | 所在机构 |
|------|-----------|---------|---------|
| 1. | 崔砚青 | 5 | 北京农业职业学院 |
| 2. | 杜晓林 | 3 | 北京农业职业学院 |
| 3. | 费显伟 | 3 | 辽宁农业职业技术学院 |
| 4. | 尹洛蓉 | 3 | 成都农业科技职业学院 |
| 5. | 周建成 | 3 | 北京农业职业学院 |
| 6. | 曹授俊 | 2 | 北京农业职业学院 |
| 7. | 邓继辉 | 2 | 成都农业科技职业学院 |
| 8. | 杜保德 | 2 | 北京农业职业学院 |
| 9. | 黄顺 | 2 | 苏州农业职业技术学院 |
| 10. | 李克俭 | 2 | 苏州农业职业技术学院 |
| 11. | 李秀华 | 2 | 北京农业职业学院 |
| 12. | 李志 | 2 | 北京农业职业学院 |
| 13. | 王秀娟 | 2 | 黑龙江农业工程职业学院 |
| 14. | 王振如 | 2 | 北京农业职业学院 |
| 15. | 肖丽华 | 2 | 北京农业职业学院 |
| 16. | 许亚东 | 2 | 成都农业科技职业学院 |

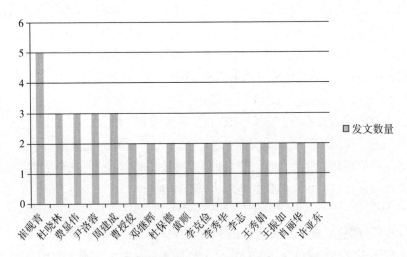

图 2—2　"都市农业职业教育"研究较活跃作者(前 16)

从表中可以看出,这16位作者的机构分布相对集中,其中有9位为北京农业职业学院,有3位为成都农业科技职业学院,2位为苏州农业职业技术学院。其他的辽宁农业职业技术学院和黑龙江农业工程职业学院各有1位。基本可以说明在"都市农业职业教育"研究领域,目前处于北京农业职业学院、成都农业科技职业学院、苏州农业职业技术学院三足鼎立的状态,其中北京农业职业学院在这方面的学术研究表现尤为突出和活跃。

从上表还可看出,占据总共96位作者17%的16位相对活跃作者发表了占据120篇文献总量33%的39篇文献。贡献率是比较突出的。

### 2.3.2 研究文献第一作者机构情况

如下表和下图,展示了发文量多于1篇的7家机构名称及发文量。

表2—6 "都市农业职业教育"研究发文量较多的机构(前7)排名

| 序号 | 机构名称 | 发文数量 |
| --- | --- | --- |
| 1. | 北京农业职业学院 | 48 |
| 2. | 成都农业科技职业学院 | 19 |
| 3. | 苏州农业职业技术学院 | 19 |
| 4. | 辽宁农业职业技术学院 | 4 |
| 5. | 黑龙江农业工程职业学院 | 3 |
| 6. | 沈阳农业大学 | 2 |
| 7. | 天津市农业广播电视学校 | 2 |

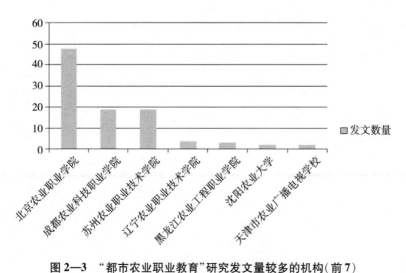

图2—3 "都市农业职业教育"研究发文量较多的机构(前7)

　　从上图表中看出,与表 2—5 所呈现的结果类似,北京农业职业学院、成都农业科技职业学院、苏州农业职业技术学院三家机构的发文量远高于其他机构,这三家机构可以认为是"都市农业职业教育"方面最为活跃的第一梯队,是在"都市农业职业教育"研究、教育发展和改革创新、专业建设等方面的排头兵和重要力量。前三家机构以在总共 29 家机构中 10% 的占比,其发文量却达到了 120 篇文献总量的 72%,帕累托效应十分明显;前七家机构以在总共 29 家机构中 24% 的占比,其发文量达到了 120 篇文献总量 81%。北京农业职业学院仍保持了尤为突出的位置。

　　从整体检索结果来看,总计 29 家机构中,各类学校以总数 25 家 86% 的比例占据了绝对数量。在各类学校中,各类职业院校又以 16 家的数量占据了 25 家学校 64% 的优势比例。

　　值得注意的是,在 29 家机构中,武汉都市农业培训学院是唯一一所专门培训"都市农业"方面专门人才的学校。湖南涉外经济学院(民办)与银川能源学院是两所本科高职院校。

### 2.3.3　研究文献第一作者机构所处地域情况

　　根据以上对机构发文的分析,进一步对作者机构所在的地理位置进行分析得到下表和下图。

表 2—7　"都市农业职业教育"研究文献作者机构地理分布的发文量排名

| 序号 | 作者机构所属地名 | 所属地区 | 发文数量 |
|---|---|---|---|
| 1. | 北京 | 北京 | 53 |
| 2. | 成都 | 四川成都 | 19 |
| 3. | 苏州 | 江苏苏州 | 19 |
| 4. | 熊岳 | 辽宁营口 | 4 |
| 5. | 哈尔滨 | 黑龙江哈尔滨 | 3 |
| 6. | 天津 | 天津 | 3 |
| 7. | 长沙 | 湖南长沙 | 3 |
| 8. | 上海 | 上海 | 2 |
| 9. | 沈阳 | 辽宁沈阳 | 2 |

| 序号 | 作者机构所属地名 | 所属地区 | 发文数量 |
|------|------------------|----------|----------|
| 10. | 抚顺 | 辽宁抚顺 | 1 |
| 11. | 桂林 | 广西桂林 | 1 |
| 12. | 汉中 | 陕西汉中 | 1 |
| 13. | 杭州 | 浙江杭州 | 1 |
| 14. | 湖州 | 浙江湖州 | 1 |
| 15. | 南通 | 江苏南通 | 1 |
| 16. | 西吉 | 宁夏固原 | 1 |
| 17. | 温州 | 浙江温州 | 1 |
| 18. | 武汉 | 湖北武汉 | 1 |
| 19. | 银川 | 宁夏银川 | 1 |
| 20. | 富源 | 云南曲靖 | 1 |
| 21. | 重庆 | 重庆 | 1 |

从上表可以看出,目前"都市农业职业教育"研究文献的分布还是以京津区域、长三角区域、四川成都以及辽宁营口、沈阳一带为主。与"都市农业"服务城市圈、地处都市区域的特点相一致。发文量位于前三的北京、成都、苏州的发文量 91 篇达到了发文总数 120 篇的 76%,帕累托法则的效应非常明显。整体说来,除"长三角"区域较好以外,"都市农业职业教育"研究区域仍较分散,研究热点地区较少且相对孤立,中、西部区域几乎很少涉足。可以说,对"都市农业职业教育"的研究仍处于探索和初始阶段。

### 2.3.4  研究文献关键词情况

通过分析作为指示文献主要内容的关键词指标,能够了解文献研究的热点和重点。根据对检索结果 120 篇文献所用的关键词进行排序和统计,可以得到所有关键词的总数和词频情况。

经统计,全部 120 篇文献共使用了 519 个关键词,去重后有 347 个不同的关键词。其中词频多于 2 次的共有 29 个关键词,见下表所示。因词频少于 2 次(含)的关键词数量很多非常分散,所以这些关键词不在表中单列出。

表 2—8　"都市农业职业教育"研究文献较高词频(＞2 次)关键词排名

| 序号 | 关键词 | 词频 | 主要涉及方面 |
|---|---|---|---|
| 1. | 职业教育 | 17 | 职业教育 |
| 2. | 高等职业教育 | 16 | 职业教育 |
| 3. | 人才培养 | 11 | 人才培养 |
| 4. | 都市农业 | 9 | "三农" |
| 5. | 农业职业教育 | 9 | 职业教育 |
| 6. | 高职 | 8 | 职业教育 |
| 7. | 高职教育 | 8 | 职业教育 |
| 8. | 教学改革 | 8 | 专业及教学改革 |
| 9. | 实践教学 | 7 | 专业及教学改革 |
| 10. | 人才培养模式 | 6 | 人才培养 |
| 11. | 北京农业 | 5 | "三农" |
| 12. | 创新 | 5 | |
| 13. | 都市型现代农业 | 5 | "三农" |
| 14. | 高职院校 | 5 | 职业教育 |
| 15. | 工学结合 | 5 | 专业及教学改革 |
| 16. | 培养模式 | 5 | 人才培养 |
| 17. | 高等农林职业教育 | 4 | 职业教育 |
| 18. | 教学模式 | 4 | 专业及教学改革 |
| 19. | 设施农业技术 | 4 | 专业及教学改革 |
| 20. | 实践 | 4 | |
| 21. | 现代学徒制 | 4 | 专业及教学改革 |
| 22. | 北京 | 3 | 地区 |
| 23. | 畜牧兽医专业 | 3 | 专业及教学改革 |
| 24. | 农业 | 3 | "三农" |

续表

| 序号 | 关键词 | 词频 | 主要涉及方面 |
|---|---|---|---|
| 25. | 培训 | 3 | 人才培养 |
| 26. | 设施园艺 | 3 | 专业及教学改革 |
| 27. | 思考 | 3 | |
| 28. | 校企合作 | 3 | 专业及教学改革 |
| 29. | 新农村建设 | 3 | "三农" |

从上表可看出，前29个关键词以占347个关键词总数8.4%的比例其词频数量173次却达到了总数519次的33%。

从上表关键词内容主要涉及的方面看，有关职业教育的有7个词词频共67次；有关专业及教学改革建设的有9个词词频共41次；有关人才培养的有4个词词频共25次；有关"三农"的有5个词词频共25次；有关地区的有"北京"1个词出现了3次。以上高频关键词基本能够说明"都市农业职业教育"主要关注的热点和重点就是具有"都市农业"特色的专业建设和教育教学改革以及如何做好"都市农业"职业人才培养并做好与"三农"的对接相关问题。

从关键词内容涉及道德专业方面，可以看出研究热点集中在设施农业、畜牧兽医、设施园艺等几个方面的专业领域内，这也与通过全文分析所得到的结论相一致。

下图用云图的方式形象揭示了有关"都市农业职业教育"研究文献的关键词词频情况，突出展示了"都市农业职业教育"文献研究的热点和重点。

图2—4 "都市农业职业教育"研究文献关键词词频云图

### 2.3.5 研究文献基金资助情况

文献是否属于基金项目资助以及基金级别的情况能够在一定程度上反映文献的学术价值、科学研究的深度和广度及与现实关切相联系的紧密程度。

经过对 120 篇检索结果的基金资助情况排序统计,可以得到下表所示研究文献的基金资助情况。

表 2—9 "都市农业职业教育"研究文献基金资助情况

| 基金级别 | 资助文献数量(篇) | 细目归类(篇) |
|---|---|---|
| 国家级(或全国性) | 11 | 国家社会科学基金 1;全国教育科学 2;全国农业职业教育 4;中国职业技术教育学会 2;其他 2 |
| 省部级 | 23 | 水利部 1;四川 6;湖南 2;北京 2;江苏 5;天津 1;浙江 2;辽宁 3;陕西 1 |
| 市级 | 2 | 苏州 2 |
| 校级 | 23 | 北京农业职业学院 12;成都农业科技职业学院 5;苏州农业职业技术学院 3;沈阳农业大学 1;北京农学院 1;银川能源学院 1 |
| 总计 | 59 | |

从上表可看出,120 篇研究文献中总共有 59 篇有基金资助,占比 49.2%,将近一半。有基金资助的 59 篇文献中,共有 11 篇获得了国家级(获全国性)基金资助,占比近 19%。校级基金资助中,北京农业职业学院取得资助的文献数量最多,也说明了该校在"都市农业职业教育"科研领域的活跃度很高。

### 2.3.6 研究文献的载体情况

按照"都市农业职业教育"研究文献检索的结果,按载体刊物进行排序。总共有 63 家刊物登载了全部文献。按发文量选择其中分布较为集中的前 16 家刊物如下表和下图所示。

表 2—10 "都市农业职业教育"研究文献载体刊物发文量(≥2)情况

| 序号 | 刊名 | 发文量 |
|---|---|---|
| 1. | 北京农业职业学院学报 | 18 |
| 2. | 中国职业技术教育 | 11 |
| 3. | 黑龙江畜牧兽医 | 8 |

| 序号 | 刊名 | 发文量 |
|---|---|---|
| 4. | 高等农业教育 | 5 |
| 5. | 职业技术教育 | 4 |
| 6. | 中国畜牧兽医文摘 | 3 |
| 7. | 北京教育(高教版) | 3 |
| 8. | 农产品加工(学刊) | 3 |
| 9. | 教育教学论坛 | 3 |
| 10. | 职业教育研究 | 3 |
| 11. | 中外企业家 | 2 |
| 12. | 中国农业教育 | 2 |
| 13. | 中国园艺文摘 | 2 |
| 14. | 农业科技管理 | 2 |
| 15. | 现代农业科技 | 2 |
| 16. | 科技信息 | 2 |

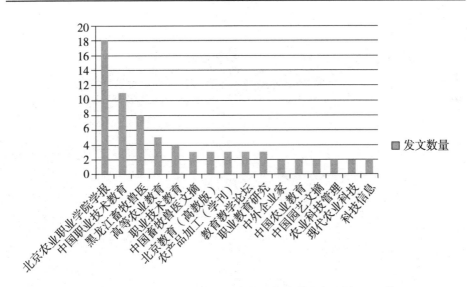

图2—5 "都市农业职业教育"研究文献载体刊物发文量(≥2)情况

从以上图表可以看出,发文量前三的刊物是北京农业职业学院学报、中国职业技术教育、黑龙江畜牧兽医,其发文量37篇以63家刊物的不到5%比例刊发了总数120篇的31%文献。前16家刊物其发文量73篇以63家刊物的25%比例刊发了总数120篇的61%文献。可见,"都市农业职业教育"载体刊物的"帕累托法则"集聚效应也同样很明显。

在发文量前三的刊物中,《北京农业职业学院学报》以 18 篇发文量尤为突出,说明了《北京农业职业学院学报》在全国"都市农业职业教育"的学术性刊物中为传播相关理论和研究发挥出了比较重要的作用。

### 2.3.7　研究文献发文量年度分布

按照"都市农业职业教育"研究文献检索的结果,按发表年份的时序进行排序,如下表和下图所示。

表 2—11　"都市农业职业教育"研究文献发文量年度分布情况

| 序号 | 年份 | 发文量 |
|------|------|--------|
| 1. | 1999 | 2 |
| 2. | 2000 | 0 |
| 3. | 2001 | 0 |
| 4. | 2002 | 0 |
| 5. | 2003 | 2 |
| 6. | 2004 | 0 |
| 7. | 2005 | 2 |
| 8. | 2006 | 3 |
| 9. | 2007 | 7 |
| 10. | 2008 | 10 |
| 11. | 2009 | 9 |
| 12. | 2010 | 7 |
| 13. | 2011 | 4 |
| 14. | 2012 | 8 |
| 15. | 2013 | 13 |
| 16. | 2014 | 13 |
| 17. | 2015 | 14 |
| 18. | 2016 | 8 |
| 19. | 2017 | 18 |

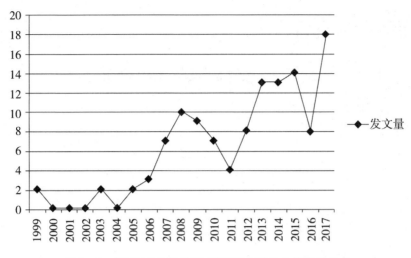

图2—6　"都市农业职业教育"研究文献发文量年度分布

从上面图表可以看出,"都市农业职业教育"起始研究时间是1999年,从2005年开始有了明显增长趋势,并且在以后基本保持了持续增长的态势。其中2011、2016年有暂时性的明显回落,2017年达到了历史最高点18篇。研究热点年份前三及其发文数量为:1、2017年18篇;2、2015年14篇;3、2013和2014年都为13篇。

### 2.3.8　数据库及文种比较

根据专业检索的结果,几大数据库对期刊文献的检索结果从大到小依次排列为:中国知网348条;维普科技期刊171条;读秀知识库32条。几大数据库对其他类型文献的检索结果从大到小依次排列为:"中国知网"博硕士学位论文54条,会议论文12条;读秀知识库博硕士学位论文1条,会议论文3条,报纸文献10条。"中国知网"数据库在数据库内容的各方面指标以及检索结果方面都稳居首位。

# 第三章

# "都市农业职业教育"专门问题研究
# 文献汇总分析

## 3.1 "都市农业职业教育"研究文献的分类

对于本研究检索结果的120篇"都市农业职业教育"研究文献要进行深入分析,从中总结出有意义的经验教训,并得到"都市农业职业教育"这些年的一些发展规律和变化趋势,必须基于对这些文献内容的熟悉、了解的基础上。必须通过逐篇下载、通读全部文献全文,从中勾画出每篇文献的重点以及对现实有启发、指导意义的主要观点。接下来要进一步把文献内容相关或类似的文章串联起来,通过总结、推理、分析、提炼,期望能得到对解决现实有关具体问题比较好的经验、做法以及思路和启示。

在对这些文献的内容分析上,主要是根据文献的主题和摘要,通过通读全篇找出主要观点、重要论述和有价值的具有示范性的事例,然后根据这些文献摘录做进一步的分析引申。基于这些文献内容所侧重于"都市农业职业教育"的主要问题和方面,比如如何有关职教建设、教育教学改革、专业建设、人才培养、农民培训等做一大致分类,从而可以就这些专门方面的问题深入分析、提炼和展开论述。

## 3.2 "都市农业职业教育"职教建设、教改与
## 人才培养研究文献汇总分析

120篇结果文献中有关职教建设、教育教学改革和人才培养的一般性论述文献共有54篇。其中有关职教建设(包括合作办学)的文献有29篇,有关教育教学改革问题的有8篇文献,有关人才培养的有17篇文献。下面分别按类以文献发表时间顺序排序并分析如下。

### 3.2.1 "都市农业职业教育"职教建设文献汇总分析

表3—1 "都市农业职业教育"职教建设研究文献主要论述和观点摘录（按发表时间排序）

| 序号 | 篇名 | 作者单位 | 年.期 | 被引频次 | 涉及方面 | 主要论述和观点摘录 |
|---|---|---|---|---|---|---|
| 1. | 建立适应都市型农业的高等农业职业教育体系 | 上海农学院学生处 | 1999.S1 | 2 | 职教建设 | 建立适应都市型农业发展的高等农业职业教育体系是加快上海现代化发展的需要。<br>保证农业经济增长方式由粗放型向集约型转化，需要培养与新的岗位群相适应的高等农业职业技术人员。<br>"调整中等职教，加快高等职教，发展本科职教。"积极发展高等职业教育，是提高国民科技文化素质，推迟就业以及发展国民经济的迫切要求。<br>以上海农学院为主体，联合上海市农业学校和其他重点农业中专为框架，建立适应都市型农业的上海高等农业职业教育体系，以此带动各郊区农业技术教育的普及和发展。<br>率先实施本科层次的高等农业职业学历教育。<br>将上海市农业学校逐步改制为完全的上海农学院技术分院，对进一步理顺农业职业教育体系，扩大农业高职招生数，都有积极意义。两校的联合有利于专业改革和深化，有利于减少教学课时的重复，有利于增加最新的科技知识，有利于培养上海市都市型现代化农业所需分层次、规格化的专业人才，也有利于打破条块分割，优势互补。<br>上海地区农业高职的发展可实行上海农学院二级农业职业技术学院设立与上海市农业学校改制二为一，以充分利用教育资源。<br>实行既分层次，又互相沟通的多种办学模式，组成高等农业职业教育立体网络体系。<br>可探讨实行"52""332""34"三种模式，既分层次，又相互沟通。 |
| 2. | 坚持"三开式"办学服务郊区"三化"建设 | 北京农业职业学院 | 2005.03 | 3 | 职教建设 | "开门、开发、开放"的"三开式"办学指导方针。<br>充分发挥对郊区的人才培养功能;开辟多种途径，发挥技术推广和科技服务功能。<br>多形式、多渠道为农民提供有效的技术支持;派驻专业技术人才，直接为乡村提供科技人才支持;走校企合作之路，实现学院发展与企业利益双赢;依托专业建基地，通过基地辐射技术，带动农民致富;积极参与"十百千农民增收工程"。<br>继续深化教学改革，培养郊区经济社会发展需要的实用型、技能型人才;积极参与北京市农民培训工程;积极发挥北京市农村广播电视学校的教育职能，为农民提供方便快捷的教育服务;创建高职教育通往农村的绿色通道。<br>学院下设北京市农村实用技术服务中心。学院与平谷区畜牧服务中心共同创办了北京绿都羊业发展有限公司。 |

续表

| 序号 | 篇名 | 作者单位 | 年.期 | 被引频次 | 涉及方面 | 主要论述和观点摘录 |
|------|------|----------|-------|----------|----------|-------------------|
| 3. | 正确处理五大关系促进学院全面发展 | 北京农业职业学院 | 2006.04 | | 职教建设 | 北京农业职业学院在"十一五"时期要重点处理好办学规模与办学质量、硬件建设与软件建设、普通专业建设与优势专业建设、多种形式教育与高等职业教育、经济效益与社会效益之间的关系。<br>一、处理好办学规模与办学质量的关系<br>要坚持适度扩大规模与提高质量并举,重在提高办学质量,全面提高人才培养水平,走内涵发展道路的原则。质量内涵,主要体现在两个方面:一是要坚持以就业为导向;二是要坚持以服务为宗旨。<br>二、处理好硬件建设与软件建设的关系<br>要坚持硬件建设与软件建设并举,重在软件建设,以深化管理体制改革为突破口,全面提高学院的管理水平。加强软件建设,首先是要树立现代职业教育意识。<br>三、处理好一般专业建设与优势专业建设的关系<br>四、处理好多种教育形式与高等职业教育的关系<br>要坚持多种教育形式与高职教育并举,重在高等职业教育的发展。<br>五、处理好经济效益和社会效益的关系<br>要坚持经济效益与社会效益并举,重在社会效益的提高。 |
| 4. | 提升理念创新模式完善机制服务京郊新农村建设 | 北京农业职业学院 | 2006.06 | | 职教建设 | 一、立足需求主导,提升办学理念<br>(一)提升服务本位理念,坚持"立足京郊,面向首都,服务'三农'"的办学宗旨。转向注重"育人式教育"与"服务型教育"并重的发展目标。<br>(二)提升双赢合作理念,坚持"开门、开发、开放"的"三开式"办学方针。<br>(三)提升全面发展理念,正确处理"五大关系",做到"五个坚持"。坚持适度扩大规模与提高质量并举。普通专业建设与优势专业,多种形式教育与高等职业教育,经济效益和社会效益。<br>二、立足取得实效,创新服务模式<br>(一)"滴灌式"人才科技输入模式。硬件建设与软件建设。发展办学规模与提高办学质量。专业骨干输入到"镇",优秀人才输入到"村",科技服务输入到"户"。<br>(二)"三专结合"综合服务模式。(三)产学合作服务模式。1.办好校办产业,依托产业拓展服务;2.组建股份制公司,实现紧密型合作。<br>三、立足增强活力,完善服务体制<br>(一)组建专门机构,搭建服务平台;<br>(二)实施目标管理,规范服务行为。"三农"服务中心;<br>(三)优化项目管理机制,激发组织个体活力。"项目责任制""首席专家制"。 |

续表

| 序号 | 篇名 | 作者单位 | 年.期 | 被引频次 | 涉及方面 | 主要论述和观点摘录 |
|------|------|----------|-------|----------|----------|------------------|
| 5. | 以示范校建设为契机全面提升整体办学水平 | 北京农业职业学院 | 2007.03 | 3 | 职教建设 | 贯彻高职教育发展指导思想,提升办学理念;大力加强重点专业及专业群建设;重点提升实践教学水平;努力提高"双师型"师资队伍建设水平;实施学生综合素质培养工程,全面提高学生素质;有重点地加强环境建设,大力营造和谐氛围;构建和完善"三农"服务体系;加强交流,突出示范、辐射和带动作用。<br>明确专业建设思路,调整专业布局;创新教学模式,推进课程体系改革。积极推进"学工交替""项目驱动""订单培养""工作过程"等教学模式改革。<br>大力加强实践教学条件的建设、进一步完善实践教学体系。<br>抓好教学实验实训条件建设,高水平"双师型"教师队伍建设,课程体系和教学内容改革三项工作。着力打造都市现代农业类、畜牧兽医类、农产品生产与安全类、水利与建筑工程类、农产品流通类五个办学理念先进、产学结合紧密、就业率高的重点建设专业群。 |
| 6. | 强化产学研结合突出高职教育特色 | 北京农业职业学院 | 2007.08 | 22 | 职教建设 | 高职院校产学研结合的特征:实践性、互补性、产业性、统一性。<br>北京农职院产学研结合的主要形式:院—企结合形式、院—村结合形式、院—地结合形式。 |
| 7. | 职业教育与都市型农业互动关系刍议 | 北京教育科学研究院职业教育与成人教育研究所 | 2007.09 | 1 | 职教建设 | 一、职业教育与都市型农业互动关系概念界定<br>(二)互动关系的框架与层次。①教育行政部门与农口行政部门、劳动部门、财政部门、科技部门和行业管理部门等管理主体之间的协作关系;②教育系统与劳动系统包括劳动行政管理和劳动力市场之间的相互沟通关系;③学历教育培养体系与职业、技能培训体系的相互衔接关系;④职业教育制度与劳动就业制度包括职业资格证书制度之间的相互协调关系;⑤职业学校或培训机构与人力资源需求单位之间的相互沟通与合作关系。<br>二、职业教育与都市型农业互动关系研究意义<br>培养一批面向都市型农业的科技、经营、管理人员,培养面向新世纪的农民工人。<br>三、职业教育与都市型农业互动关系分析——职业教育对都市型农业发展的影响与作用<br>"三农"问题错综复杂,其中农民问题是核心。职业教育是提高农民素质的主要渠道。尽快缩小城乡差别,发展都市型农业,实现农业现代化,职业教育是重要手段之一。唯一有效的途径就是在巩固"两基"普及成果和攻坚的前提下实施职业教育。<br>都市型农业的推进是拉动职业教育发展的。都市型农业的推进为职业教育的发展提供源源不断的生源。都市型农业的推进为职业教育的改革提供了鲜活的依据。传统的农民正在向现代农民工人转变。提供了鲜活的依据。<br>四、职业教育与都市型农业良性互动必要性分析 |

| 序号 | 篇名 | 作者单位 | 年.期 | 被引频次 | 涉及方面 | 主要论述和观点摘录 |
|---|---|---|---|---|---|---|
| | | | | | | 一职业教育与都市型农业在实施过程中,暴露出了彼此不甚适应的问题。主要表现是:其一,发展都市型农业的相关教育配套措施没有建立。特别是如何有效地依靠职业教育提高从业人员的综合素质,合理配置劳动力的制度尚未形成,人才和科技储备不足已成为都市型农业经济快速发展的瓶颈和制约因素。其二,职业教育的培养目标、专业设置、课程体系、教学组织等未能与时俱进,未能与都市型农业的发展需求对接。即处理好"服务"与"依靠"的问题,建立职业教育与都市型农业良性互动关系尤为必要。<br>二构建职业教育与都市型农业良性互动关系是加速实现农业现代化的迫切需要。我国的城乡分割和二元户籍制度造成。产生了农业经营者的经营水平低和农村劳动者的教育背景差的现状。设施农业、创汇农业、精品农业、加工农业、观光农业还是籽种农业提出要求。职业教育是培养技术型技能型人才的一类教育和培训服务。构建职业教育与都市型农业良性互动关系,是大规模提高农业劳动者职业素质,走新型农业化道路的需要。<br>三构建职业教育与都市型农业良性互动关系是推进职业教育改革和发展的迫切需要。<br>四构建职业教育与都市型农业良性互动关系是完善就业准入制度的需要。有利于对农民工人的岗位和职业资格认定问题的研究,填补现有劳动用工制度中对"现代农民工人"的劳动制度空白。 |
| 8. | 在育人兴农中不断发展 | 成都农业科技职业学院 | 2007.09 | | 职教建设 | 前身为创建于1958年的四川省温江农业学校。2006年通过教育部组织的高职高专人才培养工作水平"优秀"级评估。"为三农服务,为兴农育人"的办学特色。<br>一、准确定位,科学谋划,立足于"三农"服务<br>职业技术教育与应用技术推广相结合的普通高等职业技术学院。培养具有亲农的情感,事农的本领,兴农的理想,具有敬业、勤业、创业精神,适应生产建设管理服务第一线需要的高素质高技能应用型人才。立足成都、面向四川、辐射西部,以高职教育为主体,积极开展短期培训、产业开发和技术服务。<br>实施"一体两翼协调发展"战略。确立构建"三基地一中心"的目标。<br>二、根据农业产业发展的需要,全面深化教育教学领域内的改革<br>(一)以产业发展对人才的需要引领专业建设,形成以农为本,服务二、三产业的综合性专业结构。<br>(二)与区域经济社会发展紧密联系,形成产学研结合的长效机制。一是校企双方共同培养人才;二是与企业双方合作共建实训基地(实验室);三是校企双方合作共建专业;四是校地合作为"三农"服务。 |

| 序号 | 篇名 | 作者单位 | 年.期 | 被引频次 | 涉及方面 | 主要论述和观点摘录 |
|---|---|---|---|---|---|---|
| | | | | | | （三）探索、创新、实践，人才培养模式实现多元化。"冠名订单"人才培养模式；"工学结合"人才培养模式；"嵌入式"人才培养模式；"嫁接法"人才培养模式；"企业化"（或员工化）人才培养模式；"创业型"人才培养模式。<br>三、以服务为宗旨，充分发挥学院的社会服务功能<br>（一）以项目为支撑，指导服务地方经济建设；<br>（二）以基地为载体，助推区域经济发展。一是利用实训中心的场地和设施优势，积极开展面向农民的无公害蔬菜水果示范栽培；二是利用中心的技术和条件优势，积极引进适合四川及成都地区栽培的各类食用菌新品种。建立校外示范基地：一是"学院＋企业"合作模式；二是"学院＋公司＋农户"合作模式，校外示范基地；三是"学院＋协会＋农户"合作模式。初步形成了"以基地带动产业、以项目聚集资金、以技术促进增收"的良性运行机制。<br>（三）以示范为引导，搭建农业科技推广平台。<br>（四）构建职教联盟，引领农业职业教育发展。<br>四、不断超越，努力创建国家级示范高职学院 |
| 9. | 试论北京农业职业教育 | 北京农业职业学院 | 2007.32 | | 职教建设 | 一、农业职业教育在首都建设中的重要作用<br>1. 农业对首都发展的战略地位：多功能农业逐渐成为都市农业今后发展的方向。产生了新的产业，如观光农业、加工农业、创汇农业、农产品配送业。①服务功能更加明显；②生态功能；③社会功能。<br>2. 农业职业教育是首都农业发展的重要人才支撑。农业对于北京市的现代化，对于首都安全，均具有"否决权"的地位。"十一五"期间，北京将在全市建设五个农业发展圈，完成由城郊型农业向都市型现代农业转变。就全国而言，北京虽然并不是农业发展的重心，但许多农业企业都把总部都设在北京，而且大部分企业都在北京开设了销售中心和研发中心。<br>二、北京农业发展的特点及对改进农业职业教育的若干建议<br>(1)北京农业已经不再是单纯的种植养殖的农业，而是向观光旅游农业、生态农业方向发展。调整的力度也远远跟不上产业的需求与发展。<br>(2)北京是大城市小郊区。培训不系统，业务管理上没有连续性，缺乏对农职校的统筹管理与正确引导。人们更多地追求农产品的质量、健康、环保、绿色，以及新兴营养配餐业的发展。一要打破"一产""二产""三产"的惯有模式，依托产业链条的延伸将专业链拉得更远。二要站在大局看农业，看农业职业教育。未来农业职业教育的重点不仅要提高农业社会化服务体系的整体素质，培养为农业生产服务的技术人员，还要加强对农村中介化服务体系中科技和管理人员的培养。<br>(3)"两轴两带多中心"。将农业职业教育纳入发展规 |

续表

| 序号 | 篇名 | 作者单位 | 年.期 | 被引频次 | 涉及方面 | 主要论述和观点摘录 |
|---|---|---|---|---|---|---|
| | | | | | | 划之中。调整职教布局。根据北京地域小、农业比例低的特点。一要加大对农业专业教育的保护。缩小招生和办学规模,全部由农业部门全额拨款办学。要保证一定比例的传统农业教育。二要既重视县域经济特点,又要加强统筹。要站在全市角度,集中资金办学,实现资源共享。在直接投入上打破"一校一投入"的方式,注重以奖代补、财政贴息,鼓励学校的自主发展和自我约束相结合,如以项目形式激励学校之间的竞争与联合。采取捆绑式组合,共同开发。 |
| 10. | 日本农业职业教育的做法与启示 | 北京农业职业学院 | 2008.01 | 16 | 职教建设 | 日本农业教育五个层次,即大学本科教育、农业大学校教育、农业高等学校教育、就农准备学校教育和农业指导士教育。<br>农业职业教育应该是复合化、综合化的;农业职业人才培养模式应向以职业岗位综合能力为基础的现代职业教育模式转轨;职业教育必须突出实践能力的培养;重视学生的文化素质教育与职业素质教育,日本非常重视促进学生的全面发展;农业职业教育也要适应时代发展的要求;坚持理论和实践的统一,培养"复合型""应用型"的通才;职业教育是培养能工巧匠的教育,必须有能说会干的高素质的师资队伍。<br>瑞穗农艺高等学校设有"培养""研究"和"进修"等机构。实践教学与理论教学的比重为8:2,配备的教师比例则比较大。<br>主观上并没有重视实践教学内容,师资配备不足是制约我国当前农业职业教育高技能人才培养水平的一个重要因素。<br>产学研结合、集团化模式办学。<br>重视通才教育是当今世界职业教育发展的一个重要趋势。 |
| 11. | 发挥职业教育优势服务新农村建设 | 北京农业职业学院 | 2008.02 | 1 | 职教建设 | 提升理念,形成共识;适应需要,培养人才;完善机制,创新模式。<br>培养"双师型"队伍。成立"三农"服务中心,成立专业化的服务工作室,开展多层次的互动合作。"滴灌式"服务模式、"孵化式"服务模式、"套餐式"服务模式、"链条式"服务模式。<br>以德为先,全面育人;以实践教学为主体;办学与服务双赢;开放式办学与不断创新的四大办学理念。 |
| 12. | 借示范校建设强劲东风推动学院建设再上新台阶 | 北京农业职业学院 | 2008.05 | | 职教建设 | 2008年7月又成功跨入了全国百所示范性高职院校建设的行列。真正实现办学与服务双赢。<br>一、用示范校建设推动学院整体办学水平的提高,实现争创国内外一流职业院校的目标<br>专业建设的重点是要体现前瞻性、技术性、动态性、特色性和示范性。重点从创新人才培养模式、构建"岗位化"课程体系、打造优秀教学团队、建设产学研一体化实 |

| 序号 | 篇名 | 作者单位 | 年.期 | 被引频次 | 涉及方面 | 主要论述和观点摘录 |
|------|------|---------|-------|---------|---------|------------------|
| | | | | | | 训基地、拓展社会服务功能、辐射带动专业群建设等方面完成建设方案中的七个建设项目。要围绕北京都市型现代农业重点发展的高端农业、休闲农业、文化创意农业等所要形成"五圈九业、优质品群"的发展格局。要围绕设施园艺、观光园艺、绿色养殖、畜禽良种繁育、宠物养护和构建动物疫病防控体系、食品安全、城市水务工程施工和节水技术,以及都市农产品流通等领域开展专业建设研究和科技应用研究。<br>二、用示范校建设推动学院服务"三农"取得新成绩,真正实现办学与服务双赢<br>建设农村远程教育与技术服务网络体系和五个专业化服务工作室,在总结推广"滴灌式""孵化式"和"链条式"服务模式。<br>三、用示范校建设推动教学与服务设施建设,为学院发展提供良好的物质基础<br>高标准完成示范校建设方案中确定的园艺技术专业、畜牧兽医专业、绿色食品生产与检验专业、水利工程施工技术专业、市场营销(农产品营销方向)专业所确定的产学研一体化实训基地。<br>四、用示范校建设推动全院管理水平的提高,加强制度建设,有效调动各方面的积极性<br>在教学管理方面,一是要积极探索"一院四区"教学管理模式和体制,优化重组教学管理机构;二是创新教学质量监管机制,健全教学质量监控体系,要因行业设置专业,因岗位设置课程,设置特色专业,不盲目追求学科体系的完整,不根据学校师资设置专业,要摆脱普通高校的课程设置模式,要加大精品课程建设和课程体系、教材体系和教学内容的建设,建立课程设置、建设和退出机制,要有效实践学分制、弹性学制、分层教学和学分互认等措施,要建立专业建设质量监督、学生学习效果监督、课堂教学质量监督、实践教学质量监督等管理体系。三是建立科学的教学质量评价标准与方法,教师职业能力的评价标准与方法,学生综合素质、学习能力和职业技能评价标准与方法。<br>树立"目标管理、层次管理、质量管理、过程管理和绩效管理"的管理理念。 |
| 13. | 提升理念重内涵突出特色谋发展—北京农业职业学院办学实践 | 北京农业职业学院 | 2008.11 | | 职教建设 | 注重把握区域经济的发展方向,主动适应社会需求,通过提升理念,夯实基础,突出特色。<br>一、弘扬办学传统,提升发展理念<br>2002年组建了北京农业职业学院。<br>坚持"立足京郊,面向首都,服务三农"的办学宗旨,秉承"立德、修业、求知、笃行"的院训精神。<br>提出了"以德为先、全面育人,以实践教学为主体,办学与服务双赢,开放式办学与不断创新"四大办学理念。<br>二、以专业建设为龙头,深化教学改革 |

| 序号 | 篇名 | 作者单位 | 年.期 | 被引频次 | 涉及方面 | 主要论述和观点摘录 |
|------|------|----------|-------|----------|----------|--------------------|
| | | | | | | 5个涉农专业确立为重点建设专业。逐步培育形成了具有都市特点和传统优势的园艺园林类、现代畜牧兽医类、绿色食品生产与检验类、农业工程类、农产品流通类专业群。 |
| | | | | | | (一)课程体系建设精品化 |
| | | | | | | 坚持以实践教学为主体,强化与行业企业的深度融合,构建以工作任务为导向的工学一体的课程体系。 |
| | | | | | | (二)师资队伍建设"双师"化。一是重视专业带头人、骨干教师队伍建设;二是加大"双师"素质教师的培养力度;三是加强兼职教师队伍建设。 |
| | | | | | | (三)教学模式工学一体化。高素质技能型人才为培养目标,园艺专业的"植物生长周期循环式"、水利工程施工技术的"项目驱动区"、畜牧兽医专业的"岗位轮动式"、信息技术专业的"课程置换式"等。 |
| | | | | | | (四)实训基地建设生产化。初步形成了以国家级实训基地建设为龙头,市级示范性实训基地建设为重点,院级重点建设实训基地为基础的基地建设格局。 |
| | | | | | | 畜牧兽医专业实训基地——种鸡场,是"北京市教育系统优秀校办企业"。 |
| | | | | | | 校企合作方式上:一是股份制形式;二是依托学院的技术、人才与生产企业组建实训基地;三是吸引企业与学院合作建立生产性实训基地。 |
| | | | | | | (五)学生实践能力职业化。大大提高了学生的实践能力。平均就业率始终保持在99%以上。 |
| | | | | | | 三、主动服务三农,实现办学与服务双赢 |
| | | | | | | (一)构筑服务平台。机构都设在学院,赋予学院在京郊开展培训与服务工作的行政管理职能。 |
| | | | | | | (二)开展多层次互动合作。按照"互补、共享、双赢、发展"的原则,学院积极开展"院政互动""院院合作""院地共建""院企结合"。 |
| | | | | | | (三)建立了专业化服务工作室。成立了都市现代农业、畜牧兽医新技术、新农村规划建设等5个专业化服务工作室。 |
| | | | | | | (四)组建了挂职服务团。向部分乡镇派出科技镇长助理,组建了挂职服务团。 |
| | | | | | | (五)创新了服务模式。学院逐步探索形成了"滴灌式""孵化式""链条式""套餐式"等独特的服务模式。 |
| | | | | | | (六)取得了显著成效。 |
| | | | | | | 四、加大对外开放力度,成为国际合作办学的窗口 |
| | | | | | | 与3所国际院校建立了稳定的合作关系。 |

续表

| 序号 | 篇名 | 作者单位 | 年.期 | 被引频次 | 涉及方面 | 主要论述和观点摘录 |
|---|---|---|---|---|---|---|
| 14. | 北京农业职业教育发展对策研究 | 北京农业职业学院 | 2008.23 | 3 | 职教建设 | 1. 加强政府统筹,推进有序配置:(1)将农业职业教育纳入社会发展规划之中;(2)理顺农业职业教育体制,改变农业科研、教育、推广相互脱节,自成体系,各行其实的状况;(3)引导并激活办学机制;(4)政府要营造行业、企业参与农业职业教育的发展环境,加快速度制订激励政策,实现学校与企业的互动和合作。2. 改变投入方式,加大农业职业教育的投入。(1)建立职业教育资助体系;(2)改变投入方式;3. 更新办学理念,坚定服务宗旨。<br>都市型现代农业的内涵发生了根本性变化,农业已经和二、三产业相互融合;都市型现代农业的功能大大拓展了,发挥着社会、休闲、参与、体验、教育、生态和经济多方面的功能;都市型现代农业的视野大大开阔了,已经从区域市场、国内市场发展到国际市场,这些变化对农业职业教育的人才培养规格和专业规划提出了新的要求和挑战。 |
| 15. | 突出职教特色走产学研一体化办学之路——苏州农业职业技术学院校办产业模式的实践探索 | 苏州农业职业技术学院 | 2008.35 | 2 | 职教建设 | 我院校办产业的发展,为学院提供了教学实践、双师培训、技术开发"三大保障";强化了专业资源、人才资源、产业资源"三源整合";突出了经营功能、服务功能、示范功能"三项功能";实现了教育效益、社会效益、经济效益"三效并举"。<br>依托优势专业,成立校办企业,职教兴产,优化人才培养,改革教学模式,深化实践教学,培养创新人才;以科研项目为先导,以科技成果转化和推广为突破口,促进校办产业的发展;大力推进实训基地建设,构建校办产业模式运作平台。<br>围绕专业办产业,突出专业特色;参与市场竞争,建立现代企业制度,突出管理特色;办好产业促专业,突出培养特色;紧扣区域经济,突出服务特色,利用"公司＋农户"合作模式。<br>多方合作,建立专业建设指导委员会,优化人才培养方案;整合课程内容,改革教学方式,构建实践教学体系。<br>加大经费投入,争取科研项目,实现科研与教学相结合;加速科技成果转化和推广,科技兴农:(1)利用学校科研优势,向企业和农民提供技术指导;(2)依托科研项目,成立农村经济协作协会,指导农民生产。<br>构建以"一体两翼四地"为基本格局的校办产业模式平台;积极拓展校内外实训基地,共享资源逐步形成了"学院＋公司(基地)＋农户(学生)"的校办产业模式。<br>形成研究开发→基地示范→应用推广→技术指导→多方共赢的良性循环。<br>实训基地是产学研结合的载体和纽带,是科技创新的源发地,科技成果的孵化器和成果转化的主战场。<br>依托园艺和园林专业,开办了园艺场,组建了股份制苏农园艺景观有限公司。 |

| 序号 | 篇名 | 作者单位 | 年．期 | 被引频次 | 涉及方面 | 主要论述和观点摘录 |
|---|---|---|---|---|---|---|
| 16. | 基于北京农业职业教育市场现状与发展规划 | 北京农业职业学院 | 2009.04 | | 职教建设 | 三、北京农业发展的目标与规划<br>发展设施农业、精品农业、加工农业、籽种农业、观光农业、出口农业等七大都市型农业。<br>四、北京农业职业教育市场现状<br>1. 北京农业职业教育的发展机遇<br>"十一五"规划期间，北京要发展五个农业发展圈，要完成由城郊型农业向现代都市农业发展的转变，大部分企业都很难招聘到合适的高级农业研发技术人才，尤其是植物保护、生物工程、水产养殖、环境生物等现代化高科技新型农业人才更是难求。<br>2. 北京农业职业教育市场发展的现状及存在问题<br>投入相比普教仍有很大差距，受到高校连年扩招的影响，在招生上受到很大冲击。由于受到传统观念的影响，招到学生更难。原有的专业和课程难以满足北京现代农业产业的发展。就业率低，就业面窄，企业也难以找到合适人才。农业职业技术教育的师资队伍力量不稳定，且相对薄弱，尤其缺乏专业性强的高级教师。<br>3. 北京农业职业教育发展规划<br>首先，充分发挥政府支持的作用，加大职业教育投入，提供有力的教育政策支持，必须大力投入相关财政与教育政策支持；其次，拓展农业职业教育的内涵，引导人们改变传统观念；再次，为京郊定向培养专业人才，服务三农；最后，因地制宜，统筹规划，发展特色农业职业技术教育。<br>北京发展职业教育，必须结合自身城市建设与规划。在职业教育的专业设置上应该结合北京农业经济及社会发展方向进行同构性规划，同时应该据以北京城乡的区域农业经济的特点，调整农业职业教育的布局，开设一些符合当地需求的特色性专业。 |
| 17. | 浅谈都市农业发展与职业教育创新 | 湖南农业大学国际学院 | 2009.05 | 2 | 职教建设 | 都市农业发展需要职业教育创新培养目标：都市型、广适型、创业型的专业人才。<br>发展都市农业需要职业教育创新专业设置：复合性、文化性、特色性。<br>都市农业发展需要职业教育创新教学模式：构建人才培养新模式、树立教学新理念、构建评价新体系。<br>构建弹性的课程体系，增加选修课、实践课。<br>坚持教学活动以学生为中心；注重实践教学环节；坚持以理解为主体的教学范式。建立发展性学习评价体系，评价方式应当多样化，评价重点应是注重学生分析能力、思维能力、创新能力等。 |

续表

| 序号 | 篇名 | 作者单位 | 年.期 | 被引频次 | 涉及方面 | 主要论述和观点摘录 |
|---|---|---|---|---|---|---|
| 18. | 深化内涵育人才彰显特色惠三农——苏州农业职业技术学院升格高职院10周年巡礼 | 苏州农业职业技术学院 | 2012.01 | | 职教建设 | 坚持"服务'三农'和区域经济社会发展"的办学宗旨,坚持"内涵为主,规模适度,特色显著,竞争力提升"的办学思路。<br>一、以完善条件为重点,着力增强办学能力。一是基础设施日臻完善。二是实训资源快速增加。三是招生规模趋于合理。<br>二、以提高质量为核心,着力深化办学内涵。一是人才培养模式改革不断深化。扎实推进"二结合二融合"人才培养模式改革,着力增强学生的实践操作能力和创业就业能力。二是专业建设水平明显提升。强势推进,做强做实特园艺技术、园林技术、食品营养、食品加工等品牌、特色专业。<br>抢抓机遇,积极发展农业环保、物流管理、机电技术、商务外语等新兴专业。调整思路,全面提升作物生产等传统专业。三是师资队伍素质明显提高。大力实施"2222"人才建设工程,全面推进骨干教师服务能力、青年教师实践能力、兼职教师教学能力等"三大能力"建设。专任教师"双师"素质比例达78%。四是就业创业优势明显增强。<br>三、以社会服务为载体,着力彰显办学特色。一是科研推广水平显著提升。核心期刊211篇、SCI收录8篇、EI收录5篇。二是社会服务能力显著增强。科技结对服务。 |
| 19. | 跨区域合作办学的理念创新与实践探索——以北京农业职业学院为个案的研究 | 北京农业职业学院 | 2012.01 | 3 | 合作办学 | "资源共享、双向互动、互惠互利、共同发展"的合作办学机制中,逐渐形成了"政策引领型""资源支持型""交流聚型"三种类型的跨区域合作办学模式。<br>以学会主任单位为平台的政策引领型合作;与锡林郭勒职业技术学院等院校之间的资源支持型合作;农业职业院校之间的交流聚型合作。<br>合作举办论坛,举办"城乡一体化与都市农业背景下的现代农民培养"论坛,开展政策研究。<br>以智力支援为重点,接收锡林郭勒职业技术学院的人员挂职锻炼,指导教育教学水平评估工作,派遣骨干教师开展短期支教;援建实训室和资助贫困生。<br>农业职业院校之间的国内短期交流;构建国际交流合作平台,帮扶新疆、西藏等中西部欠发达地区的农业职业院校。<br>形成了"植物生长周期循环""岗位轮动""1—4—1工学结合"等人才培养模式,构建完成了"任务导向、模块设置""岗位化""从田间到餐桌"等课程体系,带动了学院种植类、养殖类、食品加工类特色专业群的形成。形成了具有农业职业教育特色的"滴灌式""孵化式""链条式"等服务模式。 |

| 序号 | 篇名 | 作者单位 | 年.期 | 被引频次 | 涉及方面 | 主要论述和观点摘录 |
|---|---|---|---|---|---|---|
| 20. | 农业职业教育服务现代都市农业研究 | 武汉都市农业培训学院 | 2012.03 | | 职教建设 | 要着力转变教育观念,找准办学定位,发挥自身优势,对接都市农业实际需要,通过实施政策性的保障措施,推进农业职业教育在服务现代都市农业中发挥更大的作用。<br>现代都市农业是与城市的经济、社会和文化发展紧密相连的一种农业现象,是城市化和工业化发展到一定阶段的产物,是为适应都市城乡一体化建设需要,在都市区域内形成的具有紧密依托并服务都市的、生产力水平较高的现代农业生产体系。是新型农业,又是市场化、集约化、科技化、产业化的农业。<br>2001 年,武汉市委、市政府出台了《关于加快都市农业发展的意见》。武汉已成为继北京、上海、成都之后第四家国际都市农业试点示范城市。<br>现代都市农业具有以下特点:1. 多功能性、2. 集约性、3. 融合性、4. 知识化<br>二、农业职业教育在现代都市农业发展中的功能<br>农业职业教育有高、中等职业教育、成人教育以及各种形式的对农民短期培训。<br>1. 人才培养:一是由经验型的乡土人才向专业的技术和管理人员过渡。二是对人才的综合素质要求更高。高技能的专业型农业人才、高水平的复合型农业人才极为短缺。<br>(1)经济类人才、(2)生态人才、(3)服务人才<br>①懂科技、会经营、善管理的涉农企业家和经营管理人才;②厚基础、宽口径、多专业、复合型的涉农科研专业人才及都市型农产品创新人才,特别是各专业领域的领军人物和学科带头人;③既懂农业技术、又懂农产品加工专业的涉农产品深加工的农业技能型人才;④懂农业技术、又有实践经验,深入农业生产产前、产中、产后开展农业科技成果推广、农产品推销的农业推广人才。<br>①林业、园林花卉人才;②绿色食品标准化检验检测人才;③农业生态和环境保护人才;④农业生物技术人才。<br>①涉农物流人才(包括涉农外贸);②涉农会展人才;③涉农市场中介与媒体(包括广告)人才;④涉农信息技术(包括咨询服务、数据技术);⑤农畜产品标准化检验检测、监督、认证等人才;⑥观光农业中的服务人才,如导游、餐饮服务等。<br>2. 科技服务:(1)发挥师资队伍的专业技术优势,直接参与都市农业的开发建设。(2)发挥农业职业院校实训基地的科技示范作用。(3)通过校企合作、工学交替的办学模式,将农业职业教育与都市农业发展紧密地融为一体。<br>3. 文化教育。<br>六、提高教育质量,主动对接现代都市农业发展需要:<br>1. 深化教育教学改革,推进农业职业教育转型;2. 加大农村实用人才培训创新力度;3. 夯实办学基础,凸现办学特色;4. 加强教师队伍建设; |

续表

| 序号 | 篇名 | 作者单位 | 年.期 | 被引频次 | 涉及方面 | 主要论述和观点摘录 |
|---|---|---|---|---|---|---|
| | | | | | | 农业高等职业教育大多是由农业中专升格、合并而成,多处于起步阶段,需要花大力气抓好专业建设、师资队伍建设和实验实训条件建设。<br>中等农业职业教育处境尴尬,成人中等农业职业学校被边缘化。<br>组建了农业职业教育集团,或农业职教园区,资源进行整合。<br>推进"五大工程":一是实施"领头雁培训工程";二是实施"新型农民创业培植工程";三是实施"新型农民科技培训工程";四是实施"绿色证书培训工程";五是实施"农业科技入户工程"。<br>农业职业学校数量的不断减少,生源数量逐年递减,办学条件的捉襟见肘,综合竞争实力的持续下降等问题,都是农业职业学校发展中亟待解决的问题。<br>农业职业教育这样的弱质行业的弱质教育继续扶持。 |
| 21. | 北京农业职业学院开放办学实践与探索 | 北京农业职业学院 | 2013.01 | 2 | 职教建设 | 充分挖掘利用更多社会资源,以合作办学、合作育人、合作就业、合作发展为主线,与政府职能对接、与企业共建双赢、与科研院所资源共享、与国外院校合作办学,加强了在人才培养、师资培训、基地建设、学术交流等方面的交流合作,建立了政府、行业、企业、学院四方联动的开放办学新格局。<br>一、构建开放办学新格局:1. 对接政府职能赢得支持和肯定。2. 满足企业需求达到共建双赢,建立学校与企业"双元性"的教育主体。3. 三院联动实现资源共享。4. 对口支援助推西部职业院校发展。5. 院地共建培植创意产业。6. 院校共建吸引优秀生源。二、践行开放办学新理念。三、拓展开放办学新形式。 |
| 22. | 都市农业职业教育集团的合作治理与管理创新 | 北京农业职业学院 | 2014.02 | | 职教建设 | 加强组织再造,提高组织活力;加强制度建设,降低集团发展风险;明确集团战略,促进可持续发展。<br>管理的扁平化;组织团队化;组织关系网络化。<br>体现组织团队化和网络化的标志是建立6个专业委员会。理事会下设园林园艺、动物科学、食品安全、农村经济与服务、现代农业工程和农民教育培训等6个专业委员会。<br>1. 建立集团化办学组织化管理运行平台;2. 建立都市农业职业人才合作培养基地;3. 建立职业教育教师队伍融合机制;4. 建设职业教育产学研合作平台;5. 建设共享型实习实训基地;6. 建立农业职教国际合作基地。 |
| 23. | 农业高职院校企合作长效机制的 | 苏州农业职业技术学院 | 2014.06 | 1 | 合作办学 | 从完善校企合作的相关政策法规,强化校企合作的顶层设计,健全校企合作的管理运行制度,整合双方优势共享资源,实现合作互惠共赢,促进校企双方的文化融合等措施来进一步深化校企合作。<br>存在校企双方合作态度不均衡、合作的深度和广度有待加强以及农业院校的社会服务能力不足等问题。 |

| 序号 | 篇名 | 作者单位 | 年.期 | 被引频次 | 涉及方面 | 主要论述和观点摘录 |
|---|---|---|---|---|---|---|
| | 研究实践——以苏州农业职业技术学院为例 | | | | | 以能力为本位,就业为导向,职业岗位群需求为标准,充分利用校企双方的教育环境和资源,采用与生产劳动和社会实践相结合的学习模式,由高职院校和企业双方共同主导技术技能型人才培养的过程。<br>校企合作已成为我国高等职业教育办学的基本模式,是实现学校育人到企业用人"无缝对接"的基本途径,是提高教学质量、培养高技术技能型人才的关键。<br>一、高职院校校企合作的现状:订单教育、顶岗实习、工学交替、校厂一体化、联合共建等多种形式的校企合作人才培养模式。江苏现代农业校企(园区)合作联盟。目前高职院校的校企合作还存在松散、不稳定的特征。企业参与合作的积极性不高,校企合作缺乏统一协调的、自觉的整体行动,合作成效参差不齐。<br>二、高职院校校企合作存在的问题<br>(一)认识不同,观念不统一。形成在校企合作中的学校"一头热"现象。<br>(二)校企合作管理体制的不健全。权利、义务没有做出明确、具体的规定与约束,缺乏具体的指引和约束,关系还没有理顺,教学安排、资金保障、评价方式、监督机制等均未能较好地建立起来。<br>(三)校企合作层次低,深度不够。由于尚缺乏有效的体制监管和实质化的合作内容及评价机制,最后校企合作只能流于形式或者学校对企业的简单劳力输出。多数高职院校技术研发经费捉襟见肘,科研实力不够雄厚,无法通过服务社会生产发展和地方经济建设,在技术层面上支持企业发展,为企业破解发展中的技术难题。<br>(四)校企合作间的利益问题难协调。使校企合作双方的利益得不到满足,两者间的利益关系难以协调。<br>三、深化高职院校企合作长效机制的策略研究<br>"学校一头热""工学两层皮""政企校三分离"。<br>(一)完善相关政策法规,推进校企合作长效化<br>提出要建立健全政府主导、学校主体、行业指导、企业参与的办学机制,制定促进校企合作办学法规,推进校企合作规范化、制度化、长效化,加大对高职教育的资金投入。<br>(二)强化顶层设计,完善校企合作的管理运行制度<br>一是各级政府部门要为高职院校和企业合作搭建平台;二是完善校企合作的管理运行制度;第三,校企之间需要制定行之有效的约束机制。<br>(三)整合优势共享资源,实现合作双方互惠共赢<br>一是实现校企合作一体化。搭建资源共享平台,加强校企的互动交流。<br>(四)以互利共享为前提,实现合作双方利益最大化<br>(五)建立对话交流平台,促进校企双方的文化融合 |

续表

| 序号 | 篇名 | 作者单位 | 年.期 | 被引频次 | 涉及方面 | 主要论述和观点摘录 |
|---|---|---|---|---|---|---|
| 24. | 高等职业教育服务"三农"形式及对策研究 | 成都农业科技职业学院 | 2014.11 | 1 | 职教建设 | 以项目为支撑,推动地方经济建设发展;以基地为桥梁,打造学院品牌;以示范为引导,搭建农业科技推广平台;抗震救灾,开展灾后恢复生产科技服务;以队伍建设为抓手,提高农业科研水平;师生联动,探索服务外包模式。<br>积极参展,释放创艺农业的魅力;作为西部创意农业研究中心,学院积极推进创意农业的发展;指导农户建立规范化科技示范点;利用循环经济的模式;创意农业作为"三农"工作的一个新着力点。 |
| 25. | "双元制"在都市型现代农业高职教育中的应用研究 | 北京农学院城乡发展学院 | 2014.14 | | 职教建设 | 通过法律、法规规范高等职业教育,通过政府引导,保障学生、企业双向选择就业;通过稳定的专兼职教师参与教学,提高教育教学质量和实操效果;通过统筹规划,建立终身教育的"立交桥"体系。<br>高等职业教育看重的是以岗位能力需要设置课程和知识点,理论够用为度,实践训练为重的教育教学模式;而非高低层次的区别。在"双元制"教育体制下,大部分的学生选择职业教育,正是由于对自身发展有明确的目的,成为专业技能型人才而非学术研究型人才。"双元制"职业教育的"立交桥"体系特点显著。企业将职业教育看作是在进行自主培训,培养和建立企业的劳动力储备。国内重理论轻实践,校企合作浮于表面。 |
| 26. | 荷兰农业职业教育的特点及对我国职业教育的启示 | 北京农业职业学院 | 2015.06 | 1 | 职教建设 | 荷兰的农业职业教育在欧洲处于领先地位,极具特色的职业教育与培训对我国高职教育的改革有重要的启示作用。<br>3 荷兰农业职业教育的特点及启示<br>3.1 学习兴趣浓烈、过程愉悦。荷兰的农业教育体系包括四个层次,有初等、中等、高等和大学。<br>荷兰的农业职业教育和技术培训也很发达。<br>3.2 学习实用技能,教学方式灵活。课程大多采用实践教学的形式,理论教学占很少的比重。职教的根本目的是培养有技能的劳动者。逐步改进和提高现有高职院校的实践教学方法,实现实践教学创新。<br>3.3 小班教学,教学互长<br>3.4 学生责任心强、自主性好<br>3.5 校内外实训基地众多,毕业就业途径多样<br>(1)实训基地是培养学生实践能力、创新能力和实验能力的重要保证。荷兰职业院校的内部就有各种实训基地,使学生在校期间就能完成各种技能的实践训练。<br>(2)高职院校的校内实训基地是重要的实践教学场所,但目前我国的校内实训基地存在建设主体单一、投资不足,追求"小而全"等现象,没有达到理想的实践效果。多数校外实训基地的功能未能充分发挥,特别是校企合作的层次与深度不够。 |

续表

| 序号 | 篇名 | 作者单位 | 年.期 | 被引频次 | 涉及方面 | 主要论述和观点摘录 |
|---|---|---|---|---|---|---|
| 27. | 以集团化办学推进现代职业教育发展 | 北京农业职业学院 | 2015.06 | 2 | 集团化办学 | 以集团化促进办学机制的转变;通过体制机制创新保障集团工作的实效性。<br>从办学机制上实现集团化办学,搭建首都农业职业教育的立交桥,推进首都农业职业教育的现代化;致力于从根本上推进校企融合,实现职业教育产教深度融合、校企紧密合作的教学模式。<br>为了更好地发挥职教集团的作用,北京都市农业职业教育集团在管理体制上,实行以市政府为主导的建设指导委员会和以北京农业职业学院为主导的理事会制度。建设委员会由各级政府领导为主体组成,从而保证了集团决策和协调工作的力度和实效。"双主体"的机构设置从体制机制上保证了集团的有效运行。<br>北京都市农业职教集团成立以来取得的主要成效:<br>依托六个专业委员会,推进校校融通:制定了专业委员会工作计划;组织开展了集团内院校间的走访调研;扩展了中高职衔接工作的范围;开展了集团内院校教师培训和信息化教学设计技能大赛。<br>深化校企合作,进一步实现集团资源共建共享:深入企业调研,增强合作的针对性;发挥服务功能,促进企业发展;建设共享的兼职教师队伍;加强了教师企业实践工作;建设共享实训基地。<br>改革和创新校企共同育人的人才培养模式:实施了专业人才培养目标与企业岗位任职要求有效对接;实施轮岗教学;扩大毕业生就业途径。<br>开展形式多样的社会服务:新型职业农民培训;院乡合作项目专题培训;开展低收入村调研工作。 |
| 28. | 关于京津冀都市型现代农业职业教育协同发展的思考 | 北京农业职业学院 | 2017.02 | 2 | 职教建设 | 都市型现代农业职业教育可能在京津两市周边交通方便的农村地区以及石家庄、保定等河北省大城市郊区的部分农村协同发展起来。<br>在京津冀协同发展中承担着为农业产业转移升级和结构调整培养人才的重要作用。<br>一、都市型现代农业职业教育协同发展的条件:<br>北京的农业逐步转向发展都市型现代农业。<br>是以生态绿色农业、观光休闲农业、市场创汇农业、高科技现代农业为标志,以园艺化、设施化、工厂化生产为手段,以大都市市场需求为导向,融生产性、生活性和生态性于一体,优质高效和可持续发展相结合的现代农业。<br>北京市转移的农业项目中,有相当大的部分属于都市型现代农业,一条主要由北京投资和提供技术、河北生产、供给京津的农产品产销链条正逐渐形成。已有和未来农业产业的转移和调整需要农业职业教育的转移和调整与之相匹配,形成了三地都市型现代农业职业教育协同发展的前提条件。<br>二、都市型现代农业职业教育协同发展的区域:是在都市型现代农业发展的区域范围内进行的。 |

| 序号 | 篇名 | 作者单位 | 年.期 | 被引频次 | 涉及方面 | 主要论述和观点摘录 |
|------|------|----------|-------|----------|----------|---------------------|
| | | | | | | 首先,在京津两个都市一定距离内的农村都已有或可以发展都市型现代农业,另一地理距离是城市的周末度假区内。京津冀三地都市型现代农业的职业教育,未来有可能在京津两市周边交通方便的农村地区以及石家庄、保定等河北省大城市郊区的部分农村协同发展起来。<br>三、都市型现代农业职业教育协同发展的内容。<br>都市型现代农业职业教育的协同发展需要建立在三地现有农业职业教育的基础上。北京的农业主体已经是都市型现代农业,农业职业教育的主要内容是都市型现代农业的职业教育。天津市是我国职业教育搞得最好的地区之一,有完整的农业职业教育体系,河北省是我国农业教育的强省。北京市要起到带头作用,要为津冀两地培养相关人才。一是园林专业人才培养。二是食品安全专业。三是农村旅游类专业。四是满足大都市新的特殊需求的专业,如宠物养护与疾病防治。第五,其他有优势的专业。北京市在设施农业发展,创汇农业、节水农业、农村污水处理、农业会展、葡萄种植与葡萄酒加工、农产品加工与销售、农产品物流管理等专业科研和教学上都有一定的优势。<br>四、都市型现代农业职业教育协同发展的设想。《京津冀现代农业协同发展规划(2016—2020年)》《现代职业教育体系建设规划(2014—2020年)》将现有的北京都市型现代农业职教集团扩展为京津冀都市型现代农业职教集团,通过集团实现都市型现代农业职业教育的信息共享,经验共享,重点实验室共享,助力当地农业职业培训机构,培养当地的都市型现代农业职业人员;制定三地联合培养都市型现代农业职业人才的,建立起京津冀都市型现代农业职业教育协同发展网。建议在招生制度上打破区域限制。<br>京津冀协同发展的核心问题是人口,产业在三地重新科学布局的问题。 |
| 29. | 丰富职教内涵延长职教链条——以北京农业职业学院为例 | 北京农业职业学院 | 2017.05 | | 职教建设 | 强化普职融通、学历教育与社会培训并重、京津冀协同培养人才、搭建职教发展平台等方面,进行了创新探索。围绕都市型现代农业产业布局调整专业设置;围绕都市型现代农业主导产业调整专业课程结构;<br>延伸职业教育链条,探索构建现代农业职业教育体系。休闲体验农业、籽种业、绿色安全食品、物流配送、农村生态、节水灌溉、生物防治等农业生产项目建设专业,新增了食品营养与检测、物联网技术、都市农业装备应用技术、宠物养护和环境艺术设计、农业会展、葡萄与葡萄酒等,39个高职专业中有22个专业与北京都市农业发展紧密对接。<br>主要围绕北京市重点发展的生态粮经种植、高效设施蔬菜、有机特色果品、健康畜禽养殖、特色名品花卉、生态垂钓、观赏渔业和旅游农业、籽种农业、加工农业九大优势主导产业重构涉农专业核心课程。 |

| 序号 | 篇名 | 作者单位 | 年.期 | 被引频次 | 涉及方面 | 主要论述和观点摘录 |
|---|---|---|---|---|---|---|
| | | | | | | 普职融通,开展中学生学农教育,将职业教育对象前移至13岁~15岁中学生;培养高端技术技能人才,面向15岁~22岁教育对象开展七年贯通培养(2—3—2);开展新型职业农民学历提升工程,面向45岁以下农民敞开学历教育大门;开展农村基层人才培养工程,将职业教育链条延伸至50多岁村干部;开展京津冀职业人才协同培养工程;<br>开设休闲农庄经营管理、家庭农场经营与管理、农民合作社运营与管理和现代农艺技术专业培育新型职业农民。"北京市农村基层干部人才培养工程"。<br>北京具有"大城市、小郊区,小农业、大功能"的显著特征。<br>都市农业职教集团理事会下面设立了都市农业研究中心和休闲农业专业工作委员会、宠物专业工作委员会、都市农产品供应专业工作委员会、"互联网+农业"专业工作委员会、食品安全专业工作委员会、新型职业农民培育专业工作委员会等七个专业工作委员会,成立了奶牛健康养殖大师工作室、奶牛疫病防治大师工作室、园林景观大师工作室和经营管理大师工作室四个大师工作室开展工作。 |

　　早在1999年,庄连雄在《建立适应都市型农业的高等农业职业教育体系》一文中就提出高等农业职业教育是随着"农业经济增长方式由粗放型向集约型转化"所带来的都市农业新形态发展的迫切要求。按照"调整中等职教,加快高等职教,发展本科职教"的要求加快发展高等职业教育。形成"以上海农学院为主体,联合上海市农业学校和其他重点农业中专为框架,建立适应都市型农业的上海高等农业职业教育体系",并"率先实施了本科层次的高等农业职业学历教育"。在原有合作办学的基础上,文中进一步提出了"将上海市农业学校逐步改制为完全的上海农学院技术分院",这对于"进一步理顺农业职业教育体系,扩大农业高职招生数,都有积极意义"。并认为"上海地区农业高职的发展可实行上海农学院二级农业职业技术学院设立与上海市农业学校改制合二为一,以充分利用教育资源"。

　　作者在学制和办学模式上,提出了"组成高等农业职业教育立体网络体系",可以"实行'52''332''34'三种模式,既分层次,又相互沟通"的贯通培养办学模式建议。[10]

　　以上这些见解和建议,在当时历史阶段应当说是比较超前和有预见性的。尤其作者提出的在上海农学院这一本科院校基础上将原有中专学校上海市农业学校改制为"上海农学院技术分院"的设想对我国的高等职业教育办学更具启发性。主要理由:一是因为我国传统学历教育仍然并将在今后较长期处于教育体系中的主要部分,职业教育只能算从属地位。我国职业教育虽然这些年发展很快,规模也不小,但是从整体教育水平和质量、社会认可度以及就业而言仍然不能与传统学历教育同日而语,还只能算两条腿走路的勉强跛腿前行阶段。因此来说,完全脱离现实,走弱弱联合办职业教育的思路远不如引入以本科院校为主强势带动原有中专、成人教育来发展高等职业教育,以成熟的教育、办学理念和较高的办学水平走高起点促进高等职业教育快速发展更符合客观规律。这样做也是在高等职业教育成长发展中可能较少付出成本的一条捷径。另一个理由就是我国职业教育起步晚,社会地位不高,传统教育观念仍以学历成才为社会普遍认可的主要路径。我国并没有像职业教育发达的国家那样从初等教育很早就开始分层,按照学历和职业教育两条腿走路。在改革开放的新世纪面对社会经济转型升级的需要,职业教育的大力发展势在必行,但是走什么样的路是值得思考的。作者的提议值得教育行政部门深思。与其走成人教育、中专教育弱弱联合升格为高等职业教育的低效率、高成本、速度慢的道路,不如尊重客观现实,走由本科教育联合和带动原有成人、中专教育来发展高等职业教育的高效、快速、高水平、低消耗的道路。这尤其对于"都市农业职业教育"来说更为适合。由于处于拥有相对丰富教育资源的大都市圈,校校联合更为易行,研发服务于都市农业的教育资源也更具有现实需求。

纵观这29篇有关职教建设的文章,其中有关北京农业职业学院的就有19篇,占了绝对数量。其他的有苏州农业职业技术学院3篇,成都农业科技职业学院2篇等。

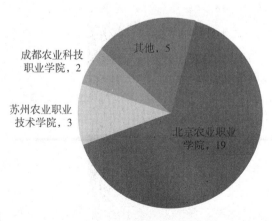

图3—1　有关"职教建设"研究文献的机构发文量分布

根据以上数据可以从一个侧面看出,北京农业职业学院在职教建设和研究上的活跃程度是很突出的。

从有关北京农业职业学院的文献来看,依时间分布先后,其职教建设文献集中提出了一些在本校发展过程中积累的先进、成功的经验和理念,主要有:"三开式"办学指导方针,服务北京郊区农村建设;处理好五个关系,取得质量效益并重和谐发展;全面总结并提升理念,以需求为导向,重服务,重实效,重产学结合,取得全面发展;以示范校建设为契机,从理念、专业、实践教学、师资、素质培养、环境建设、"三农"服务等方面全面提升办学水平;以院—企、院—村、院—地结合的形式强化产学研联合;成立"三农"服务中心和专业化的服务工作室,用"滴灌式""孵化式""套餐式""链条式"等四种服务模式多层次全方位地服务新农村建设;利用跨入全国示范校的契机,从专业建设、服务"三农"、教学与服务设施建设、管理水平和制度建设、科学的教学质量、教师职业能力以及学生综合素质和能力评价标准与方法等方面推动学院整体水平再上台阶;提出了"以德为先、全面育人,以实践教学为主体,办学与服务双赢,开放式办学与不断创新"四大办学理念,办学从提升理念重内涵,突出特色谋发展的角度走内涵发展的道路;在跨区域合作办学上,形成了"资源共享、双向互动、互惠互利、共同发展"的合作办学机制以及"政策引领型""资源支持型""交流聚合型"三种类型的跨区域合作办学模式;在开放办学方面,以合作办学、合作育人、合作就业、合作发展为主线,建立了政府、行业、企业、学院四方联动的开放办学新格局;在都市农业职教集团组织建设上,提出了加强组织再造、加强制度建设、明确集团战略,使得管理的扁平化、组织团队化、组织关系网络化的治理举措;在集团化办学上,实行"双主体"机构设置保证集团有效运行,实现职业教育产教深度融合、校企紧密合作的教学模式。依托六个专业委员会,推进校校融通;在丰富职教内涵,延长职教链条方面进行了有益探索,在强化普职融通、学历教育与社会培训并重、京津冀协同培养人才、搭建职教发展平台等方面进行了创新。

北京农业职业学院在职教建设和办学方面主要有以下一些具体做法:推进"学工交替""项目驱动""订单培养""工作过程"等教学模式改革。打造都市现代农业类、畜牧兽医类、农产品生产与安全类、水利与建筑工程类、农产品流通类五个办学理念先进、产学结合紧密、就业率高的重点建设专业群。积极探索"一院四区"教学管理模式和体制,创新教学质量监管机制,健全教学质量监控体系。要因行业设置专业,因岗位设置课程,设置特色专业,不盲目追求学科体系的完整。要有效实践学分制、弹性学制。新增了食品营养与检测、物联网技术、都市农业装备应用技术、宠物养护和环境艺术设计、农业会展、葡萄与葡萄酒等专业。39 个高职专业中有22个专业与北京都市农业发展紧密对接。主要围绕北京市重点发展的生态粮经种植、高效设施蔬菜、有机特色果品、健康畜禽养殖、特色名品花卉、生态垂钓、观赏渔业和旅游农业、籽种农业、加工农业九大优势主导产业重构涉农专业核心课程。开设休闲农庄经营管理、家庭农场经营与管理、农民合作社运营与管理和现代农艺技术专业培育新型职业农民。

在都市农业职业教育的理论研究探讨方面,北京农业职业学院的相关研究主要有以下比较系统的总结:多功能农业逐渐成为都市农业今后发展的方向。农业职业教育是首都农业发展的重要人才支撑。根据北京大城市小郊区,农业比例低,多功能和农业产业链延伸的特点,要加大对农业职业教育的保护,打破"一校一投入"的方式,注重以奖代补、财政贴息,鼓励学校的自主发展和自我约束相结合。强调政府统筹北京农业职业教育,纳入社会发展规划;理顺体制,改变科研、教育和推广脱节现象;激活办学机制;政府营造行业、企业参与农业职业教育的环境,激励并促进校企合作;加大投入,建立职业教育资助体系。在北京农业职业教育市场发展规划上,根据北京农业发展设施农业、精品农业、加工农业、籽种农业、观光农业、出口农业等七大都市型农业的目标和规划,针对招生、就业、师资和课程设置存在不适应的问题,强调了政府支持和加大投入的重要性,同时要拓展内涵做好"三农"服务,发展出特色。

北京农业职业学院鄢毅平教授在《关于京津冀都市型现代农业职业教育协同发展的思考》一文中谈到了与现实密切联系的农业职业教育在京津冀协同发展的问题。作者认为京津冀都市圈中,主要由北京转移和辐射的都市型现代农业为周边地区提供了投资和技术,由河北生产,主要为京津大都市供给的农产品产销链正在形成。在这一农业产业转移和调整中,大量跨专业、复合型都市农业产业人才需要有农业职业教育的转移和调整与之匹配。对于都市型现代农业职业教育协同发展的区域,主要是在都市型现代农业发展的区域范围内进行。作者提出这个区域的概念更是一种时间范围而非具体的距离范围,即所谓的一小时交通圈范围内,此外还包括城市的周末度假区。可以看出,一小时交通圈的范围是一个不断变动的概念,是可以随着经济和交通发展,随着交通工具和道路条件的改善会不断扩大的。在都市型现代农业职业教育协同发展的内容方面,需要建立在三地现有农业职业教育的基础上。北京的农业主体已经是都市型现代农业,天津市是职业教育搞得最好的地区之一,河北省是我国农业教育的强省。在协同发展上北京市要起到带头作用,要为津冀两地培养相关人才。主要培养人才的相关专业有园林专业、食品安全专业、农村旅游类专业、宠物养护与疾病等满足大都市特殊需求的专业、设施农业等优势专业等。在协同发展的设想上,按照《京津冀现代农业协同发展规划(2016—2020年)》《现代职业教育体系建设规划(2014—2020年)》的规划,建议将现有的北京都市型现代农业职教集团扩展为京津冀都市型现代农业职教集团,通过集团实现京津冀三地的都市型现代农业职业教育的共享和共建。建议在招生制度上打破区域限制。京津冀协同发展的核心问题是实现人口、产业的重新科学布局的问题。[11]

北京农业职业学院:在走出去,向职业教育先进的国家学习方面收获了有益的经验。日本职业教育非常重视学生的全面发展,重视学生的文化素质教育与职业素质教育,培养"复合型""应用型"的通才。日本的农业职业教育重视实践教学,师资配比高,有利于高技能人才的培养。荷兰领先的农业职业教育注重实用技能培养,教学方式灵活。采用小班教学,重视提高学生学习自主性,有利于学生学习兴趣的培养。校内外实训基地众多,毕业就业途径多样。

苏州农业职业技术学院:走产学研一体化办学之路,探索实践校办产业模式。校办产业的发展,为学院提供了教学实践、双师培训、技术开发"三大保障";强化了专业资源、人才资源、产业资源"三源整合";突出了经营功能、服务功能、示范功能"三项功能";实现了教育效益、社会效益、经济效益"三效并举"。苏州农业职业技术学院依托优势专业,围绕专业特色办产业,依托产业优化人才培养,构建实践教学体系。争取科研项目实现科研成果转化,形成研究开发→基地示范→应用推广→技术指导→多方共赢的良性循环。强势推进做好园艺技术、园林技术、食品营养、食品加工等品牌、特色专业,积极发展农业环保、物流管理、机电技术、商务外语等新兴专业。大力实施"2222"人才建设工程,全面推进骨干教师服务能力、青年教师实践能力、兼职教师教学能力等"三大能力"建设。在校企合作的长效机制上,从完善校企合作的相关政策法规,强化校企合作的顶层设计,健全校企合作的管理运行制度,整合双方优势共享资源,实现合作互惠共赢,促进校企双方的文化融合等措施来进一步深化校企合作。针对现在校企双方责任、利益不对等,认识不一致,机制不健全等"学校一头热""工学两层皮""政企校三分离"的问题,提出了建立健全政府主导、学校主体、行业指导、企业参与的办学机制,制定促进校企合作办学法规,强化顶层设计,整合优势共享资源,建立对话交流平台,以互利共享为前提,实现合作双方互惠共赢。

成都农业科技职业学院:以"为三农服务、为兴农育人"为办学特色,实施"一体两翼协调发展"战略,确立构建"三基地一中心"的目标。教育教学改革方面,形成以农为本,服务二、三产业的综合性专业结构;建立"资源共享、互惠双赢"产学研结合的长效运行机制;多元化模式培养人才,有"冠名订单"模式、"工学结合"模式、"嵌入式"模式、"嫁接法"模式、"企业化"(或员工化)模式、"创业型"模式。

充分发挥学院的社会服务功能,以项目为支撑,指导服务地方经济;以基地为载体,助推区域经济;以示范为引导,搭建农业科技推广平台;构建职教联盟,引领农业职业教育发展。成都农业科技职业学院作为西部创意农业研究中心,积极推进创意农业的发展。指导农户建立规范化科技示范点,利用循环经济的模式,把创意农业作为"三农"工作的一个新着力点。

武汉都市农业培训学院:在农业职业教育服务现代都市农业研究中提出了农业职业教育培养的人才是一种经济、生态、服务的复合型人才。其中经济类人才主要包括:①懂科技、会经营、善管理的涉农企业家和经营管理人才;②厚基础、宽口径、多专业、复合型的涉农科研专业人才及都市型农产品创新人才,特别是各专业领域的领军人物和学科带头人;③既懂农业技术、又懂农产品加工专业的涉农产品深加工的农业技能型人才;④懂农业技术、又有实践经验,深入农业生产产前、产中、产后开展农业科技成果推广、农产品推销的农业推广人才。生态类人才包括:①林业、园林花卉人才;②绿色食品标准化检验检测人才;③农业生态和环境保护人才;④农业生物技术人才。服务类人才包括:①涉农物流人才(包括涉农外贸);②涉农会展人才;③涉农市场中介与媒体(包括广告)人才;④涉农信息技术(包括咨询服务、数据技术);⑤农畜产品标准化检验检测、监督、认证等人才;⑥观光农业中的服务人才,如导游、餐饮服务等。高技能的专业型农业人才、高水平的复合型农业人才极为短缺,也是应当加以重视培养的重点类型。在对接现代都市农业发展需要,加大农村实用人才培训创新力度方面,提出了推进"五大工程":一是实施"领头雁培训工程";二是实施"新型农民创业培植工程";三是实施"新型农民科技培训工程";四是实施"绿色证书培训工程";五是实施"农业科技入户工程"。作者还进一步指出目前农业职业学校数量不断减少,生源数量逐年递减,办学条件捉襟见肘,综合竞争实力持续下降等问题,都是农业职业学校发展中亟待解决的问题。因此从政府来说更需要对农业职业教育这样的弱质行业的弱质教育继续扶持。

### 3.2.2 "都市农业职业教育"教育教学改革研究文献汇总分析

表3—2 "都市农业职业教育"教育教学改革研究文献主要论述和

观点摘录（按发表时间排序）

| 序号 | 篇名 | 作者单位 | 年.期 | 被引频次 | 涉及方面 | 主要论述和观点摘录 |
|------|------|----------|-------|----------|----------|---------------------|
| 1. | 突出能力培养构建农业高职实践教学新模式 | 辽宁农业职业技术学院 | 2003.05 | 2 | 教育教学改革 | 以校内实习基地为依托,以培养学生创新能力和综合职业能力为主线,构建了按市场经济规律运作的农业高职教育实践教学新模式。<br>要求学生在校期间不仅要掌握专业知识和专业技能,而且还应具备适应现代农业生产岗位的各种素质和能力,技术应用和动手操作能力,能解决农业生产过程中的一系列技术问题。对工作岗位的良好适应能力,能主动适应农业和农村经济发展,迎接农业新技术革命的挑战。技术创新和社交能力,能推广和应用实用新技术;经营管理和组织协调能力,能参与社会竞争又善于与人合作;独立获取知识和分析问题解决问题能力等,为适应社会进步和工作岗位变动储备发展潜能,增强对未来社会的适应能力。<br>实践教学在实现农业高职教育培养目标中的重要作用。深化实践教学改革,建立培养农业高职人才创新能力和综合职业能力的实践教学新模式,成为实现设施农业专业人才培养目标、保证农业高职教育可持续发展的重要举措。<br>校内实践教学新模式的构建:承包经营模式、股份合作模式、参加科研模式。<br>实践教学新模式是以培养学生的创新能力和综合职业能力为宗旨,以促进学生的发展为出发点和归宿,核心是构建开放民主的学习环境,倡导积极主动的探究式学习,以生产和科研过程为主线,把实践教学和生产、科研项目紧密结合起来,学生在教师的指导下,主动地获取知识、应用知识、解决问题,独立完成整个生产和科研项目的规范化技能操作。<br>设施农业实现了农业增长方式由传统的粗放型、低效益向现代的集约型、高效益的跨越,形成了产加销、贸工农一体化的格局。对投资大、具有一定市场风险的项目,采取股份合作模式,对技术成熟、投资少、风险小的日光温室生产项目,采取在有实践经验教师的指导下,由学生承包经营的模式,实行风险共担、利益共享、按股份红的方式。 |

续表

| 序号 | 篇名 | 作者单位 | 年.期 | 被引频次 | 涉及方面 | 主要论述和观点摘录 |
|------|------|----------|-------|----------|----------|---------------------|
| 2. | 高等农业职业教育课程创新研究——以成都农业科技职业学院为例 | 成都农业科技职业学院 | 2007.12 | 7 | 教育教学改革 | 根据学院办学定位,明确课程目标:"一体两翼"的发展思路,坚持以"探究—过程—检验"为特色的学习观,确定了以"实践—思考—能力"为中心的学生观,认为学习是一项社会实践活动。<br>课程创新的探索与实践:课程开发主体的多元化;课程资源开发途径创新;课程结构的模块化和灵活性;课程内容体现实践性和过程性;课程实施的创新;课程评价的创新。<br>课程开发的触角深入到生产一线;贯彻了与农时、农事的需求相协调的工作思路,统筹了理论与实践、知识学习与技能培养、研究意识与实践能力,激活课程实施者(教师)的研究意识和创新意识;部分理论教学环节大多与实习实训交叉安排。<br>评价主体的多元化、评价内容体现了以能力为本位(专业能力、方法能力和社会能力)、评价标准的实践性和真实性、评价方式的"表现性"、过程性。<br>高等农业职业教育课程创新体现在课程目标、编制主体、课程资源、课程实施及评价等方面。<br>不是专业教育,是就业教育;不是终结教育,是终身教育;不是升学教育,是素质教育。<br>由于对"实用为主,够用为度"原则的不同理解,导致许多高职院校淡化理论教学、简化理论考试、课程评价单一的现象。由于课程建设不力,课程评价体系单一,加之实践性教学跟不上,直接导致了毕业生"双差":专业基础薄弱,学习能力差;专业技能操作不熟练,动手能力差。 |
| 3. | 高等职业院校学生顶岗实习的探索与实践 | 北京农业职业学院 | 2009.01 | 31 | 教育教学改革 | 提高顶岗实习效率的策略:加强校企交流,建立稳定的实习基地。<br>精心选择实习岗位,提高岗位的利用率:一致性、先进性、效率性。<br>顶岗实习的选派时间,一般为第四学期;顶岗实习的选派机制:学生本人提出申请;同学推荐;教师推荐。<br>顶岗实习的管理方式:在学校及实训基地各有一名指导教师经常保持联系,定出学习计划,期末写出阶段性总结。<br>顶岗实习的成果:有利于培养学生的综合能力;有利于校企之间的优势互补,实现双赢;有利于学生就业。<br>顶岗实习是实现高等职业院校培养目标、提高学生的职业素质、缩短工作适应期和提高就业率的有效途径。<br>将明言知识的学习与默会知识的学习结合起来。 |

续表

| 序号 | 篇名 | 作者单位 | 年.期 | 被引频次 | 涉及方面 | 主要论述和观点摘录 |
|---|---|---|---|---|---|---|
| 4. | 都市农业背景下的农业高职教育教学改革 | 苏州农业职业技术学院 | 2010.22 | 1 | 教育教学改革 | 复合型专业、广适型技能、创新型素质人才需求。<br>根据都市农业的市场需求合理设置专业;根据都市农业的产业功能调整课程体系;根据都市农业的人才要求创新教学模式。<br>减少传统农业类专业,开设观光农业、生态旅游、设施园艺、都市农业经营、生态农业等专业或专业方向。<br>突出专业课程的职业定向性,以职业岗位能力作为配置课程的基础。<br>课程体系构建要体现复合性、文化性和特色性,强调多级课程体系:一类课程称为素质养成课程,二类课程称为主干课程,三类课程称为实训课程。<br>一是要在教学模式上采取弹性学制和学分制;二是"以学生为中心"的教学模式,教师不再是获得知识的唯一来源;三是要建立较巩固的都市农业实践基地,保证社会实践活动的长期性、持久性;四是注重"双师型"教师的培养。 |
| 5. | 高等职业教育课程改革的思考——邢台市高等职业院校考察报告 | 北京农业职业学院 | 2013.02 | 1 | 教育教学改革 | 一、邢台市高等职业教育课程改革发展状况<br>坚持以"工学结合"为核心。以典型工作任务分析作为课程改革的依据,与企业人员一起以任务为载体对公共基础课、专业课、实习实训进行系统设计与改革,形成工学结合课程。<br>1. 构建工学结合课程体系。提炼出该职业领域的典型工作任务。进行典型工作任务分析。以工作过程为导向,以培养学生的综合职业能力为主线。2. 通过学习性工作任务,学习情境进行理实一体化课程的开发与实施。学习情境是在典型工作任务基础上,由教师设计用于学习的"情形"和"环境",学习情境是对职业行动情境的教学化处理。3. 依据实际工作任务开展生产性实训。4. 以岗位工作任务为载体组织顶岗实习。模拟真实的职业工作情境。学习任务是学习情境的具体化表现,是职业院校能实现的学习与工作任务。<br>二、实施课程改革的思考<br>1. 职业分析是课程改革的重要环节。一方面要通过企业调研、召开实践专家研讨会。另一方面可以根据国家相关的职业标准。典型工作任务转化为行动领域,进而再转化为学习领域课程。2. 课程开发要以培养学生的综合职业能力为目标。明确课程定位、确定学习任务、设计学习情境、完成学习任务。3. 基础课改革可以另辟蹊径。着眼于基本的职业能力。培养学生运用基础知识的能力。让基础课为专业服务。<br>三、实施课程改革存在的问题和解决方法<br>1. 学院的教学资源包括设备、师资等不能很好地满足工学结合课程的需求。2. 高等职业教育的发展必须坚持走校企联合、产学合作的道路。3. 教师要转变以教师为主体的传统观念,领会职业教育的精髓,真正做到以学生为主体。 |

| 序号 | 篇名 | 作者单位 | 年.期 | 被引频次 | 涉及方面 | 主要论述和观点摘录 |
|---|---|---|---|---|---|---|
| 6. | 高职院校开展职业技能竞赛的探索与实践 | 北京农业职业学院 | 2015.02 | 1 | 教育教学改革 | 技能竞赛引领了职业院校教学改革和技术创新,成为促进职业教育发展的重要手段。<br>职业教育技能大赛,这是我国职业教育适应经济社会发展新形势的设计与创新,也是新时期职业教育改革与发展的重要推进器。<br>1 完善机制,保障到位<br>2 人人参与,技能提升<br>2.1 项目彰显普及性和职业性:学院逐步把竞赛活动作为学校日常教学工作的重点工作之一,鼓励学生积极参与国家级、省部级、学院级技能竞赛。<br>2.2 大赛技能标准融入课程教学:贯彻职业技能大赛"以赛带学、以赛带练、以赛带训"的这种理念,"竞赛式"教学。<br>2.3 竞赛文化,逐渐形成:既体现了校园文化,又体现出职场的企业文化。<br>2.4 赛企结合,彰显特色:校企深度合作的机制正在逐步形成,实现"双赢"的局面。<br>通过职业技能竞赛的开展,推进了"工学结合"的教学模式,吸纳了行业企业最新的工艺要求、操作规范,引入"理实一体化"教学和企业真实岗位的实景教学,让学生在"做中学"不断巩固和拓展所学知识和技能,满足社会对高素质技能型人才的需求。 |
| 7. | 高职院校现代学徒制试点教育现状分析——以成都农业科技职业学院为例 | 成都农业科技职业学院 | 2017.01 | | 教育教学改革 | 2015 年 5 月,成都农业职业科技学院被教育部纳入全国首批现代学徒制试点单位,10 个专业进行了各种形式的学徒制探索与实践。国务院常务会议,部署加快发展现代职业教育,提出"开展校企联合招生、联合培养的现代学徒制试点"。教育部分别下发了《关于开展现代学徒制试点工作的意见》和《关于开展现代学徒制试点工作的通知》两份文件。<br>一、中外现代学徒制发展历史简述<br>"现代学徒制"起源于德国的职业培训,即著名的"双元制"。它形成了配套的国家制度、教育制度,推动了国内社会经济的快速发展,其成功的经验得到了世界许多国家的认可和借鉴。1958 年之后,我国进行了三次半工半读的教育实践。随着"先培训,后就业"制度的推行,最终被职业技术学校取代。我国的现代学徒制则是针对现代职业教育中理论与实践的严重脱节而提出。<br>研究表明,我国目前高职院校试点探索的现代学徒制模式,更多地借鉴于德国的"双元制",本土化、个性化的现代学徒制十分缺少。<br>二、学院现代学徒制试点专业探索实践<br>10 个专业进行现代学徒制试点。<br>(一)试点专业年级及人数分布:大二、大一成为学徒制试点的主力军。一个完整的现代学徒制周期往往需要三年。实践动手能力要求较强的专业,学徒制试点企业能够提供真实生产场地或场景的专业。专业人数相对 |

续表

| 序号 | 篇名 | 作者单位 | 年.期 | 被引频次 | 涉及方面 | 主要论述和观点摘录 |
|---|---|---|---|---|---|---|
| | | | | | | 较少,师傅与徒弟的比例为1:1时是最为理想的。<br>(二)试点专业人才培养模式的积极探索<br>1.个性化定制的人才培养方案:构建具有本专业特色的个性化的人才培养方案。国家级学徒制试点专业的园林专业提出。构建"动静结合、弹性学分、双主体、双导师"的现代学徒制人才培养方式。共同组建动态班。与各企业共同制订各班的企业文化课程、素质课程及专业能力强化课程,由企业按岗位需求目标设计教学内容并开展教学。宠物驯导与养护专业提出两课堂、四阶段逐步提升的现代学徒制。水产专业提出"三结合、三循环、两指导"。农业经济管理专业现代学徒班,提出"产教融合、模块教学、半工半读"。<br>2.校企联合制定科学合理的课程体系:通过编写符合岗位实际的学徒制配套教材,灵活安排授课时间和授课地点,专业教师与企业师傅联合授课等方式。园林专业"兰花班"与四川省兰花学会达成协议,共同构建"校会联合开发阶梯递进式课程体系"。探索出符合水产专业实际的层层递进式课程体系。<br>3.校企联合制定符合岗位需求的学徒制教材:两个专业完成符合岗位实际需求的学徒制教材编写。<br>4.校企联合制定和完善学徒制相关协议:二者的结合更具有紧密性和有机性。新增了《学徒制试点三方协议》(校—企—生)、《师傅带徒弟协议书》(师—徒)。<br>三、学院现代学徒制试点面临的困境<br>(一)企业参与方面:企业参与力度仍显不足。基本以学院为主导、企业消极配合。企业没有真正找到参与学徒制的核心利益点。投入与产出问题。学生的实践能力往往不能满足企业的要求,难免影响企业的生产。<br>(二)学院方面:仍缺乏深层次的合作意识,指导教师企业工作经验不足。<br>(三)学生方面:双重身份、权益保障,导致其技能提升效果不明显、学徒自身学习意识不强。<br>四、实践策略<br>(一)企业层面:首先建议企业增强社会服务意识,充分给予学徒全方位的帮助与支持。其次,落实经费保障。<br>(二)学校层面:一是学院要加强组织领导。二是学院要甄选"好企业"参与现代学徒制建设。三是完善专兼职教师队伍建设。四是敦促各试点专业根据自身特色,努力构建本土化、个性化的现代学徒制发展模式。<br>(三)学生(家长)层面支持和鼓励。 |

| 序号 | 篇名 | 作者单位 | 年.期 | 被引频次 | 涉及方面 | 主要论述和观点摘录 |
|---|---|---|---|---|---|---|
| 8. | "互联网+"视域下农业职业教育教学改革路径探索与实践 | 成都农业科技职业学院 | 2017.02 | | 教育教学改革 | 优化专业结构与内容、促进专业融合与发展,推进"互联网+教育"优质教育教学平台和资源建设,创新信息化教学模式与方法,提升师资队伍信息化水平,加强"互联网+产学研"创新创业能力培养。<br>1.将原来的农学系定位为现代农业系、智慧农业、生态农业等纳入新的课程体系中;2.成都农业科技职业学院建成了现代化、共享型的数字化学习中心;3."双创"教育工作,成立了创客学院、农创空间、智慧农业创客班、农业创客俱乐部,打造了成都农业科技职业学院学生创业街和创客空间;4.分级、分层构建创新创业实验班、创新创业实践基地、创新创业辅导培训、就业创业指导站四大平台;5.成都农业科技职业学院成立创客学院、大学生创业教育领导小组和创业教育办公室等创业教育机构。<br>坚持走"农技融合""农旅双链""城乡共建"的发展路径,打造"立足一产,二连三"的全景专业链。 |

以上8篇有关教育教学改革的文献中,北京农业职业学院和成都农业科技职业学院各有3篇,苏州农业职业技术学院1篇,辽宁农业职业技术学院1篇。北京农业职业学院和成都农业科技职业学院表现都比较活跃。

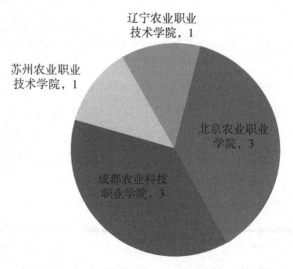

**图3—2 有关"教育教学改革"研究文献的机构发文量分布**

辽宁农业职业技术学院:提出了以校内实习基地为依托,以培养学生创新能力和综合职业能力为主线,按照市场经济规律运作的农业高职教育实践教学新模式,主要有承包经营模式、股份合作模式、参加科研模式。核心是构建开放民主的学习环境,倡导积极主动的探究式学习,以生产和科研过程为主线,把实践教学和生产、科研项目紧密结合起来。在设施农业日光温室生产项目上取得了成功经验。

成都农业科技职业学院:一、进行了课程创新的探索与实践,坚持以"探究—过程—检验"为特色的学习观,确定了以"实践—思考—能力"为中心的学生观,实践了课程开发主体的多元化;课程资源开发途径创新;课程结构的模块化和灵活性;课程内容体现实践性和过程性;课程实施的创新;课程评价的创新。课程开发的触角深入到生产一线;贯彻了与农时、农事的需求相协调的工作思路。提出了职业教育"不是专业教育,是就业教育;不是终结教育,是终身教育;不是升学教育,是素质教育"的全新提法。并指出高职院校由于对"实用为主、够用为度"原则的片面理解,导致了淡化理论教学、简化理论考试、课程评价单一的现象。又由于课程建设不力,课程评价体系单一,加之实践性教学跟不上,直接导致了毕业生"双差":专业基础薄弱,学习能力差;专业技能操作不熟练,动手能力差。这样不利于合格职业人才的培养。二、进行了现代学徒制试点探索。2015 年 5 月,成都农业职业科技学院被教育部纳入全国首批现代学徒制试点单位,有 10 个专业的大一大二年级师生参与了各种形式的学徒制探索与实践。通过制定个性化人才培养方案,构建具有本专业特色的个性化的人才培养方案。国家级学徒制试点专业园林专业提出构建"动静结合、弹性学分、双主体、双导师"的现代学徒制人才培养方式,共同组建动态班。与各企业共同制订课程,由企业按岗位需求目标设计教学内容并开展教学。宠物驯导与养护专业提出了按照两课堂、四阶段逐步提升现代学徒制。水产专业提出"三结合、三循环、两指导"模式。农业经济管理专业现代学徒制班提出"产教融合、模块教学、半工半读"的模式。通过校企联合制定科学合理的课程体系,编写符合岗位实际的学徒制配套教材,灵活安排授课时间和授课地点,专业教师与企业师傅联合授课等方式形成科学合理的职业化课程体系。园林专业"兰花班"与四川省兰花学会达成协议,共同构建"校会联合开发阶梯递进式课程体系"。探索出符合水产专业实际的层层递进式课程体系。校企联合制定符合岗位需求的学徒制教材。校企联合制定和完善学徒制相关协议,新增了《学徒制试点三方协议》(校—企—生)、《师傅带徒弟协议书》(师—徒)。三、对"互联网 + 教育"的教育教学改革进行了探索和实践。优化了专业结构与内容、促进专业融合与发展,推进"互联网 + 教育"优质教育教学平台和资源建设,创新信息化教学模式与方法,提升师资队伍信息化水平,加强"互联网 + 产学研"创新创业能力培养。将原来的农学系定位为现代农业系,将智慧农业、生态农业等纳入新的课程体系中;在成都农业科技职业学院建成了现代化、共享型的数字化学习中心;通过"双创"教育工作,成立了创客学院、农创空间、智慧农业创客班、农业创客俱乐部,打造了学生创业街和创客空间;分级、分层构建创新创业实验班、创新创业实践基地、创新创业辅导培训、就业创业指导站四大平台;成立创客学院、大学生创业教育领导小组和创业教育办公室等创业教育机构。

北京农业职业学院:一、在学生顶岗实习的探索与实践中总结了加强校企交流,建立稳定的实习基地这一提高顶岗实习效率的策略。通过精心选择实习岗位,提高岗位的利用率。顶岗实习的选派时间一般为第四学期,由学校及实训基地各出一名指导教师保持联系,定出学习计划,期末写出阶段性总结。对于顶岗实习在实现高等职业院校培养目标、提高学生的职业素质、缩短工作适应期和提高就业率的重要作用予以充分肯定。二、在对邢台市高等职业院校的考察报告中提出了有关课程改革的思考:职业分析是课程改革的重要环节,要将典型工作任务转化为行动领域,进而再转化为学习领域课程;课程开发要以培养学生的综合职业能力为目标,要明确课程定位、确定学习任务、设计学习情境、完成学习任务;基础课改革可以另辟蹊径,要着眼于基本的职业能力,培养学生运用基础知识的能力。三、通过技能竞赛引领了教学改革和技术创新,促进了职业教育的发展,推进了"工学结合"的教学模式。学校把竞赛活动作为日常教学工作的重点工作之一,鼓励学生积极参与各级各类技能竞赛,并把大赛技能标准融入课程教学,实现"竞赛式"教学,形成竞赛文化,实现赛企结合、校企深度合作。

苏州农业职业技术学院:针对"都市农业"背景下的农业高职教育教学改革进行了扎实的探索和尝试。根据复合型专业、广适型技能、创新型素质人才的需求,按照都市农业的市场需求合理设置专业:减少传统农业类专业,开设观光农业、生态旅游、设施园艺、都市农业经营、生态农业等专业或专业方向,突出专业课程的职业定向性;根据都市农业的产业功能调整课程体系:体现复合性、文化性和特色性,强调多级课程体系,一类课程为素质养成课程,二类课程为主干课程,三类课程为实训课程;根据都市农业的人才要求创新教学模式:采取弹性学制和学分制、"以学生为中心"、建立较巩固的都市农业实践基地、注重"双师型"教师的培养。

### 3.2.3 "都市农业职业教育"人才培养研究文献汇总分析

表3—3 "都市农业职业教育"人才培养研究文献主要论述和观点摘录(按发表时间排序)

| 序号 | 篇名 | 作者单位 | 年.期 | 被引频次 | 涉及方面 | 主要论述和观点摘录 |
|---|---|---|---|---|---|---|
| 1. | 产学研结合培养农技人才的探索及实践 | 苏州农业职业技术学院 | 2005.06 | 10 | 农技人才培养 | 明确新形势下农业教育职能定位,通过产学研紧密结合,将高校创造的科技成果尽快转化为产业优势;主动适应农业产业结构大调整,加大专业结构的改造与调整;全面推进素质教育,加强课程体系改革。<br>对传统专业施予新的内涵;开设外向型专业,培养外向型实用人才。<br>不断加强改进学生的思想政治、品德、法制教育;动态调整专业结构,加强师资队伍建设;积极探索高职教育实训方式,大力推进产学研一体化。<br>学生的创新能力培养和学生个性发展有待提高;教学过程质量评价、监控体系还有待进一步完善。<br>"三集聚""三化""三跳出" |
| 2. | 职业院校教师培训创新机制探索——以北京农业职业学院为例 | 北京农业职业学院 | 2010.07 | | 人才培养 | 强化内涵、突出特色、产学结合、校企合作已成为高职教育教学改革和创新的热点和重点。<br>不断加强学院"双师"素质教师队伍建设。"双师"结构取得了明显的进展和成效。<br>一、领导重视,系部支持,教师培训工作得到思想与组织保证<br>二、统筹安排,特点突出,教师培训工作开展得丰富多彩以建设一支具有现代教育理念和较强创新能力、结构合理、素质优良、专兼结合、特色鲜明的"双师型"教师队伍为目标。(一)培训的级别高、层次多;(二)培训的人员广、专业全;(三)培训的形式新、手段好;(四)培训的时间长、收获大。<br>三、科学组织,精心实施,教师培训工作取得实质性进展<br>(一)建机制,重过程,引导青年教师尽快成长:制定《加强青年教师导师制实施意见》,2009年教师岗前培训通过率达100%。<br>一是首次采用网络视频教学;二是首次实行模块教学;三是首次实行讲授和互动相结合。<br>(二)抓任务,重目标,教师实践能力得到加强。按照25%的比例下达各系,其次是后期跟踪考察到位。建立了校企合作关系。<br>(三)拓渠道,重结果,"双师"素质全面提升。拟定教师培训计划。去其他示范校学习参观。参加精品课程培训,课程开发培训,项目教学培训,国外素质提高工程培训。<br>四、全面总结,规范管理,推进教师培训工作可持续发展<br>"三个满意"的成效。完善教师培训制度是深化教师内涵与档次的重要举措。 |

| 序号 | 篇名 | 作者单位 | 年.期 | 被引频次 | 涉及方面 | 主要论述和观点摘录 |
|------|------|----------|-------|----------|----------|---------------------|
| 3. | 高等职业教育中创新校企合作培养模式的思考 | 成都农业科技职业学院畜牧兽医分院 | 2010.11 | | 人才培养 | 校企合作教育是实现高等职业教育人才培养模式的有效手段。<br>1 校企联合人才培养模式的实践与探索<br>1.1 致力于企业培养适用人才:"巨星班"<br>1.2 企业参与学院的教学工作和教学改革<br>1.2.1 校企共育人才;1.2.2 参与专业教学改革:强调学习与实践的交替循环,把课堂办到企业车间去,养殖场里。探索课堂与实习地点的一体化。在培养方案中设置了养猪与猪病防治、养禽与禽病防治、草食动物的饲养管理与疾病防治、宠物饲养管理与疾病防治四个职业方向模块。在人才培养过程中实现"学习—实践—再学习—再实践"。在充分考虑学生的发展就业的基础上,把专业限选课程分为草食动物养殖与疾病防治方向、宠物保健与修饰方向、养禽与禽病防治方向和养猪与猪病防治方向四个职业方向;1.2.3 聘请企业技术人员指导实训教学:将岗位职业技能培训和岗位职业资格考核内容嵌入畜牧兽医专业的课程教学中,实施"双证书"教育;1.2.4 聘请企业专家兼课。<br>2 学院积极为企业开展职业技能培训:针对性强的短期培训<br>3 学校积极为企业开展技术服务:校企合作是现代高职教育发展的基本特征,具有教育性、技术性、实践性和服务性等综合效能 |
| 4. | 高等农业职业教育人才培养模式的创新与实践 | 北京农业职业学院 | 2010.13 | 5 | 人才培养 | 以园艺技术等重点专业建设为龙头,进一步优化专业结构,形成具有都市农业特点的农业种植类、畜牧兽医类、食品安全类发展格局。以专业人才培养模式创新为突破口,以课程建设、"双师型"师资队伍建设和生产性实训基地建设为主要内容,将岗位需求化为教学目标,将职业技能融入教学内容,将工作任务导入学习过程,带动专业建设,引导课程设置、教学内容和教学方法改革,形成工学结合的人才培养模式。<br>促使办学理念由封闭转向开放;充分体现"植物生长季"的特点;强调"岗位实践"的职业特色;多种教法引入教学,抓住"校企合作、工学结合"的灵魂。<br>辽宁农业职业技术学院园艺技术专业"双线双循环"任务导向"4—1—1"人才培养模式。<br>生产性实训和顶岗实习、"岗位轮动"。<br>新疆农业职业技术学院畜牧兽医专业"四阶段二层次""校企合作、工学结合"人才培养模式。<br>黑龙江农业工程职业学院工学交替"两轮实践"人才培养模式。<br>"建立行业、企业、学校共同参与的机制,行工学结合、校企合作的办学模式";创新形成"植物生长周期循环"人才培养模式。<br>3 年内与都市现代农业相关的专业人才需求告急,植物生产、新技术推广、都市农业观光、园艺产品营销、设施 |

续表

| 序号 | 篇名 | 作者单位 | 年.期 | 被引频次 | 涉及方面 | 主要论述和观点摘录 |
|---|---|---|---|---|---|---|
| | | | | | | 园艺、园林景观、城市绿化美化、民俗旅游、农产品质量检测、农产品标准化生产、农副产品加工、食品安全检验、畜禽养殖、疾病防控技术、品种改良技术等方面的高技能型人才。 |
| 5. | 农业职业人才供求：北京样本 | 北京农业职业学院 | 2011.24 | | 人才培养 | 当前北京农业处于传统农业、城郊农业和都市型现代农业交叉转型时期。都市型现代农业对农业职业人才的需求总量在增加。生产一线人员在短期内仍将占很大比重，且需求量较大。与实现京郊快速发展战略所需的人才数量和素质差距还很大。近些年农业科技人才流失和转移现象严重。<br>一、人才需求呈现专业多元化趋势<br>一是经济与技术复合型人才。经营管理人才，涉农科研专业人才及都市型农产品创新人才，农业技能型人才，农业推广人才。二是生态引导型人才。三是服务型人才。<br>农业企业人才需求年年告急。北京农村实用人才的结构仍不合理。人才结构仍以传统产业为主，市场营销、技术推广、旅游管理与开发等新兴产业人才较为短缺。<br>二、农业职业人才供给<br>农业职业从业人员供给总量逐年降低。调整了招生结构，使第一产业类专业基本保持在1%。面向第一产业的，农林牧渔类专业4种，布点总计4个，占总体专业分布的0.99%。从农林牧渔大类专业的设置情况来看，开设的专业逐渐向都市型现代农业方向转变，但专业覆盖面仍较窄，农业会展、环保、推广等急缺专业未设置。<br>三、农业职业人才供求分析<br>农业职业人才总量需求大于供给。农林牧渔大类的生产一线人员有效供给不足。专业发展结构仍跟不上产业结构，专业布点仍偏少，且无明显增长。如绿色食品检验检疫、观光农业、生态养护、乡村环保等新兴专业和特种养殖专业仍有迫切需求。农业职业人才供求结构集中体现于专业结构的不匹配问题。 |
| 6. | 提高人才培养质量的思考——以苏州农业职业技术学院为例 | 苏州农业职业技术学院 | 2012.06 | | 人才培养 | 高职人才培养目标是真正体现以市场为导向，本着以人为本的理念，培养出高素质的技能型人才。<br>提高人才培养质量的措施是明确培养目标，加强专业建设；加大课改力度，做实课程建设；加强团队建设，提高双师素质；加大教学投入，不断改善基础设施；推进教育创新，深化教学改革。<br>1 明确培养目标加强专业建设。1.1 创新人才培养模式。"工学结合"人才培养模式。选择园艺技术、园林技术、作物生产技术、生态农业技术、食品加工技术、食品营养与检测、计算机网络技术、物流管理等重点专业，深入开展"重点专业人才培养模式创新试点示范"。1.2 科学调整专业集群。以参与苏州市地方政府促进高职教育改革发展综合实验区试点工作为契机，集中力量重 |

| 序号 | 篇名 | 作者单位 | 年.期 | 被引频次 | 涉及方面 | 主要论述和观点摘录 |
|---|---|---|---|---|---|---|
| | | | | | | 点建设园林园艺、农业生产、食品加工、机械电子、经营管理、日语英语等专业群,每年新增2~3个专业。启动专业评估机制。对连续2年专业不招生或招生人数低于当年招生计划一半以上的专业,要撤销或暂停招生。继续加强园艺技术、园林技术、作物生产技术、生态农业技术、食品加工技术、食品营养与检测等国家级、省级重点专业建设。<br><br>2 加大课改力度做实课程建设。2.1 深入推进课程改革。大力推行订单培养、顶岗实习、工学交替、任务驱动、项目导向、竞赛带动等教学模式。"精简、融合、解构、重组"。大力推行情境式、虚拟式、仿真式、项目式、现场式、探究式、生产式、案例式等教学方法。构建与职业资格标准相融通的课程和内容体系。加快推进考核评价方法改革。2.2 推动精品课程改造升级。按照"以点带面、梯次推进、整体提升"的建设思路,实施"优质课程建设计划"。力争2~3年内建成共享型专业教学资源库平台。2.3 加快优质教材开发。<br><br>3 加强团队建设提高双师素质。3.1 优化教师队伍素质。坚持"内培外引、专兼结合"原则,加快现有教师尤其是青年教师的培养力度。通过培训学习、出境研修、企业锻炼等形式,实施"师带徒"等培养模式。形成"教坛新秀—骨干教师—专业带头人—教学名师"的名师培养体系。3.2 打造优质教学团队。着力提升园艺技术、园林技术专业省级教学团队服务能力。3.3 加强教师队伍管理。完善教师特别是兼职教师的管理制度。严格规范教师的聘任、使用和考核程序。<br><br>4 加大教学投入不断改善基础设施。4.1 完善实践教学条件。持续加强国家级、省级、院级重点专业和新增专业实训室建设。加快建设"校中厂、厂中校"的"校企一体化"实训基地。4.2 提升校园信息化建设水平。4.3 加快数字图书馆建设。<br><br>5 推进教育创新深化教学改革。5.1 大力推进校企合作模式创新。探索建立学院主体、政府主导、行业指导、企业参与的办学体制和育人机制。5.2 深化人才培养质量管理体系创新。构建理实一体化管理体系。以教学管理规范化、质量标准科学化、管理手段信息化为抓手。严格落实系部教学目标责任考核制。5.3 加快区域职教资源统筹模式创新。组建江苏现代农业职业教育集团。 |
| 7. | 高职创新创业人才培养要向绿色职教转型 | 湖州职业技术学院 | 2013.36 | | 人才培养 | 自上海发展都市农业之后,近年来,长三角的杭州、南京、无锡、苏州、嘉兴、湖州等大中城市也将农业发展定位于现代生态型都市农业。<br>面向长三角都市农业确立的专业培养目标绿色内涵:面向长三角都市农业的园艺主要包括高效精品种植业、绿化生态型园艺、旅游休闲型园艺等。产品的绿色化开发,生态化和设施化生产,成为高职园艺专业创新创业实践技能的核心。 |

续表

| 序号 | 篇名 | 作者单位 | 年.期 | 被引频次 | 涉及方面 | 主要论述和观点摘录 |
|---|---|---|---|---|---|---|
| | | | | | | 包括产品的绿色设计目标、产品的绿色生产目标、产品的绿色经营目标、创新创业理论基础目标的绿色内涵、专业基础理论、企业经营理论、创新创业综合素质目标的绿色内涵。<br>建构以绿色内涵为导向的创新创业教学模式:<br>包括绿色创新创业课程和项目的开发、绿色产品设计课程开发、绿色产品生产课程开发、绿色创新创业项目的实践与教学:一是组织团队开展顶岗实践;二是根据团队的实践,进行生产技术的专门学习;三是面向市场,团队进行创业项目的准运行;四是开展项目拓展创新。以及绿色创新创业基础理论的学习与运用。<br>建构以绿色内涵为导向的创新创业实践教学平台:融入产业发展,建设教学型校外实训基地;面向绿色发展,建设校内生产性、创新性实训基地:一是建设以绿色生产技术训练为基础的生产性实训基地;二是建设以长三角园艺绿色发展资源库为基础的实践方案设计学习平台;三是校内生产性实训基地要按照校企合作和生产企业的基本规律进行管理。以及面向绿色发展,建立园艺创新创业孵化器。 |
| 8. | 改革农业职业教育服务休闲农业产业发展——从休闲农业的发展谈职业教育的改革创新 | 湖南生物机电职业技术学院 | 2014.02 | 2 | 休闲农业人才培养 | 提出了农业职业教育改革创新要以服务行业发展、促进农村建设为目标,行业发展协同规划,立新专业,设新课程,育双师队伍等建议。<br>主动寻求政府行业指导,做到产业体系与职业教育同步规划;不断深化教育教学模式改革,开发新专业,把新型产业需求人才培养作为战略机遇和中心工作;加强新兴农业产业实习实训基地建设,搞好顶岗实习;不断完善校企合作机制体制,将企业标准引入教学过程;利用好教育部门智力资源,同时组织研究团队,搞好科研攻关和技术服务。<br>休闲农业的快速发展呼唤职业教育的强力跟进,人才匮乏日益成为制约休闲农业发展的瓶颈;把握新型产业发展机遇,推进高等职业教育改革创新。<br>休闲创意规划和休闲管理人才是目前主要需求。<br>改革创新现代职业教育;围绕新型产业开发特色专业;依托行业,深度融入产业;把握产业发展岗位需求,推进课程体系创新;企业学校联合培养师资,打造工学结合实训基地。<br>农庄建设发展的规划设计人才、体验活动策划和产品服务项目设计人才、经营管理人才、特色产业的专业人才、营销管理人才。 |

| 序号 | 篇名 | 作者单位 | 年.期 | 被引频次 | 涉及方面 | 主要论述和观点摘录 |
|---|---|---|---|---|---|---|
| 9. | 高等职业教育在乡村休闲农业发展中的作用 | 北京农业职业学院 | 2014.04 | | 乡村休闲农业人才培养 | 二、高等农业职业教育促进乡村休闲农业发展的探讨<br>1. 我国乡村休闲农业的发展概述。现代乡村休闲农业的特征主要表现为:参与者消费的时间不仅仅局限于假期;乡村休闲农业充分利用乡村区域的人工景观资源。自然环境资源和乡土文化资源。<br>乡村休闲农业是贯穿农村一、二、三产业,融合生产、生活和生态功能,紧密联结农业、农产品加工业、服务业的新型农业产业形态和新型消费业。乡村休闲农业的基本属性是以充分开发具有观光价值、休闲价值的乡村资源和农业产品为前提,把乡村环境、农业生产、科技应用、民间艺术加工和游客参加农事活动等融为一体。农业和旅游业相结合的一种新型的交叉型乡村产业,是一种全新的高效益农业。<br>2. 高等农业职业教育促进乡村休闲农业发展:(1)通过培养人才在人力资源上支持乡村休闲农业发展。(2)通过培训农民提升休闲农业的经营水平。(3)通过促进多方支持实现乡村休闲农业的高效经营。 |
| 10. | 高职学生实践动手能力培养研究——以成都农业科技职业学院为例 | 成都农业科技职业学院 | 2014.14 | | 人才培养 | 以培养高素质技能型创新人才为导向。制订具有专业个性化、特色鲜明的人才培养方案,既要突出职业能力和素质的培养,又要使学生具备一定的可持续发展能力。<br>二、设计教育教学活动,突出实践环节和注重应用技能特色<br>应明确将应用技能及动手实践能力的培养贯穿人才培养的全过程。确立"宽口径、厚基础、精理论、强能力、高素质"的人才培养规格要求,确定"分段培养、模块组合、打通基础、因材施教、理实并重、三点支撑、四分双需"的人才培养模式。遵循"精选、重练、增选、显用"的原则,适当压缩课堂讲授内容。加入"项目式教学法""课堂讨论"等环节。根据以"能力为本位"的教学目标,以"就业为导向"的职业教育办学方针。<br>三、狠抓"两个课堂"建设,牢固构筑素质教育广阔坚实的平台<br>第一课堂是学生获取知识的主要渠道,第二课堂是高校完成人才培养目标的另一重要教育环节。<br>(一)第一课堂实施"平台模块学分制",夯实学生专业基础<br>第一年为第一平台,通识课程和部分专业基础课。后两年为第二平台,主要是专业必修、辅修课和实践教学环节。课程设置遵循基础课要"宽而厚"、专业课要"少而精"、选修课要"新而活"的原则,适当压缩总学时、学分,并逐步降低必修课的比重,加大选修课的比重。实行弹性学分制。课程分类模块化组合。教学计划的课程设置按不同层次、难度、学时和教学进度设若干课程模块。对于专业课的设置,强调"必需、够用"。<br>(二)第二课堂搭建育人新体系,突出学生个性发展 |

续表

| 序号 | 篇名 | 作者单位 | 年.期 | 被引频次 | 涉及方面 | 主要论述和观点摘录 |
|------|------|----------|-------|----------|----------|--------------------|
| | | | | | | 1. 用丰富多彩的社会实践活动提高学生的实践能力。<br>2. 按照"项目化、基地化、专业化"原则,坚持"组织活动有项目、指导活动要专业、开展活动有基地"的指导方针,建设一批稳定的社会实践活动基地。<br>3. 以学生科研为龙头、校内外科技竞赛为依托,全力培养学生创新精神和实践能力,突出学生个性发展。<br>四、按层次划分实践内容,逐步形成具有鲜明特色的实践能力培养体系<br>将实践内容分为基础实践、专业实践、综合实践三个层次。通过课程的必修与选修、课内与课外教育教学环节、第一课堂第二课堂的渗透融入,对实践环节进行统筹规划,形成具有特色的实践能力培养体系。<br>(一)基础实践能力培养方面:利用社团、团学会等部门组织各类活动。充分利用学生会、协会以及班级作为培养学生的载体。<br>(二)专业实践方面<br>1. 科技项目招投标;2. 假期社会实践。将学生的假期作为学生课堂的延展,将他们的寒暑假进行主题规划,组织学生参加社会调查及社会实践,并形成报告;3. 专业生产实训;4. 组织参加各项技能大赛;5. 综合实践方面,让学生以"职业人"的身份进行综合实践。 |
| 11. | 都市型现代农业高技能人才培养改革与实践 | 北京农业职业学院 | 2015.26 | | 人才培养 | 围绕都市型现代农业发展需求,推进专业内涵建设;围绕都市型现代农业高技能职业人才培养特点,创新专业人才培养模式;围绕都市型现代农业发展方向,建设了一批"产、学、研、服"综合型实训基地;围绕提高"双师型"教师素质,打造高水平教师团队;围绕人才培养质量提升,构建教学质量保障体系。<br>围绕专业人才培养模式改革、实验实训条件改善、师资队伍建设、校企合作创新、社会服务等方面,实施轮岗实习,组建工作室,运行专业化服务机制。开展"专家调研咨询、专题培训服务、专业技术推广"为主的三专服务。探索并提炼出"一二三四"教学质量监控体系,形成分工明确、协调配合的双向并行监控网络。<br>形成了以"植物生长周期循环""岗位轮动"和"1—4—1工学结合"等为代表的人才培养模式,形成了组建专家工作室、教师挂职锻炼和农业技术推广三结合的"三农"服务新机制,建成了"理实一体、工学结合""校中场、场中园、园中景"具有都市型现代农业特征的满足高技能人才培养需要的校内生产性实训基地。<br>新增了都市农业装备应用技术、宠物养护、乡村酒店管理等都市型农业特征明显的专业,现有的 39 个高职专业中有 22 个专业直接为北京农业的产业发展提供高技能型人才。<br>在专业定位上,一是根据北京农业重点产业发展的籽种农业、加工农业和旅游休闲农业设置专业,二是围绕北京都市型现代农业的生产农业、生活农业和生态农业, |

| 序号 | 篇名 | 作者单位 | 年.期 | 被引频次 | 涉及方面 | 主要论述和观点摘录 |
|------|------|----------|-------|----------|----------|--------------------|
| | | | | | | 3个方面功能充实专业内涵;三是瞄准北京市重点建设的旅游农业、种业、草食家畜、饲草、绿色安全食品、物流配送业、农村生态、节水灌溉、中水利用、生物防治等农业生产项目建设专业面向设施园艺、籽种园艺、都市观光园艺等企业,围绕北京市重点发展的生态粮经种植、高效设施蔬菜、有机特色果品、健康畜禽养殖、特色名品花卉、生态垂钓观赏渔业和旅游农业、籽种农业、加工农业九大优势主导产业。现代都市农业则需实现从生产功能向生活、休闲和生态功能的全方位改变,走一条"生态、安全、优质、集约、高效"的发展道路,是北京新型都市型现代农业发展的必然要求。 |
| 12. | 新常态下中职观光农业经营专业人才培养应对措施 | 广西桂林农业学校 | 2017.01 | | 观光农业经营专业人才培养 | 新常态呈现"中高速""优结构""新动力""多挑战"。现代农业、创意农业、"互联网+农业"等创新型农业发展模式。<br>一、中职观光农业经营专业人才培养面临的困境<br>1.专业发展初级阶段,招生数量少;2.人才培养目标模糊,专业师资少;3.就业前景不明确,从事该行业人才少。目前,我国毕业生从事该行业的专有人才短缺,毕业后成为高级管理人才或进行观光农业经营创业的人才少之又少。<br>二、新常态赋予中职观光农业经营专业人才培养新机遇<br>1.现代农业发展的"专业性""规范性"新常态。农民成为观光农业经营产业的投资主体、经营主体和受益主体。以市场需求为导向、以独特的定位吸引旅游者、以行业运营规律开展经营的良性循环阶段;2.产业结构调整优化的"增收率""就业率"新常态。有利于带动农民增收和产业脱贫,推动农业供给侧结构性改革,促进农村一、二、三产业融合发展。吸纳农村剩余劳动力,带动农民创业创新;3."互联网+"机动计划的"信息化""现代化"新常态。推进农业与旅游、教育、文化、健康养老等产业深度融合。"互联网+现代农业"正积极应用物联网、云计算、大数据、移动互联等现代信息技术,助推农业产业链全面改造升级。搭建电子商务平台,拓宽销售渠道。建立信用评价,打造观光农业经营商户品牌。<br>三、新常态时代中职观光农业经营人才的培育路径<br>1.确立专业发展目标,建立针对生源特点的课程体系。推进地区"精品化",积极开发适应本地区本专业的精品课程。多引进实例化教材、图文并茂型教材、立体化教材。应根据实际情况自行编写校本教材、实训教材。分层教学;2.寻求专业实训基地,共育校企合作人才培养模式。寻求行业发展成熟企业,积极创设条件与之合作,建立校外实训基地;3.扩大就业出口,鼓励学生自我创业;4.多形式引进及培育,建设真正专业对口的师资队伍。 |

续表

| 序号 | 篇名 | 作者单位 | 年.期 | 被引频次 | 涉及方面 | 主要论述和观点摘录 |
|------|------|----------|-------|----------|----------|--------------------|
| 13. | 关于高等职业院校校园文化建设的实践与思考 | 北京农业职业学院 | 2017.04 | 3 | 人才培养 | 应打造以社会主义核心价值观为核心、以劳动文化为重点、以专业文化为支撑的校园文化体系。<br>把社会主义核心价值观作为校园文化建设的核心;把劳动文化作为校园文化建设的重点;打造特色鲜明的专业文化体系。<br>坚持和完善了"以德为先全面育人,以实践教学为主体,办学与服务双赢,开放办学不断创新"的四大办学理念,持续开展了"五个一"文化建设工程,完成《都市型现代农业高技能人才培养改革与实践》获得职业教育国家级教学成果一等奖。<br>一是兰花文化建设;二是茶文化建设;三是彩林文化建设;四是花卉制作文化建设;五是宠物文化建设;六是马术文化。<br>高等职业教育与区域经济社会发展关系最直接、最密切,其培养对象是满足生产一线岗位需要的技术技能型人才。 |
| 14. | 基于职业教育专业特点对现代学徒制的可行性探索——以成都农业科技职业学院种子生产与经营专业为依托 | 成都农业科技职业学院 | 2017.05 | | 种子生产与经营专业人才培养 | 2. 成都农业科技职业学院作物生产技术类专业现状:毕业生工作与专业的相关度仅为62%。"专业工作不符合自己的职业期待""达不到专业工作的要求"及"迫于现实先就业再择业"。"学问化"原因。<br>3. 种子行业发展及人才需要现状:农业位于生产链条的最前端。企业需要相对应的技术型与技能型的技术员和技术工人。<br>策略探索:1. 确定培养目标:基层性、应用性。完成"职业的典型工作任务"所需的综合职业能力。科技创新能力。2. 探索培养模式:基于作物种子生产的季节设计"三平台、三阶段、产学研推四位一体的现代学徒制"人才培养模式。"三阶段"的第一阶段为1—2学期,学生在校学习通识教育与素质提升课程及专业基础必须课程;第二阶段为3—5学期,到企业进行相应课程知识点的学习与实践;第三阶段为第6学期,以准员工身份参与企业工作。"三平台"指学校、企业和科研院所三方共同培养学生。<br>3. 构建具有现代学徒特点的课程体系:将课程的各个构成要素加以排列组合。现代学徒制本质上是一种基于企业本位的职业教育,课程教学在企业和学校这两大主体中进行。由职业素质养成课程模块、专业技术技能基础课程模块、岗位(群)技术技能课程模块和学徒个人职业发展需求课程模块等组成。课程设置突出课程设计上的职业化、标准化和模块化。遵循"以学生为主体,教师师傅等为主导,教学做一体化"的教学理念。<br>4. 加强"师傅"的选拔培养,建立稳定的"师傅"队伍。短板:(1)拥有精湛技艺与行业经验,但专业理论基础欠佳。(2)与学校合作能力不强。(3)基本无教育理念,不注重学生的可持续发展能力的培养。针对性措施:(1)培养企业师傅;(2)培养校内的专业教师队伍。 |

| 序号 | 篇名 | 作者单位 | 年.期 | 被引频次 | 涉及方面 | 主要论述和观点摘录 |
|---|---|---|---|---|---|---|
| 15. | 高职院校公选课助推复合型创新人才培养的策略研究——以成都农业科技职业学院为例 | 成都农业科技职业学院 | 2017.06 | | 人才培养 | 公选课能提高高职竞争力,应对应用型大学建设带来的挑战。高职院校应坚持"专业培养和综合培养同步进行",培养"以一个专业技能和知识为主,其他专业技能或学科知识为辅"的复合型人才。<br>一、公选课对复合型创新人才培养的作用及意义<br>1. 公选课是学分制下培养复合型创新人才的有效途径。选修制度是大学自由精神的具体体现。但由于教学资源的缺乏,专业选修课又多半成了必修课或限选课。真正意义的选修课只有公选课。<br>高职院校在从数量扩张向质量提升的转变中,公选课是实现学科交叉培养"通才"的有效途径。<br>2. 公选课的作用符合复合型创新人才的特征。<br>复合型创新人才的培养模式要做到以下两点:(1)拓宽专业面,淡化专业界限,以"宽口径、厚基础、强能力、高素质"为原则。(2)优化课程设置。促进人才培养由学科专业单一型向多学科融合型转变。公选课的优越性与复合型创新人才的特征不谋而合,这些作用也是高校开设公选课的目的所在。<br>二、公选课助推复合型创新人才培养的策略<br>承担着拓宽学生知识面,完善知识结构,全面提高学生素质,培养复合型创新型人才的重任。应从意识树立、质量监控、资源建设、完善机制四方面入手。<br>1. 从供给导向转向需求导向,树立复合型人才培养意识。现代职业教育体系的核心内容是"就业导向、系统培养、产教融合、全面发展"。<br>2. 完善公选课教学质量监控体系,保障复合型人才培养质量。(1)课程建设严把质量关;(2)课程开发严格准入。要求以团队为单位课,确保课程周期性开设。与社会发展、产业升级紧密对接;(3)教学过程规范化管理。建立课程淘汰机制。<br>3. 引入各种资源,全方位满足复合型人才培养的需求。引导学生选课,避免学生盲目选课。及时购买网络公选课程作为公选课的补充。引入外教参与公选课教学。引入校外创业导师。进行公选课学分替换。<br>4. 完善公选课教学与改革的激励机制,确保复合型人才培养质量稳步提高。强化优秀课程和优秀教师的示范作用。开设前沿类课程。将公选课作为评估二级学院课程建设成效的重要指标。 |
| 16. | 重庆:全新工作室模式培训农机人才 | | 2017.07 | | 人才培养 | 重庆市农机系统首个以个人名义命名的人才培训工作室——"叶进工作室"获授牌,西南大学工程技术学院教授叶进等9名专家成为全市设施农业装备操作人才培训的首批导师。<br>2015年,市农委整合在渝高校农机专家、一线创新创造型职业农民大户和农机专业工作者近50人,筹备了5个导师工作室。<br>以技能操作为重点,根据每年产业发展。 |

续表

| 序号 | 篇名 | 作者单位 | 年.期 | 被引频次 | 涉及方面 | 主要论述和观点摘录 |
|---|---|---|---|---|---|---|
| | | | | | | 围绕主要农作物和特色产业的生产、初加工机械操作、拖拉机、联合收割机驾驶,农机修理以及农机合作社经营管理开展培训和水平评价,让技能人才掌握基本常识和核心操作技能。<br>储备新型职业农民。<br>建立起考评、督导和培训的师资队伍和鉴定体系。<br>重庆市还出台了免费培训、免费鉴定、获证提升补助的财政奖补制度。 |
| 17. | 现代学徒制模式在本科院校人才培养实践中的借鉴与探索——以沈阳农业大学为例 | 沈阳农业大学畜牧兽医学院 | 2017.10 | | 人才培养 | 探索并发展出具有本科人才实践能力培养特点的现代学徒制。在终身学习和能力本位等教育思想的影响下,在现代职业教育中实现将学校本位教育和工作本位培训的紧密结合。<br>以学生(学徒)培养为核心,以课程为纽带,以学校教师和企业师傅联合教学为支撑,以实现学校和企业之间相互合作为桥梁,以服务当前经济社会发展为主要目标的一种新型人才培养模式。<br>2014年来,教育部相继出台《关于开展现代学徒制试点工作的意见》《现代学徒制试点工作方案》等政策。培养具有实践能力的高级专门人才是目前高等教育人才培养的重要环节。<br>教育部《关于进一步加强高等学校本科教学工作的若干意见》中,"要求高校强化实践育人的意识,合理制定实践教学方案,完善实践教学体系"。高等教育可以充分借鉴高职教育在现代学徒制实施中累积的成功经验,并结合高等本科教育实践能力的培养目标。<br>1 职业教育现代学徒制的实践经验<br>1.1 明确学校和企业的"双主体"地位。①学校教育是以"学生为中心",但企业是"以经济为导向"。国家会给予企业一定的优惠政策;②明确校企"双主体"地位,可使学生明确自身的职业期待,达到学以致用。<br>1.2 强化学生和学徒的"双身份"认识<br>①现代学徒制要求学生具有"在校期间的学生身份和在企业的学徒身份"的双重身份;②现代学徒制通过不断加强深化校企合作的人才培养方案,使学生早日融入企业,尽早成为"企业的人"。<br>1.3 加强学校和企业的"双导师"制度<br>①现代学徒制为学生分配学校和企业的"双导师";②精心挑选企业中有责任心和技术过硬的优秀员工作为学生的企业导师;③现代学徒制能充分发挥校企深度合作的功能,不断加强学校导师和企业导师的沟通交流机会。<br>1.4 紧密学校和企业的"双课程"联系<br>1.5 建立学校和企业的"双评价"标准<br>建立"学校评价标准"和"企业评价标准"。<br>2 现代学徒制在本科人才培养实践中的借鉴和应用探索 |

续表

| 序号 | 篇名 | 作者单位 | 年.期 | 被引频次 | 涉及方面 | 主要论述和观点摘录 |
|---|---|---|---|---|---|---|
| | | | | | | 2.1高等教育人才实践能力培养中存在的主要问题。①由于很多高校都存在"重理论,轻实践"的片面观念,高校普遍存在对实践教学环节重视程度不够的问题;②高校的实践教学体系还不够完善,缺乏明确的目标。有些讲义已经失去现实意义。2.2高等教育人才实践培养中对现代学徒制经验的借鉴。包括实验、课程设计、生产实习、毕业实习和毕业设计等。①学校对参与合作的定点企业给予一定的资金投入和政策支持。校企双方要按照双方事先拟定的学生实践培养实施方案的进程推进;②深化校企合作的人才培养方案。与企业签订培养合同。要给予带出较好实习成绩的学生导师相应的奖励;③第七和第八期是学生参与生产实习和毕业实习的集中时期,学校要对明确毕业后到企业工作的本科生进行相应的生产实习理论培训和指导;④学校要增加力度引入"双师型"教师。学校应通过校内和校外联合培养的方式培养自己的"双师型"教师;⑤建立企业对学生的考核评价机制。 |

以上17篇有关人才培养的文献中,北京农业职业学院有6篇,成都农业科技职业学院有4篇,苏州农业职业技术学院2篇,其他单位共5篇。北京农业职业学院和成都农业科技职业学院相对比较活跃。

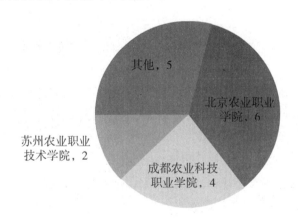

图3—3 有关"人才培养"研究文献的机构发文量分布

北京农业职业学院:在教师培训机制创新上进行了探索,不断加强学院"双师"素质教师队伍建设,"双师"结构取得了明显的进展和成效。教师培训有思想与组织保证,培训内容丰富多彩,精心组织,采用网络视频教学、模块教学、讲授和互动相结合,实现了"三个满意"的成效。在对工学结合的人才培养模式创新与实践研究中提出,北京农业职业学院通过以园艺技术等重点专业建设为龙头,进一步优化专业结构,形成具有都市农业特点的农业种植类、畜牧兽医类、食品安全类发展格局。以课程建设、"双师型"师资队伍建设和生产性实训基地建设为主要内容,将岗位需求化为教学目标,将职业技能融入教学内容,将工作任务导入学习过程,带动专业建设,引导课程设置、教学内容和教学方法改革,形成工学结合的人才培养模式。促使办学理念由封闭转向开放;充分体现"植物生长季"的特点;强调"岗位实践"的职业特色;多种教法引入教学,抓住"校企合作、工学结合"的灵魂。创新形成"植物生长周期循环"人才培养模式。其他职业学院也形成了各自的人才培养特色。辽宁农业职业技术学院有园艺技术专业"双线双循环"任务导向的"4—1—1"人才培养模式。新疆农业职业技术学院有畜牧兽医专业"四阶段二层次""校企合作、工学结合"人才培养模式。黑龙江农业工程职业学院有工学交替"两轮实践"人才培养模式。研究还提出:3年内与都市现代农业相关的专业人才需求告急,急需植物生产、新技术推广、都市农业观光、园艺产品营销、设施园艺、园林景观、城市绿化美化、民俗旅游、农产品质量检测、农产品标准化生产、农副产品加工、食品安全检验、畜禽养殖、疾病防控技术、品种改良技术等方面的高技能型人才。在以北京为样本的农业职业人才供求研究中,作者提出由于当前北京农业处于传统农业、城郊农业和都市型现代农业交叉转型时期,都市型现代农业对农业职业人才的需求总量在增加。总体人才需求呈现专业多元化趋势,经济与技术复合型、生态引导型、服务型人才需求为主。农业企业人才需求年年告急。北京农村实用人才的结构仍不合理。人才结构仍以传统产业为主,市场营销、技术推广、旅游管理与开发等新兴产业人才较为短缺。而农业职业人才供给总量逐年降低。农林牧渔大类所开设的专业逐渐向都市型现代农业方向转变,但专业覆盖面仍较窄,农业会展、环保、推广等急缺专业未设置。研究指出,农业职业人才总量需求大于供给。供求结构集中体现于专业结构的不匹配问题。生产一线人员有效供给不足。绿色食品检验检疫、观光农业、生态养护、乡村环保等新兴专业和特种养殖专业仍有迫切需求。在职业教育对乡村休闲农业发展中的作用研究中提出,由于乡村休闲农业贯穿农村一、二、三产业,融合生产、生活和生态功能,紧密联结农业、农产品加工业、服务业的新型农业产业形态和新型消费业的特点,是一种新型的交叉型乡村产业,以复合型、经营、服务型人才需求为主,高等农业职业教育可以通过培养人才在人力资源上支持乡村休闲农业发展,通过培训农民提升休闲农业的经营水平,通过促进多方支持实现乡村休闲农业的高效经营。在都市型现代农业高技能人才培养改革与实践的研究中,提出要围绕都市型现代农业发展需求,推进专业内涵建设。北京农业职业学院形成了以"植物生长周期循环""岗位轮动"和"1—4—1 工学结合"等为代表的人才培养模式,形成了组建专家工作室、教师挂职锻炼和农业技术推广三结合的"三农"服务新机制,建成了"理实一体、工学结合""校中场、场中园、园中景"具有都市型现代农业特征的满足高技能人才培养需要的校内生产性实训基地。在专业定位上,根据北京农业重点产业、都市农业、重点农业生产项目的发展新增了都市农业装备应用技术、宠物养护、乡村酒店管理等都市型农业特征明显的专业,现有的 39 个高职专业中有 22 个专业直接为北京农业的产业发展提供高技能型人才。在校园文化建设的实践上,北京农业职业学院提出应打造以社会主义核心价值观为核心、以劳动文化为重点、以专业文化为支撑的校园文化体系,在兰花文化、茶文化、彩林文化、花卉制作文化、宠物文化、马术文化上进行了创新实践。

成都农业科技职业学院:在创新校企合作培养模式上,主要在校企联合人才培养模式、学校为企业开展职业技能培训、学校为企业开展技术服务上进行了探索。校企合作上有定向化班型为企业培养适用人才;让企业参与学院的教学工作和教学改革,校企共育人才。实现学习与实践的交替循环,把课堂办到企业车间去,养殖场里。在人才培养过程中实现"学习—实践—再学习—再实践"。聘请企业技术人员指导实训教学,实施"双证书"教育。聘请企业专家兼课。在高职学生实践动手能力培养研究中提出,首先要制订具有专业个性化、特色鲜明的人才培养方案;要设计教育教学活动,突出实践环节和注重应用技能特色,明确将应用技能及动手实践能力的培养贯穿人才培养的全过程。确立"宽口径、厚基础、精理论、强能力、高素质"的人才培养规格要求,确定"分段培养、模块组合、打通基础、因材施教、理实并重、三点支撑、四分双需"的人才培养模式。遵循"精选、重练、增选、显用"的原则,适当压缩课堂讲授内容。加入"项目式教学法""课堂讨论"等环节;狠抓"两个课堂"建设,牢固构筑素质教育广阔坚实的平台。第一课堂实施"平台模块学分制",夯实学生专业基础。第二课堂搭建育人新体系,突出学生个性发展。第一年为第一平台,通识课程和部分专业基础课。后两年为第二平台,主要是专业必修、辅修课和实践教学环节。按照"项目化、基地化、专业化"原则,坚持"组织活动有项目、指导活动要专业、开展活动有基地"的指导方针,建设一批稳定的社会实践活动基地;按层次划分实践内容,逐步形成具有鲜明特色的实践能力培养体系。将实践内容分为基础实践、专业实践、综合实践三个层次。专业实践包括科技项目招投标、假期社会实践、专业生产实训、参加技能大赛。综合实践方面,让学生以"职业人"的身份进行综合实践。在对作物生产技术类专业现代学徒制的可行性探索方面,首先要确定培养目标以基层性、应用性为主。在培养模式上基于作物种子生产的季节设计"三平台、三阶段、产学研推四位一体的现代学徒制"人才培养模式。构建具有现代学徒制特点的课程体系:将课程的各个构成要素加以排列组合。现代学徒制本质上是一种基于企业本位的职业教育,课程教学在企业和学校这两大主体中进行。由职业素质养成课程模块、专业技术技能基础课程模块、岗位(群)技术技能课程模块和学徒个人职业发展需求课程模块等组成。课程设置突出课程设计上的职业化、标准化和模块化。遵循"以学生为主体,教师师傅等为主导,教学做一体化"的教学理念。加强"师傅"的选拔培养,建立稳定的"师傅"队伍。在公选课助推复合型创新人才培养的策略研究中提出,公选课能提高高职竞争力,应对应用型大学建设带来的挑战,公选课是实现学科交叉培养"通才"的有效途径。高职院校应坚持"专业培养和综合培养同步进行",从意识树立、质量监控、资源建设、完善机制四方面入手:从供给导向转向需求导向,树立复合型人才培养意识;完善公选课教学质量监控体系,保障复合型人才培养质量;引入各种资源,全方位满足复合型人才培养的需求;完善公选课教学与改革的激励机制,确保复合型人才培养质量稳步提高。强化优秀课程和优秀教师的示范作用。

苏州农业职业技术学院:在产学研结合培养农技人才的探索中明确新形势下农业教育职能定位,通过产学研紧密结合,将高校创造的科技成果尽快转化为产业优势;主动适应农业产业结构大调整,加大专业结构的改造与调整,对传统专业施予新的内涵。开设外向型专业,培养外向型实用人才;全面推进素质教育,加强课程体系改革。在提高人才培养质量的思考中提出的措施有:明确培养目标,加强专业建设;加大课改力度,做实课程建设;加强团队建设,提高双师素质;加大教学投入,不断改善基础设施;推进教育创新,深化教学改革。在专业建设上:创新人才培养模式,选择重点专业进行"工学结合"人才培养模式的试点;科学调整专业集群,集中力量重点建设园林园艺、农业生产、食品加工、机械电子、经营管理、日语英语等专业群;启动专业评估机制,对连续2年专业不招生或招生人数低于当年招生计划一半以上的专业,要撤销或暂停招生。加大课改力度做实课程建设:大力推行订单培养、顶岗实习、工学交替、任务驱动、项目导向、竞赛带动等教学模式。"精简、融合、解构、重组"。大力推行情境式、虚拟式、仿真式、项目式、现场式、探究式、生产式、案例式等教学方法。构建与职业资格标准相融通的课程和内容体系。加快推进考核评价方法改革;推动精品课程改造升级,按照"以点带面、梯次推进、整体提升"的建设思路,实施"优质课程建设计划"。力争2~3年内建成共享型专业教学资源库平台;加快优质教材开发。加强团队建设提高双师素质:优化教师队伍素质。坚持"内培外引、专兼结合"原则,加快现有教师尤其是青年教师的培养力度。形成"教坛新秀—骨干教师—专业带头人—教学名师"的名师培养体系;打造优质教学团队。着力提升园艺技术、园林技术专业省级教学团队服务能力;加强教师队伍管理。完善教师特别是兼职教师的管理制度。加大教学投入不断改善基础设施;完善实践教学条件。持续加强国家级、省级、院级重点专业和新增专业实训室建设。加快建设"校中厂、厂中校"的"校企一体化"实训基地;提升校园信息化建设水平;加快数字图书馆建设。推进教育创新深化教学改革;大力推进校企合作模式创新。探索建立学院主体、政府主导、行业指导、企业参与的办学体制和育人机制;深化人才培养质量管理体系创新。构建理实一体化管理体系。加快区域职教资源统筹模式创新。组建江苏现代农业职业教育集团。

湖州职业技术学院:在高职创新创业人才培养上提出了向绿色职教转型的理念。长三角大中城市将农业发展定位于现代生态型都市农业。学校提出了绿色内涵的专业培养目标:包括产品的绿色设计、生产、经营目标以及专业基础、企业经营、创新创业的理论基础、综合素质目标等的绿色内涵,并建构以绿色内涵为导向的创新创业教学模式。

湖南生物机电职业技术学院在服务休闲农业产业发展中提出休闲农业的快速发展呼唤职业教育的强力跟进,人才匮乏日益成为制约休闲农业发展的瓶颈。休闲创意规划和休闲管理人才是目前主要需求。急需农庄建设发展的规划设计人才、体验活动策划和产品服务项目设计人才、经营管理人才、特色产业的专业人才、营销管理人才。

广西桂林农业学校:提出在"中高速""优结构""新动力""多挑战"的新常态下随着现代农业、创意农业、"互联网+农业"等创新型农业发展模式出现,中职观光农业经营专业人才培养面临新机遇。

沈阳农业大学畜牧兽医学院:在现代学徒制模式在本科院校人才培养实践中取得了借鉴与经验。探索并发展出具有本科人才实践能力培养特点的现代学徒制。在终身学习和能力本位等教育思想的影响下,在现代职业教育中实现将学校本位教育和工作本位培训紧密结合。明确学校和企业的"双主体"地位;强化学生和学徒的"双身份"认识;加强学校和企业的"双导师"制度;紧密学校和企业的"双课程"联系;建立学校和企业的"双评价"标准。

## 3.3 "都市农业职业教育"专业建设及教育
## 教学改革研究文献汇总分析

### 3.3.1 畜牧兽医类专业研究文献汇总分析

表3—4 "都市农业职业教育"畜牧兽医类专业研究文献主要论述和观点摘录
（按发表时间排序）

| 序号 | 篇名 | 作者单位 | 年.期 | 被引频次 | 涉及方面 | 主要论述和观点摘录 |
|------|------|---------|-------|---------|---------|-----------------|
| 1. | 畜牧兽医专业"岗位轮动"教学模式探索与实践 | 北京农业职业学院 | 2009.02 | 1 | 畜牧兽医专业教育教学 | "以素质和能力培养为核心,教学场所由学校向企业内部岗位现场转变,指导教师有企业技术人员参加,教学考核由企业技术人员共同考核"为特点的"岗位轮动"教学模式。<br>采用突出工学交替特点的"岗位轮动"教学模式进行教学。<br>一、高职教学模式的现状<br>以企业为主的办学体制、以职业能力为核心的培训模式、以市场和社会需求为导向的德国"双元制"教学模式等。<br>教育部颁布的《关于全面提高高等职业教育教学质量的若干意见》(教高[2006]16号)把"工学结合"作为今后高职教育教学改革的重点。<br>坚持"以就业为导向、以能力为本位,实现学生终身教育、产学研结合"的原则。<br>必须贯彻"理论知识必须够用"的原则,实现教学计划和内容由企业核定,教学场所由学校向企业转变,指导教师有企业技术人员参加,教学考核由企业技术人员参加的考核小组进行,考核内容以能力为本,教学方法在企业内部岗位现场进行的目标。<br>二、高职畜牧兽医专业"岗位轮动"教学模式的建立<br>确定了畜牧兽医专业技能型人才的主要工作领域,包括宠物医护、绿色畜禽养殖、畜禽良种繁育、动物疫病防控等。<br>确定了突出"在生产企业内的畜禽养殖、疾病防治、生产经营与管理等工作岗位上进行现场教与学"特点的畜牧兽医专业"岗位轮动"教学模式。<br>确立养禽与禽病防治、宠物疾病诊治、宠物美容与驯养、牛的生产与疾病防治、动物临床诊疗、动物群发病防控为专业技术的核心技能,从而构成动物养护和疫病防控两大专业核心能力。<br>三、高职畜牧兽医专业"岗位轮动"教学模式的实施<br>1.确定"岗位轮动"教学试点班;2."岗位轮动"教学实 |

| 序号 | 篇名 | 作者单位 | 年.期 | 被引频次 | 涉及方面 | 主要论述和观点摘录 |
|---|---|---|---|---|---|---|
|  |  |  |  |  |  | 施;2、3学期以"岗位轮动"方式在企业生产岗位进行教学,学生在各主要岗位上轮换实践,完成专业核心课程的学习;3."岗位轮动"教学协议的签订。<br>北京都市型畜牧兽医专业主要包括四大工作领域,即宠物医护、绿色畜禽养殖、畜禽良种繁育和动物疫病防控。<br>四、高职畜牧兽医专业"岗位轮动"教学模式的教学质量考核<br>实行严格的考教分离,理论考试每月必须1次,形成岗位理论成绩;技能考试有单项和综合技能考核。<br>1. 理论考核;2. 技能考核,"口试＋操作";3. 教师考核,采取目标管理。<br>五、高职畜牧兽医专业"岗位轮动"教学模式取得的成果<br>1. 学生社会经验普遍得到提高;2. 学生综合技能得到全方位锻炼;3. 学生毕业就业渠道得到拓展;4. 抓住关键环节,力促"双师型"教师队伍建设。 |
| 2. | 院企合作共建畜牧兽医专业生产性实训基地的研究与实践 | 成都农业科技职业学院 | 2009.09 | 3 | 畜牧兽医专业教育教学 | 构筑院企优势互补、互惠双赢的生产性实训基地建设模式;推进畜牧兽医专业人才培养模式的改革实践;推进专兼结合的畜牧兽医专业教学团队的建设。<br>崇州旺达饲料公司建立种猪繁育基地。以基地为主要支撑,进行院企共建畜牧兽医专业生产实训基地,学生按企业准员工管理,实施同步跟踪检查,学生在基地实习期间接受学校和企业的双重指导。 |
| 3. | 动物药理实践教学对学生职业能力培养的评价调查. | 北京农业职业学院 | 2011.07 |  | 动物药理专业人才培养 | 要注意选择对学生职业能力培养促进比较大的实践教学内容;改变教学方法培养能力,在实践教学中强化素质教育;善于发现和帮助学生克服自身因素;分析研究提高学生学习动力和热情。在选定实践教学内容时,应该针对教学内容进行分析,确定采取最佳的教学方式。<br>学生职业能力分解为职业操作能力、职业理论能力、思考问题的方法及良好的素质四个方面。职业院校学生存在上手快却后劲不足的缺陷。 |
| 4. | 高职农畜特产品加工专业实践教学体系的构建与运行模式 | 北京农业职业学院 | 2011.11 |  | 农畜特产品加工专业教育教学 | 农产品加工是现代农业产业化链条中的重要组成部分,是提高农产品附加值的重要途径。<br>一、实践教学体系构建的基本思路<br>企业用工标准。表达能力、动手能力、适应能力、交际能力、管理能力、创造能力和决策能力等已成为用人单位考查毕业生的主要方面,职业道德、敬业精神、团队协作精神。具有发展潜能的复合型、创新型人才逐渐成为新宠。<br>第一步,建立专业指导委员会;第二步,以工作过程导向为基本方法;第三步,修订培养方案,构建实践教学体系, |

续表

| 序号 | 篇名 | 作者单位 | 年.期 | 被引频次 | 涉及方面 | 主要论述和观点摘录 |
|---|---|---|---|---|---|---|
| | | | | | | 将职业标准和职业岗位(群)的任职要求引入实践教学计划,将综合职业素质教育贯穿于高职教育的全过程。<br>二、农畜特产品加工专业实践教学内容体系<br>实践教学内容体系由专业认知、专项技能训练、综合技能训练和毕业实习四部分构成。综合技能训练与职业技能鉴定培训相结合。<br>三、积极探索"三结合"实践教学运行模式<br>(一)校内实训与企业实践相结合。完善校内实验实训室条件,改革实验实训教学方式。先让学生通过查找资料,设计加工工艺和配方,然后将设计方案提交给指导教师审核和修正,形成可行的方案后再实施。拓展校外实训基地和实训项目,提高学生职业能力。<br>(二)认知实训与社会实践活动相结合。认识专业、认识职业是激发学习热情和明确职业方向的重要环节。社会实践活动是经验积累的重要平台。提倡学生课外参与教师的课题研究和科研活动。<br>(三)专业技能训练与专家考核相结合,提高技能培养的应用性与考核的针对性。<br>(四)重视"双师型"教师队伍的建设,保障实践教学改革的顺利进行。 |
| 5. | 强化专业建设开拓后示范校建设的新路径——以北京农业职业学院畜牧兽医系专业建设为例 | 北京农业职业学院 | 2012.04 | 1 | 畜牧兽医系专业教育教学 | 畜牧兽医专业实训基地为国家级示范性高职实训基地,畜牧兽医专业为国家示范性高等职业院校重点专业建设项目。<br>畜牧兽医专业包括畜牧兽医专业、畜牧兽医专业动物医学方向和畜牧兽医专业宠物养护与疫病防治方向。<br>强化专业建设的建议:1.理顺管理机制,实施目标管理。"一体两翼"重心在"一体";2.加强教学改革,激励发展动力。承担着北京市"畜牧兽医专业职业教育分级制度改革试验"教改项目;3.强化专业建设,努力铸造品牌专业。将畜牧兽医专业动物医学方向和畜牧兽医专业宠物养护与疫病防治方向申报为独立专业;4.实施人才强校,打造教学创新团队;5.深化校企合作,提升实训基地建设,建设动物医院、胚胎移植应用中心。 |
| 6. | 中国与加拿大小动物医学专业高等职业教育的思考——以北京农业职业学院与加拿 | 北京农业职业学院 | 2012.24 | | 小动物医学专业人才培养 | 1 主要区别<br>1.1 培养目标:兽医技术员。兽医技术员专业培养目标的特点是定位准确,教学内容针对性强,教学过程比较轻松,学习效果好。我国高职院校小动物医学相关专业的培养目标是宠物医生及宠物医生助理,农业部执业兽医资格考试。培养目标定位过高。<br>1.2 课程设置:完全针对兽医临床的基本操作、基本理论。重点不突出,更重视基础教育,职业性不突出。<br>1.3 师资队伍:包括专业主任 1 人,专职教师 5 名和兼职教师 8 名。圣力嘉学院以外请教师为主,北京农业职业学院以专职教师为主。<br>1.4 教学:一般是按项目教学法。考试的通过率较低。 |

续表

| 序号 | 篇名 | 作者单位 | 年.期 | 被引频次 | 涉及方面 | 主要论述和观点摘录 |
|---|---|---|---|---|---|---|
| | 大圣力嘉学院为例 | | | | | 1.5 学校教学环境:综合性都很强。<br>1.6 动物医院:结构紧凑、布局设计复杂。<br>2 分析与讨论<br>(1)我国高职院校宠物医学相关专业的培养目标应明确定位为技术员;(2)根据培养目标将课程进行相应调整,建议加强实验室诊断、影像学、麻醉学、治疗学、解剖学、操作实训、医院实习等课程及内容;(3)关于教学队伍。笔者的体会是应以专职教师为主,专职教师更加熟悉教学,也便于管理,更加严格执行考试制度,加强考试的作用,以考促学,以专业为主体的实训教学楼,可以保证学生更加方便地护理、使用实验动物。<br>如何做到专业性与职业性并重,是北京农业职业学院今后努力的方向。 |
| 7. | 《养鸭生产技术》课程实践教学探索——以北京农业职业学院为例 | 北京农业职业学院 | 2014.03 | | 畜牧兽医专业教育教学 | 基于职业岗位分析和具体工作过程的课程设计理念。通过实施岗位轮动实践教学。采取"教、学、做"一体的"岗位轮动"实践教学方法。师资队伍采用以校内双师素质教师为主、企业能工巧匠参与实践教学为辅的组合方式。<br>以养鸭生产工艺全过程为主线,按照鸭孵化、育雏、育成(育肥)及产蛋岗位设计。岗位轮动实践教学分为两个阶段,第一阶段为进出轮换阶段;第二阶段为综合能力提升阶段(校内)。考核方法:以过程性评价为主,专业知识和岗位能力进行考核。<br>岗位轮动特色:理论与实践结合、工学结合、专兼结合。重点加强校外工学交替实训、顶岗实训等工学结合教学环节,创新"分段实训、循环提高"的教学模式。 |
| 8. | 培养具备可持续发展能力的新型职业农民新思考——以成都农业科技职业学院畜牧兽医专业为例 | 成都农业科技职业学院 | 2014.14 | | 畜牧兽医专业人才培养 | 在培养新型职业农民的新定位下,农业高职教育必须在培养学生可持续发展能力方面加以思考。<br>实现农民的职业化,培养更多高素质的家庭农场主、新型农业经营主体领办人和专业合作组织经纪人。<br>2 培养学生可持续发展能力的有效路径<br>2.1 加强引导宣传,树立终身学习理念畜牧兽医专业人才的培养应以素质教育为中心,以课程教学模式改革为突破口,立足当前,着眼长远,创新人才培养模式,构建专业课程新体系,培养有文化、懂技术、会经营的未来新型职业农民,为现代畜牧业发展培养生力军,为推动现代农业发展注入活力。将人的可持续发展和终身学习理念贯穿在教育实施过程中,围绕提高人才培养质量,营造良好学习环境氛围,挖掘学习潜能,教会学习方法。<br>2.2 针对社会需求,完善人才培养方案仍然是高等教育的薄弱环节,发展极不平衡,吸引力不强,质量特色还不能很好地适应经济发展方式转变的需要。养殖生产环节是整个畜牧产业链中最薄弱环节,也是发展畜禽生产的最关键环节。应重点扶持家庭农场、专业大户、农民合作社、产业化龙头企业等新型主体,鼓励涉农院校的 |

| 序号 | 篇名 | 作者单位 | 年.期 | 被引频次 | 涉及方面 | 主要论述和观点摘录 |
|------|------|----------|-------|----------|----------|---------------------|
| | | | | | | 毕业生回乡创办家庭农场和经营农业企业,培育新型职业农民。 |
| | | | | | | 2.3 改进教学方法,创新教学模式。根据职业活动内容、环境和过程改革人才培养模式,实施工学结合、理实结合,做到学思结合、行知统一,紧跟生产过程进行教学模式改革。 |
| | | | | | | 创设竞争性团队的实践活动,培养学生的竞争意识和团结协作意识,锻炼心理承受能力、应变能力和自我保护能力,提高竞争能力、合作能力和自我发展能力。 |
| | | | | | | 倡导合作讨论式和项目参与式的教学方法。 |
| | | | | | | 教师授课时运用"问题导学法"与"课后作业探究法"。 |
| | | | | | | 2.4 建立平台体系,培养学生自主学习能力。建立信息化网络平台和实习实训基地。以学习能力、职业能力和综合素质为评价核心。多元考核评价方式。 |
| | | | | | | 3 培养高职学生可持续发展能力的教改方案 |
| | | | | | | 3.1 充分调研,准确定位,确立培养目标。需求与培养质量跟踪评价年度报告。明确畜牧兽医专业是为畜牧行业的生产、管理、销售及服务一线各工作岗位培养具有畜牧生产管理、动物健康养殖、动物疫病防控、疾病诊断治疗、饲料兽药、生产、产品质量检测、农牧产品营销与技术服务推广等畜牧兽医实际工作能力,同时具备良好的适应能力、职业道德和就业创业能力的高等技术应用型专门人才。 |
| | | | | | | 3.2 立足生产,面向未来,构建课程体系。立足现代畜牧业生产,针对畜牧、兽医、饲料、兽药生产与临床实践工作岗位与岗位群的工作任务筛选典型工作任务。 |
| | | | | | | 依据职业成长及认知规律递进重构行动领域将其转换为课程,再将课程分为基本素质课程模块、职业能力课程模块、素质拓展课程模块和能力提升课程模块四部分构成课程体系。 |
| | | | | | | 确立养猪与猪病防治、养禽与禽病防治、草食动物养殖与疾病防治、宠物饲养与美容保健技术、饲料生产工艺与质量检测技术、兽药制剂工艺与药品检验技术6门专业核心课程。 |
| | | | | | | 3.3 注重能力,校企合作,改革教学模式。以能力为本位,以应知岗位需要为准绳,突出教学的针对性与实用性,将素质教育贯穿人才培养全过程。围绕动物安全健康养殖生产过程和产品生产工艺流程,结合高等职业教育规律。按照"教师互兼互聘,教学资源共享,学生共同培养"思路构建"校企合作,双元互动"的工学结合人才培养模式,实行"理论(课堂教学)—实践(校内实习实训)—理论(总结提升)—实践(综合实训)—再理论(专题讲座)—再实践(顶岗实习)"的工学结合的校企双元指导教学模式。教师在产教结合、理实结合中提高教学智慧与教育教学水平。学生通过工学交替、理实结合、教师的指导与考核评价、校企多次互动 |

| 序号 | 篇名 | 作者单位 | 年.期 | 被引频次 | 涉及方面 | 主要论述和观点摘录 |
|---|---|---|---|---|---|---|
| | | | | | | 循环,在教学与生产结合、学习过程与生产过程结合、育人与社会结合、知识与劳动结合中递进式内化知识。<br>3.4 能力递进,人才共育,提高学习能力。<br>实施"三段育人,逐步推进,校企互动,工学交替"人才培养。<br>第一阶段学校主导,完成基础能力培养,第二阶段校企双元主导,完成专业能力培养,第三阶段企业主导,完成职业能力培养。在工学结合中激发潜在学习动力,提高自主学习能力,增长才干,提升素质,主动完成学业。通过校企双方互动循环递进式的人才培养。<br>3.5 搭建平台,活动育人,培养发展能力。<br>以学生社团和动物保健协会为中心,以校内外实验实训基地为场所,以校内图书馆和数字信息化教学资源为平台,实现学生的自主学习、继续教育培训等多方位需求,实现职业教育与终身学习有效对接。<br>以容易操作的小动物生产性课程(如养禽与禽病防治)改革为重点,以学生为主体,专业教师做指导,融教学、科研、生产与创业为一体,强化学生能力培养,以提高学生职场适应力为重点,围绕"校企合作,双元互动"工学结合人才培养模式深化改革。<br>新型职业农民是集经营管理、生产示范、技术服务为一体的农村规模化、专业化和产业化经营的新一代劳动者。<br>探讨培养新型职业农民解决未来"谁来养殖"和"怎样养殖"的根本问题。 |
| 9. | 北京地区宠物医学职业教育的态势分析与建议 | 北京农业职业学院 | 2014.20 | 1 | 宠物医学专业办学 | 机会:宠物诊疗行业学术交流机会较多;新兴产业发展空间很大;要求还不是很高;行业没有形成垄断;化验和各种仪器诊断丰富了兽医的诊治手段提高了水平。<br>深化教育教学体制改革;重视临床教学,加强教学动物医院建设,加强临床教学师资队伍建设;重视用人单位的就业指导意见;加强与行业协会的合作;加强职业道德教育。<br>适度发展宠物乐园、马术、信鸽等新型畜牧产业。<br>兽医相关专业的毕业生供不应求,10年之内难以满足需求;实践教学课时较少;尚未形成行业企业与院校常态合作机制。 |
| 10. | 开发共享型课程资源库,促进高职教育教学改革——以 | 成都农业科技职业学院 | 2015.05 | 4 | 畜牧兽医专业教育教学 | 2011年启动,通过共建共享资源平台,联合行业专家、企业能手三方共建共享具有四川特色,以专业库、岗位库、培训库、课程库和素材库为框架,"五库架构"的集成式、交互式、共享型畜牧兽医专业教学资源库。<br>构建以职业岗位为导向的课程体系,共同制定专业课程资源库统一课程标准、教学内容、核心技能、学习评价等教学资源的建设标准。<br>包括核心课程、通适课程、企业专门化课程,能够适应畜 |

续表

| 序号 | 篇名 | 作者单位 | 年.期 | 被引频次 | 涉及方面 | 主要论述和观点摘录 |
|------|------|----------|-------|----------|----------|-------------------|
| | 畜牧兽医专业课程资源库建设为例 | | | | | 牧兽医专业动物生产、动物疾病防治、饲料兽药生产与安全检测、畜牧兽医技术推广，形成"普适＋个性"和"精品化、多样化、共享化"教学资源特色。<br>共计22门课程的课程标准、实践指导、授课计划、教案、电子课件、试题库、考核评价标准、图片、视频、动画等基本教学资源和拓展教学资源。<br>推进课程教学模式改革转向以"导"为主，有利于教师开展教学方法和教学手段的改革，提高教学效果，最大限度满足了"教学做一体化"的课程教学要求，为教师备课提供了规范而有弹性的教学参考资源，有利于学生的自主学习，发挥辐射和服务作用。<br>教育部教高〔2006〕14号文件、教高〔2012〕4号文件支持。<br>高职专业教学资源库建设分为国家级、省级和校级3个不同层面，通过3个层面的建设，逐步实现所有专业的优质数字教育资源全覆盖。 |
| 11. | 基于技能大赛的职业性教学探索——以畜牧兽医专业为例 | 北京农业职业学院 | 2015.18 | 3 | 畜牧兽医专业教育教学 | 确立了"以赛促学，以赛促教，以赛促训"的大赛指导思想。<br>技能大赛只是职业院校中检验教育水平的一部分，不能全面展示职业教育的培养标准，不能通过比赛来代替学习，同样也不能以学习来代替考试。<br>技能竞赛"重在参与、重在学习、重在提高"。 |
| 12. | 涉农专业中高职衔接的思考——以成都农业科技职业学院畜牧兽医类专业为例 | 成都农业科技职业学院 | 2015.22 | | 畜牧兽医类专业教育教学 | 中高职有效衔接有利于职业教育系统功能整合，可增强职业教育的吸引力。重点抓好中高职衔接、职普沟通、分类考试招生。<br>1 中高职衔接存在的主要问题<br>1.1 办学定位不清，培养目标不准。认同度不高。实力差距。办学思想与教育理念或多或少受到各种因素的制约。家长普遍认为读职业学校没有读普教学校有出路。中高职脱节和人才培养缺乏针对性和有效性。<br>1.2 课程设置脱节，职教优势缺乏。存在脱节、断层或重复现象。<br>1.2.1 课程衔接缺乏统筹性。<br>1.2.2 课程架构缺乏科学性。重点抓好课程的对接。<br>1.2.3 课程实施缺乏职业性。<br>1.3 高考制度制约，招生计划受限。<br>2 解决中高职衔接的主要对策<br>系统培养人才的知识与技能既要考虑知识与技能的连续性、适应性和前瞻性，又要关注职业迁移能力的培养，使其获得应变和生存发展能力，适应职业岗位变动。<br>2.1 提高认识，整体谋划。加强与对口中职学校和职业高中的交流互动，充分发挥学院农业职教联盟作用。 |

续表

| 序号 | 篇名 | 作者单位 | 年.期 | 被引频次 | 涉及方面 | 主要论述和观点摘录 |
|---|---|---|---|---|---|---|
| | | | | | | 2.2 统筹规划,健全课程衔接体系。构建结构统一、分层递进、设置科学、对接紧密的课程体系。2.3 加强指导,推进招生政策改革。积极探索"文化素质＋职业技能"的考试评价办法。目前五年一贯制、中职升高职、高职升本科的三种衔接的教育招生仍受计划招生的限制,应适当放宽招生比例。完善高职对接中职的自主招生制度、定向录取制度和保送制度,甚至推行注册制度,面向中职学校的毕业生开展高职预科教育。 |
| 13. | 高职专业教学资源库建设与实践——以成都农业科技职业学院畜牧兽医及相关专业为例 | 成都农业科技职业学院 | 2015.24 | | 畜牧兽医专业教育教学 | 高职院校"五库架构"的共享型畜牧兽医专业教学资源库。<br>1 高职专业教学资源库建设现状<br>教育部教高[2006]14 号文件指出:对需求量大、覆盖面广的专业,中央财政安排经费支持研制共享型专业教学资源库,提出要推进高等职业教育共享型专业教学资源库建设,与行业企业联合建设专业教学资源库。到 2014 年高职国家级专业教学资源库共立项 56 个专业,涵盖第一、二、三产业,形成国家级、省级和校级三个不同层面的专业教学资源库。<br>2 专业教学资源库建设的意义<br>1)共享优质教学资源,提升高职教育整体教学质量;2)服务学生;3)服务社会学习者;4)展示建设成果。问题:一是技术标准不统一,数据资源难共享;二是只顾量的扩大,不顾质的提升;三是审核方式不完善,评价标准不统一;四是没有走可持续发展的路线。<br>3 专业教学资源库建设实践<br>3.1 专业教学资源库的定位:重点建设共享型畜牧兽医专业教学资源库,带动其他专业教学资源库建设。项目定位是校企共建共享型校本教学资源库。3.2 专业教学资源库建设的思路和目标:以"新需求、新标准、新平台"的"三新联动"为核心理念,依据专业定位、人才培养规格、职业能力以及适用人群等要素建立一套"普适＋个性"的畜牧兽医专业教学资源库。构建以专业库、岗位库、培训库、课程库和素材库为框架,"五库架构"的集成式、交互式、共享型畜牧兽医专业教学资源库。3.3 专业教学资源库建设的标准:形成专业标准、毕业生从业岗位及其专业技能标准、专业课程体系及课程标准、学习单元库、教学资源素材库五层框架结构及相应开发规范,重点在于制订专业教学资源的开发标准。3.4 共享型畜牧兽医专业教学资源库建设的内容。<br>4 畜牧兽医专业教学资源库建设体会<br>4.1 专业教学资源库要体现"普适＋个性"的特点。4.2 专业教学资源库建设要规范建设标准和要求。4.3 专业教学资源库建设要强化教师的培训工作。4.4 专业教学资源库的推广应用要动态管理和持续更新。专业教学资源库建设要注重社会效益。 |

| 序号 | 篇名 | 作者单位 | 年.期 | 被引频次 | 涉及方面 | 主要论述和观点摘录 |
|---|---|---|---|---|---|---|
| 14. | 基于现代学徒制的宠物养护与驯导专业人才培养模式探索与研究 | 成都农业科技职业学院 | 2016.06 | 1 | 宠物养护与驯导专业人才培养 | 成都农业科技职业学院借鉴国内外应用现代学徒制人才培养模式的经验,以校企合作为基础,学生拜师为核心,在宠物养护与驯导专业尝试现代学徒制的探索和研究。<br>现代学徒制起源于德国,作为职业院校人才培养的主要模式,其成功经验得到全世界各个国家的广泛认可。现代学徒制职业教育模式,如澳大利亚的 TAFE、英国的"工学交替"、德国的"双元制"、日本的"互补型"、瑞士的"三元"协作运行机制等模式,均遵循了德国现代学徒制。<br>全国职业教育改革创新国家试点推进会于 2011 年召开,会上正式提出推行现代学徒制试点工作。<br>现代学徒制是通过学校、企业的深度合作与教师、师傅的联合传授,对学生以技能培养为主的现代人才培养模式。实践教学环节中,采用"师傅带徒弟"的形式。<br>2 宠物养护与驯导专业人才培养模式现状<br>学生取得学历证书的同时,还要取得职业资格证书才能正式毕业。专业要求与行业要求一致,实训要求与岗位要求一致,教学内容与工作任务一致的工学结合的高职教学理念。畜牧大类中仅江苏农牧科技职业学院宠物护理与美容专业正在进行探索实践。<br>3 探索内容<br>以"四川省宠物医师协会"下的各大宠物医院为依托。"两课堂,四阶段逐步提升的现代学徒制"人才培养模式,按照"学生→学徒→准员工→员工"四位一体的人才培养总体思路,实行四段式育人机制。第一阶段:组建师徒制小班;第二阶段:认知职业;第三阶段:假期时间实践,践行四个对接。在公司并进行考核;第四阶段:深入践行 4 个对接。实施师徒工程。学生成为企业准员工。<br>3.3 保障措施 3.3.1 加强组织领导。3.3.2 建设校企互聘共用的师资队伍。完善双导师制。3.3.3 完善人才培养制度和标准。"合作共赢、职责共担"原则。共同制订专业教学标准、课程标准、岗位标准、企业师傅标准及相应实施方案。3.3.4 强化政策激励。3.3.5 强化安全教育及实习准入制度。上岗前培训。合格者方可进行轮岗实习。<br>校企合作深度不够,教学资源不足;用于试点经费不足;课程体系建设和培养方式以学校为中心,企业参与度低;企业容纳学生数量不多等诸多问题。 |

续表

| 序号 | 篇名 | 作者单位 | 年.期 | 被引频次 | 涉及方面 | 主要论述和观点摘录 |
|---|---|---|---|---|---|---|
| 15. | 强化高职课程教学改革实践,提高动物解剖生理课程教学效果 | 成都农业科技职业学院 | 2016.07 | | 畜牧兽医专业教育教学 | 开发利用优质网络教学资源,实施课程教学改革实践,提高课程教学效果进行分析和总结,探究和实践知识、技能和素质"三位一体化"教学模式和高职"三型"人才培养模式的实现途径。<br>《动物解剖生理》是一门专业基础课。<br>1 高职《动物解剖生理》课程教学现状及问题<br>课程教学与生产实际脱离;缺乏形态学课程教学必需的教学资源;课程教学缺乏连续性。<br>2《动物解剖生理》课程教学改革<br>2.1 调整课程内容,适应人才培育目标<br>2.1.1 调整课程教学模式、培养"三型"人才:制定培养具备"基础知识、扎实技能和综合素质"、具有"实践型、应用型和创新型"的"三型"复合人才。2.1.2 制定课程考核标准,实施"3-3-3"课程考核评价体系。实施"3-3-3"课程考核评价体系,采用"学生自评、学生互评和教师评价"3条途径。<br>2.2 强化课程建设、丰富教学资源<br>2.2.1 补充完善传统教学资源、激发学生的学习兴趣:《动物解剖生理》课程抽象、枯燥的特点使部分学生的学习兴趣受到影响,并产生畏难情绪。2.2.2 开发网络教学资源,积累优质课程教学资源:联合开发了课程资源库和素材库、开发建设院级和省级《动物解剖生理》精品资源共享课程、小规模在线开发课程、网络课程,积累了大量优质网络教学资源。<br>2.3 深化课程教学改革、提高教学质量<br>2.3.1 充分利用优质教学资源、全面实施课程教学改革:利用"互联网+"技术,实施"理实一体化"的情境式教学法,采用课堂教学与网络教学结合的"混合教学法",配合"实践教学法""比较教学法""探究教学法""翻转课堂教学法"等教学方法,培养学生的动手能力、分析能力和探究能力。2.3.2 转变课程教学模式、提升教学质量:"理实一体化"情境式教学法、比较教学法、混合教学法。<br>3《动物解剖生理》课程教学改革成效<br>课程教学改革及考核评价符合职业需求;课程教学改革有利于后续课程及核心课程学习。 |

以上15篇有关畜牧兽医类专业研究文献中,北京农业职业学院有8篇,成都农业科技职业学院有7篇。北京农业职业学院和成都农业科技职业学院是畜牧兽医专业教育教学改革和研究领域的主要活跃机构,也反映了这两个机构在该专业改革发展方面的成果和力度。

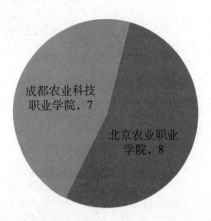

成都农业科技职业学院，7

北京农业职业学院，8

**图3—4 有关"畜牧兽医类专业"研究文献的机构发文量分布**

北京农业职业学院在畜牧兽医专业方面的探索和实践主要有：

一、"岗位轮动"教学模式：构建了"以素质和能力培养为核心，教学场所由学校向企业内部岗位现场转变，指导教师有企业技术人员参加，教学考核由企业技术人员共同考核"为特点的"岗位轮动"教学模式。坚持"以就业为导向、以能力为本位，实现学生终身教育、产学研结合"的原则。贯彻"理论知识必须够用"的原则，实现教学计划和内容由企业核定，教学场所由学校向企业转变，指导教师有企业技术人员参加，教学考核由企业技术人员参加的考核小组进行，考核内容以能力为本，教学方法在企业内部岗位现场进行的目标。确定了突出"在生产企业内的畜禽养殖、疾病防治、生产经营与管理等工作岗位上进行现场教与学"特点的畜牧兽医专业"岗位轮动"教学模式。确立养禽与禽病防治、宠物疾病诊治、宠物美容与驯养、牛的生产与疾病防治、动物临床诊疗、动物群发病防控为专业技术的核心技能，从而构成动物养护和疫病防控两大专业核心能力。"岗位轮动"教学模式的实施：确定了"岗位轮动"教学试点班；2、3学期以"岗位轮动"方式在企业生产岗位进行教学，学生在各主要岗位上轮换实践，完成专业核心课程的学习；与实训基地签订"岗位轮动"教学协议。教学质量考核上实行严格的考教分离。

二、动物药理实践教学对学生职业能力培养的评价调查：要注意选择对学生职业能力培养促进比较大的实践教学内容；改变教学方法培养能力，在实践教学中强化素质教育；善于发现和帮助学生克服自身因素；分析研究提高学生学习动力和热情。在选定实践教学内容时，应该针对教学内容进行分析，确定采取最佳的教学方式。研究发现职业院校学生存在上手快却后劲不足的缺陷。

三、高职农畜特产品加工专业实践教学体系的构建与运行模式：基本思路是建立专业指导委员会；以工作过程导向为基本方法；修订培养方案，构建实践教学体系,将职业标准和职业岗位(群)的任职要求引入实践教学计划,将综合职业素质教育贯穿于高职教育的全过程。内容体系由专业认知、专项技能训练、综合技能训练和毕业实习四部分构成。综合技能训练与职业技能鉴定培训相结合。运行模式包括校内实训与企业实践相结合;认知实训与社会实践活动相结合;专业技能训练与专家考核相结合;重视"双师型"教师队伍的建设,保障实践教学改革的顺利进行。

四、强化专业建设开拓后示范校建设的新路径:1. 理顺管理机制,实施目标管理。"一体两翼"重心在"一体";2. 加强教学改革,激励发展动力。承担着北京市"畜牧兽医专业职业教育分级制度改革试验"教改项目;3. 强化专业建设,努力铸造品牌专业。将畜牧兽医专业动物医学方向和畜牧兽医专业宠物养护与疫病防治方向申报为独立专业;4. 实施人才强校,打造教学创新团队;5. 深化校企合作,提升实训基地建设,建设动物医院、胚胎移植应用中心。

五、中加小动物医学专业高等职业教育比较:1. 主要区别:培养目标上加方为兽医技术员,定位准确,教学内容针对性强,教学过程比较轻松,学习效果好。我方培养目标是宠物医生及宠物医生助理。培养目标定位过高。课程设置上加方完全针对兽医临床的基本操作、基本理论。我方重点不突出,更重视基础教育,职业性不突出。师资队伍加方以外请、兼职教师为主,我方以专职教师为主。教学上加方一般是按项目教学法,考试的通过率较低。2. 提出建议:我国高职院校宠物医学相关专业的培养目标应明确定位为技术员;根据培养目标将调整课程,建议加强实验室诊断、影像学、麻醉学、治疗学、解剖学、操作实训、医院实习等课程及内容;应以专职教师为主,更加严格执行考试制度,建立以专业为主体的实训教学楼。

六、《养鸭生产技术》课程实践教学探索:基于职业岗位分析和具体工作过程的课程设计理念。通过实施岗位轮动实践教学。采取"教、学、做"一体的"岗位轮动"实践教学方法。师资队伍采用以校内双师素质教师为主、企业能工巧匠参与实践教学为辅的组合方式。以养鸭生产工艺全过程为主线,按照鸭孵化、育雏、育成(育肥)及产蛋岗位设计。岗位轮动实践教学分为两个阶段,第一阶段为进出轮换阶段;第二阶段为综合能力提升阶段(校内)。创新"分段实训、循环提高"的教学模式。考核方法:以过程性评价为主,专业知识和岗位能力进行考核。

七、北京地区宠物医学职业教育的态势分析与建议:1. 机会较多:宠物诊疗行业学术交流机会较多;新兴产业发展空间很大;要求还不是很高;行业没有形成垄断;化验和各种仪器诊断丰富了兽医的诊治手段提高了水平。2. 深化教育教学体制改革;重视临床教学,加强教学动物医院建设,加强临床教学师资队伍建设;重视用人单位的就业指导意见;加强与行业协会的合作;加强职业道德教育。分析认为兽医相关专业的毕业生供不应求,10 年之内难以满足需求。应适度发展宠物乐园、马术、信鸽等新型畜牧产业。

八、基于技能大赛的职业性教学探索:确立了"以赛促学,以赛促教,以赛促训"的大赛指导思想。提出了技能大赛只是职业院校中检验教育水平的一部分,不能全面展示职业教育的培养标准,不能通过比赛来代替学习,同样也不能以学习来代替考试。技能竞赛"重在参与、重在学习、重在提高"。

成都农业科技职业学院在畜牧兽医专业方面的探索和实践主要有:

一、院企合作共建校外生产性实训基地:构筑院企优势互补、互惠双赢的生产性实训基地建设模式;推进畜牧兽医专业人才培养模式的改革实践;推进专兼结合的畜牧兽医专业教学团队的建设。与崇州旺达饲料公司建立种猪繁育基地。以基地为主要支撑,进行院企共建畜牧兽医专业生产实训基地,学生按企业准员工管理,实施同步跟踪检查,学生在基地实习期间接受学校和企业的双重指导。

二、培养具备可持续发展能力的新型职业农民新思考:在培养新型职业农民的新定位下,农业高职教育必须在培养学生可持续发展能力方面加以思考。实现农民的职业化,培养更多高素质的家庭农场主、新型农业经营主体领办人和专业合作组织经纪人。1. 培养学生可持续发展能力的有效路径:加强引导宣传,树立终身学习;针对社会需求,完善人才培养方案仍然是高等教育的薄弱环节;改进教学方法,创新教学模式。根据职业活动内容、环境和过程改革人才培养模式,实施工学结合、理实结合;创设竞争性团队的实践活动。倡导合作讨论式和项目参与式的教学方法,教师授课时运用"问题导学法"与"课后作业探究法";建立平台体系,培养学生自主学习能力。多元考核评价方式。2. 培养高职学生可持续发展能力的教改方案:充分调研,准确定位,确立培养目标。明确畜牧兽医专业实际工作能力;立足生产,面向未来,构建课程体系。依据职业成长及认知规律递进重构行动领域将其转换为课程,再将四部分课程模块构成课程体系。确立 6 门专业核心课程;注重能力,校企合作,改革教学模式。以能力为本位,以应知岗位需要为准绳,突出教学的针对性与实用性,将素质教育贯穿人才培养全过程。按照"教师互兼互聘,教学资源共享,学生共同培养"思路构建"校企合作,双元互动"的工学结合人才培养模式;能力递进,人才共育,提高学习能力。实施"三段育人,逐步推进,校企互动,工学交替"人才培养。以容易操作的小动物生产性课程(如养禽与禽病防治)改革为重点,围绕"校企合作,双元互动"工学结合人才培养模式深化改革。

三、开发共享型课程资源库促进高职教育教学改革:通过共享资源平台,联合行业专家、企业能手三方共建共享具有四川特色,以专业库、岗位库、培训库、课程库和素材库为框架,"五库架构"的集成式、交互式、共享型畜牧兽医专业教学资源库。构建以职业岗位为导向的课程体系,共同制定专业课程资源库统一课程标准、教学内容、核心技能、学习评价等教学资源的建设标准。包括核心课程、通适课程、企业专门化课程,形成"普适 + 个性"和"精品化、多样化、共享化"教学资源特色。形成共计 22 门课程的课程标准、实践指导、授课计划、教案、电子课件、试题库、考核评价标准、图片、视频、动画等基本教学资源和拓展教学资源。推进课程教学模式改革转向以"导"为主,有利于教师开展教学方法和教学手段的改革、提高教学效果。高职专业教学资源库建设分为国家级、省级和校级 3 个不同层面,通过 3 个层面的建设,逐步实现所有专业的优质数字教育资源全覆盖。

四、涉农专业中高职衔接的思考:1. 中高职衔接存在的主要问题有办学定位不清,培养目标不准。认同度不高。实力差距。家长普遍认为读职业学校没有读普教学校有出路。中高职脱节及人才培养缺乏针对性和有效性;课程设置脱节,职教优势缺乏。存在脱节、断层或重复现象。课程衔接缺乏统筹性,课程架构缺乏科学性;课程实施缺乏职业性;受高考制度制约,招生计划受限。2. 解决中高职衔接的主要对策。提高认识,整体谋划。加强与对口中职学校和职业高中的交流互动;统筹规划,健全课程衔接体系;加强指导,推进招生政策改革。积极探索"文化素质 + 职业技能"的考试评价办法。适当放宽招生比例。完善高职对接中职的自主招生制度、定向录取制度和保送制度,甚至推行注册制度,面向中职学校的毕业生开展高职预科教育。

五、高职专业教学资源库建设与实践:重点建设共享型畜牧兽医专业教学资源库,带动其他专业教学资源库建设。项目定位是校企共建共享型校本教学资源库。建设思路和目标:以"新需求、新标准、新平台"的"三新联动"为核心理念,依据专业定位、人才培养规格、职业能力以及适用人群等要素建立一套"普适 + 个性"的畜牧兽医专业教学资源库;专业教学资源库建设的标准;形成五层框架结构及相应开发规范,重点在于制订专业教学资源的开发标准。

六、基于现代学徒制的宠物养护与驯导专业人才培养模式:以校企合作为基础,学生拜师为核心。以"四川省宠物医师协会"下的各大宠物医院为依托。"两课堂,四阶段逐步提升的现代学徒制"人才培养模式,按照"学生→学徒→准员工→员工"四位一体的人才培养总体思路,实行四段式育人机制。第一阶段:组建师徒制小班;第二阶段:认知职业;第三阶段:假期时间实践,践行四个对接。在公司进行考核;第四阶段:深入践行 4 个对接。实施师徒工程。学生成为企业准员工。

七、提高动物解剖生理课程教学效果的教学改革实践:《动物解剖生理》是一门专业基础课。1. 调整课程内容、适应人才培育目标。调整课程教学模式、培养具有"实践型、应用型和创新型""三型"人才;制定课程考核标准,实施"3—3—3"课程考核评价体系。2. 强化课程建设、丰富教学资源。补充完善传统教学资源、激发学生的学习兴趣;开发网络教学资源,积累优质课程教学资源,积累大量优质网络教学资源。3. 深化课程教学改革、提高教学质量。充分利用优质教学资源、全面实施课程教学改革;转变课程教学模式、提升教学质量:"理实一体化"情境式教学法、比较教学法、混合教学法。

### 3.3.2 园林、园艺类专业研究文献汇总分析

表3—5 "都市农业职业教育"园林园艺类专业研究文献主要论述和观点摘录
(按发表时间排序)

| 序号 | 篇名 | 作者单位 | 年.期 | 被引频次 | 涉及方面 | 主要论述和观点摘录 |
|---|---|---|---|---|---|---|
| 1. | 园艺生物技术实训基地建设的实践与思考 | 苏州农业职业技术学院 | 2008.26 | 2 | 园艺生物技术专业教育教学 | 结合我院专业发展特点,坚持以服务为宗旨、以就业为导向的办学指导思想,建成集学生实习实训、下岗职工再就业和农村劳动力转移培训、教师科学研究、技术试验示范、成果孵化推广多功能为一体的园艺生物技术专业高职教育实训基地。<br>加大投资力量,搭建科学的实训基地;利用基地,提高园艺生物技术应用与教学水平;利用基地,加强对外培训和技能鉴定;利用基地,加强校企合作,更好地为地方经济服务;基地注重对外开放和共享。<br>基地的主要功能有技能实训功能、科研及项目载体功能和农业科技展示及推广服务功能。突出与地方经济社会发展的结合,扎根农村,搭建为"三农"服务的平台;基地的产业目标是建成一个园艺企业的孵化器;紧紧围绕园艺特色,紧扣产学研一体化,从种质资源收集、新品种选育、组培扩繁、基地示范、公司化推广等环节入手,推进链式开发,走特色创新之路。实现专业知识、专业技能和职业情感的"三位一体"。以短期培训、单项培训、项目培训等各种方式,培养具有园艺生物技术技能的专业人才。<br>"励志耕耘、树木树人"的发展战略和"省内一流,在全国有一定影响力,产学研紧密结合,有鲜明特色和突出优势的全省乃至全国示范性职业技术学院"的奋斗目标。 |

续表

| 序号 | 篇名 | 作者单位 | 年.期 | 被引频次 | 涉及方面 | 主要论述和观点摘录 |
|---|---|---|---|---|---|---|
| 2. | 高职园林技术专业"1+1+1"工学结合人才培养模式研究 | 苏州农业职业技术学院 | 2009.17 | 10 | 园林技术专业人才培养 | 以职业为导向,以能力为本位,以任务为载体。<br>按照园林技术专业职业核心能力(即园林设计能力、园林植物生产与养护能力、园林工程施工与组织管理能力)进行构思。<br>以"模块+任务驱动"的方式设置课程教学,"三段式"安排教学:专业认知学习、单项技能训练、综合技能训练。<br>实现质量管理的5个转变:在管理理念上,由监控向自控转变;在管理内容上,由各个单项管理向全面管理转变;在管理手段上,由主要依靠行政性教学检查向行政检查与专业性评估相结合转变;在管理方式上,由以过程管理为主向包括源头、过程和结果的全过程管理转变;在管理主体上,由学院自我管理为主向学院自我管理与社会管理相结合转变。主要途径:以职业能力为切入点,构建新的课程体系;以典型工作任务为载体,推进教学内容和方法的改革;挖掘各类优势资源,建立与企业生产对接的实训基地;以专业带头人为核心,培养一支"双师"结构的优质教学团队;以教学质量工程为抓手,建立"三方参与"的教学质量保障与监控体系。<br>"产学研合作平台"5大部分组成:一是以"教学+生产+科研"为结合点,构建相城科技园生产性实习基地;二是以承接对外设计项目为窗口,做特做强苏农园林景观设计中心;三是以园林施工项目为载体,与苏农园艺景观有限公司合作建立动态的园林教学工场;四是以校企合作"嘉汉冠名班"为突破口,组建一批合作紧密、双赢共管的校外实训基地;五是以苏州得天独厚的地域为优势,打造全国一流的"苏州园林综合实训基地及实践教学交流平台"。 |
| 3. | 园林工程技术专业工学结合模式的探索 | 成都农业科技职业学院 | 2011.07 | | 园林工程技术专业人才培养 | 工学结合模式是顺应社会需要和人才需求改变。<br>"工学结合、校企互动"人才培养模式。在校的理论学习、基本训练与在企业的实际工作经历有机结合起来的高素质高技能人才培养模式。共同建设园林专业标本实训场。<br>一、园林专业标本实训场建设的基本情况:园林工程技术专业师生共同顶岗实习全程亲自动手参与。第一,整个园林景观涵盖所有的园林要素;第二,体现在其实训功能上。<br>二、在高职教育"工学结合、校企互动"人才培养模式的实践过程中,找到适合自己发展的方式。<br>1. 园林工程技术专业学生的锻炼:找到专业学习与就业的结合点。<br>(1)通过生产实习的实际动手操作,所学专业知识的价值在实践中得以体现。<br>(2)自行发现问题,主动在实践中寻求解决的方案,弥补理论学习中的空缺与不足。 |

续表

| 序号 | 篇名 | 作者单位 | 年.期 | 被引频次 | 涉及方面 | 主要论述和观点摘录 |
|---|---|---|---|---|---|---|
| | | | | | | (3)加深了学生对本行业和社会的认识,增强了专业实践技能、综合素质和就业质量,为就业确立正确的切合实际的方向。<br>2. 高职院校青年教师的成长:主渠道、双通道合作提升教师专业素质,促进教学改革与科研和谐共进。<br>(1)专业教师的教学在项目建设中得以应用,找到理论教学与实践中的结合点,解决和补充专业理论课教学中的弱点与空缺。(2)以工作过程为导向,改革教学组织形式。<br>3. 高职院校与公司实现资源共享。形成了人才培养工作共同体"互惠、双赢"的产学合作模式。 |
| 4. | 高职"园艺技术实训"课程教学改革的思考 | 银川能源学院 | 2013.12 | | 园艺技术专业实训课程教改 | 应以市场需求为导向,加强师资实操技能的提升,结合企业需求提高校内基地的实训条件,运用现场示范教学,以项目为导向的技能效果考核办法,校企合作等形式,全面培养学生的实践应用操作能力。<br>《园艺技术实训》是一门集园艺设施、设施环境、果树学、蔬菜学、花卉学于一体的跨学科综合性实践性强的课程。<br>以市场为导向,全面培养学生的实际操作能力。明确目前市场所需的园艺技能和倾向。重点掌握市场上急需的技能,提升师资的实操技能。提高教学团队水平。专职教师每学期结束后都到企业锻炼不少于1个月,寒暑假下企锻炼不断地提升教师的实践操作水平和技能应用能力。请区内一线教授级知名的应用型专家在生产季节手把手教老师,提高校内基地的实训条件,培养市场需要人才。现场教学"讲解示范练习操作"模式,深化教学效果。<br>通过户外的现场教学模式,学生的实践操作技能得到提高,以项目为导向的技能效果考核办法,提升教学效果。校企合作,拓宽实训渠道,拓展实训项目的深度和广度。 |
| 5. | 园校融合共建高职园艺类专业实践教学体系 | 苏州农业职业技术学院 | 2013.33 | 1 | 园艺类专业教育教学 | 职业教育的高等化,使其功能从单一的为受教育者提供技能培训和训练转到职业技能训练和学历教育并举。<br>一、把握专业特点,探索工学结合新模式<br>1. 拓宽教学模式,促进工学结合<br>将原有的"2.5+0.5"教学模式改为"2+0.5+0.5"和"1+1.5+0.5",使理论教学与实践教学更加贴切,工学结合更加深入。在园艺技术、设施园艺、蔬菜等专业方向上,实行"2+0.5+0.5"的教学模式。在茶果方向上,采用"1+1.5+0.5"的模式。<br>2. 多方式融合,搭建教学—训练—生产—就业模式<br>园艺专业坚持"产教结合、工学结合","职业资格证书和专业课程相融合、专业教育与创业教育相融合"的"二结合、二融合"原则。建立了以苏州为中心的校外基地群,涉及校外企业近20个。成立江苏现代农业校企合作联盟,为教学—训练—生产—就业模式的更好应 |

| 序号 | 篇名 | 作者单位 | 年.期 | 被引频次 | 涉及方面 | 主要论述和观点摘录 |
|------|------|----------|-------|----------|----------|-------------------|
| | | | | | | 用提供了更加广阔的平台。<br>二、完善实践教学体系<br>1. 构建"12345"课程体系<br>构建以职业技能培养为主的"一条主线";理论与技能培养并重的"二元结构"模式;单项训练、综合训练与职业技能考证三种方式;基本能力、专业能力、职业能力和创业能力培养的四大能力培养及由基础及专业必修课平台、选修课平台、实践性教学平台、创业教育平台和其他教学环节组成的五大课程平台。<br>2. 实施四层次五步式实践教学模式<br>即通过基础认知、单项训练、专业实训、仿真训练、顶岗实习五项培养,促进学生基本技能、专业技能、职业技能和创业技能四大能力培养。<br>三、加强实践教学改革,提高学生职业能力培养效果<br>1. 注重开放性实践教学<br>全面实施以学生为主体、以学生自主学习和训练为主、开放型的实践训练新体系。实践教学坚持课内、课外结合;室内、室外结合;校内、校外结合原则。突出职业性、应用性、实践性。<br>2. 强化实践教学内容模块化<br>实、用、新、宽。建立模块化实践教学模式,将每项学生应掌握的能力分成四个模块,即园艺产品生产技术、园艺产品繁育技术、园艺产品产后与营销技术、园艺产品装饰技术,每项能力由多个技能构成。实现基本能力、专业能力和职业能力及创业能力的综合提高。<br>3. 实践教学途径多样化<br>通过"基础训练与专业训练相结合""单一训练和综合训练相结合""常规训练和创造性训练相结合"的方法,突出职业性、应用性、实践性。<br>4. 体现实践环节真实化<br>5. 实现教学过程灵活化<br>6. 优化毕业实习模式<br>7. 推进学生创业能力培养。并设置创业课程学分。<br>四、优化实践教学资源,构建产学结合、工学结合平台<br>1. 以校内外基地为平台,搭建"校中园"和"园中校"。<br>2. 提升功能,实现基地"六园一体"。建立集学生生产性实习园、职业技能培训和鉴定园、学生创业园、科研开发园、技术推广园和生产经营园为一体的人才培养模式创新实验基地。<br>五、完善实践能力评价体系引入企业和社会评价机制 |
| 6. | 中高职分段培养园林技术专业衔接 | 苏州农业职业技术学院 | 2014.21 | 2 | 园林技术专业教育教学 | 搭建中高职衔接课程的"绿色通道",对接产业,开放办学,统一制订课程标准与评价体系。构建"一体化"中高职衔接课程体系,以就业为导向,构建专业核心课程模块;以能力为本位,构建"一体化"结构;基于中高职人才培养规格不同,合理分配课时量。 |

续表

| 序号 | 篇名 | 作者单位 | 年.期 | 被引频次 | 涉及方面 | 主要论述和观点摘录 |
|------|------|----------|-------|----------|----------|-------------------|
| | 课程"一体化"设计 | | | | | 中高职"3+3"分段培养园林技术专业为例。尝试探索和建立"多元评价、自主招生"的考试制度,以开放式学分制为特点,共同探索中高职"课程有机链接""转段标准",为中、高职人才培养实现无缝对接探索出一套新的思路与做法。集团化办学机制、年度弹性学分制。<br>采用表现性目标表达方法,即用学生所能表现出的实际行为来表述课程目标。任务的驱动和情景的设计使学生在学习方法上有了更加灵活的选择,采用"基本能力+专业能力+关键能力"综合考核体系,核心课程模块的设置应紧紧围绕"三大核心能力":"园林植物生产与养护能力"重在中职培养,"园林设计能力"重在高职培养,而"园林工程施工与组织管理能力"培养是两个层次的能力对接。<br>"四大平台",即公共基础课平台、职业基础课平台、职业核心技术课平台、专业拓展课平台。 |
| 7. | 园林工程技术专业课程实践教学培养模式例析 | 成都农业科技职业学院 | 2015.09 | | 园林工程技术专业教育教学 | 形成具有特色的高职高专应用型人才培养模式——课程实践教学培养模式。把课堂搬出教室,移到现场。<br>课程体系构建:确立能力本位与素质教育的理念。在知识、能力和素质三维空间内,按课程功能(基础课、专业课)、课程形式(选修课、必修课)与课程性质(理论课、实践课)构建课程体系。体现以职业素质为核心的全面素质教育培养。实践课程体系突出符合技术应用型人才的培养规律。课程内容体现先进性、实用性与综合性,让新技术、新工艺与新方法走进教材、走进课堂。<br>项目提出:增开园林专业选修课——校园景观绿化维护。增开园林专业选修课园林景观绿化维护建设等课程实践教学。时间为一学年。(1)本着"理论教学以必要、够用为度,突出实践教学,强调动手操作能力培养"的原则。(2)根据行业岗位的实际需要,理清岗位技能,建立专业实践技能教学体系,并把技能分解在课程教学中。(3)加强职业实践体系。<br>课程设置。专业选修课程:(1)学生以班级为单位,每班学生分为4个小组。实行组长负责制。强化管理,进行护管花木,并将聘请有实际工作经验的人员担任技术指导。(2)建筑园林分院安排校园绿化景观维护的指导教师,根据班级实际情况进行分工。<br>课程教学项目建设成效显著。根据专业特点积极推进教学方法的改革,在课程实践教学中广泛运用现场教学、观摩教学、演示教学等感性教学方法。增强学生的能力,全面提高学生的综合素质。 |
| 8. | "双线四段筑园塑人"人才培养 | 苏州农业职业技术学院园林工程学院 | 2015.17 | 1 | 园林技术专业教育教学 | 以岗位能力和执业证书的获取作为衡量和评价学生的重要标准。强调学生职业行动能力——专业能力、方法能力和社会能力的综合培养。岗位工作活动过程,以岗位能力分析为依据,以岗位工作任务为载体,通过教学过程分析,完成素质、能力、知识的解构与重构设计。 |

续表

| 序号 | 篇名 | 作者单位 | 年.期 | 被引频次 | 涉及方面 | 主要论述和观点摘录 |
|---|---|---|---|---|---|---|
| | 模式的创新与实践 | | | | | "双线"是指园林类专业人才培养过程中,"文化育人"和"技术育人"双线并举,素质教育和专业教育融为一体。"四段"("1+1+0.5+0.5")是指:第一阶段借鉴苏州园林,传承"文化筑园";第二阶段借助计算机"虚拟筑园",强化单项技能训练;第三阶段校内实训工场"仿真筑园",突出综合专业技能培养;第四阶段顶岗实习,师生全程参与联盟企业真实项目进行"实战筑园",培养岗位职业能力和创业能力。<br>教学组织教学模式:合作式教学模式。关键词:思考、交流、分享。激发、练习、责任、团队。合作式教学组织。2008"以服务赢得信任、以信任开展合作、以合作实现共赢"的办学理念。<br>组建"江苏现代农业校企(园区)合作联盟",构建了"专业共建、人才共育、过程共管、成果共享、责任共担"的紧密型合作办学体制机制。<br>"筑园塑人"模式成为"现代学徒制"的教学典范。 |
| 9. | 高职园艺专业"六园一体技艺三进"式人才培养模式的构建与实践——以苏州农业职业技术学院园艺专业为例 | 苏州农业职业技术学院 | 2017.05 | | 园艺专业人才培养 | 以"六园一体技艺三进"为核心的技能实践的推进,提高了学生知识结构、能力结构和职业综合素质整体。<br>1"六园三进"式人才培养目标的确定及人才培养模式改革<br>1.1人才目标的确定:面向生产、建设、服务和管理第一线需要的园艺技术高素质高技能人才。<br>1.2构建人才培养模式的原则:坚持学校主体、政府主导、行业指导、企业参与的办学机制。构建以"六园一体,技艺三进"为主要内容的人才培养模式。将园艺行业与岗位人才职业资格标准融入教学内容,真正做到做中学、学中做,融教、学、做为一体。<br>1.3人才培养模式改革:校企全方位结合,实行产学教结合,职业资格证书和专业课程相融合、专业教育与创业教育相融合的二结合、二融合。<br>"六园三进"模式:前一学年重点在校内外基地进行相关实训;第二学年专业技能技训;第三学年,进入企业,全面顶岗实习和毕业实习。<br>2"六园三进式"培养模式下实训基地的建设及教师队伍建设<br>校外实训基地基本能够满足学生的技艺三进中的第二进和第三进技能实践的需要。<br>3"六园三进式"人才培养模式的实施<br>3.1"六园一体"的教学资源融合:与相关企业通过科技结对服务,合作技术研发和科技成果共享,以及基础设施共同投入等途径,构建校外产学研合作基地。将校内实训基地建设成为集生产性实训、职业技能培训、生产经营、学生创业、科研开发和技术推广为一体(六园一体)的人才培养模式创新实验基地。 |

| 序号 | 篇名 | 作者单位 | 年.期 | 被引频次 | 涉及方面 | 主要论述和观点摘录 |
|---|---|---|---|---|---|---|
| | | | | | | 3.2技艺三进式培养方式的推进:依托"六园一体"的实验基地,集产学研为一体,建立"技艺三进"教学模式,突出学生职业能力的培养、职业素质的训导和创新能力的锻炼。分成三个技能阶段进行实践。第一阶段:入学第一年专业基础实训;第二阶段:入学的第二年模拟生产实习。融"教,学,做"于一体,实施校企合一、产教一体、工学结合的人才培养模式;第三阶段:入学三年级进行顶岗实习和毕业实习。 |

以上9篇有关园林园艺类专业研究文献中,苏州农业职业技术学院有6篇,成都农业科技职业学院有2篇。苏州农业职业技术学院和成都农业科技职业学院是园林园艺类专业教育教学改革和研究领域的主要活跃机构。苏州农业职业技术学院在园林园艺专业改革发展方面表现尤为突出。

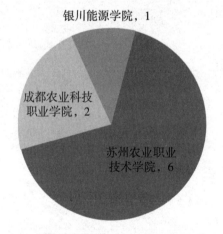

图3—5　有关"园林园艺类专业"研究文献的机构发文量分布

苏州农业职业技术学院在园林园艺专业方面的探索和实践主要有:

一、园艺生物技术实训基地建设的实践与思考:结合本专业发展特点,坚持以服务为宗旨、以就业为导向的办学指导思想,建成集学生实习实训、下岗职工再就业和农村劳动力转移培训、教师科学研究、技术试验示范、成果孵化推广多功能为一体的园艺生物技术专业高职教育实训基地。基地的主要功能有技能实训功能、科研及项目载体功能和农业科技展示及推广服务功能。紧紧围绕园艺特色,紧扣产学研一体化,推进链式开发,走特色创新之路。实现专业知识、专业技能和职业情感的"三位一体"。以短期培训、单项培训、项目培训等各种方式,培养具有园艺生物技术技能的专业人才。

二、"1+1+1"工学结合人才培养模式研究：以职业为导向，以能力为本位，以任务为载体。按照园林技术专业职业核心能力（即园林设计能力、园林植物生产与养护能力、园林工程施工与组织管理能力）进行构思。以"模块+任务驱动"的方式设置课程教学，"三段式"安排教学：专业认知学习、单项技能训练、综合技能训练。实现质量管理的5个转变。主要途径：以职业能力为切入点，构建新的课程体系；以典型工作任务为载体，推进教学内容和方法的改革；挖掘各类优势资源，建立与企业生产对接的实训基地，形成"产学研合作平台"；以专业带头人为核心，培养一支"双师"结构的优质教学团队；以教学质量工程为抓手，建立"三方参与"的教学质量保障与监控体系。

三、园校融合共建专业实践教学体系：1. 把握专业特点，探索工学结合新模式。拓宽教学模式，促进工学结合。教学模式改为"2+0.5+0.5"和"1+1.5+0.5"，工学结合更加深入；多方式融合，搭建教学—训练—生产—就业模式。坚持"二结合、二融合"原则。成立江苏现代农业校企合作联盟。2. 完善实践教学体系。构建"12345"课程体系；实施四层次五步式实践教学模式。3. 加强实践教学改革，提高学生职业能力培养效果。注重开放性实践教学；强化实践教学内容模块化；实践教学途径多样化；体现实践环节真实化；实现教学过程灵活化；优化毕业实习模式；推进学生创业能力培养。4. 优化实践教学资源，构建产学结合、工学结合平台。以校内外基地为平台，搭建"校中园"和"园中校"；提升功能，实现基地"六园一体"。

四、中高职分段培养衔接课程"一体化"设计：搭建中高职衔接课程的"绿色通道"，对接产业，开放办学，统一制订课程标准与评价体系。构建"一体化"中高职衔接课程体系，以就业为导向，构建专业核心课程模块；以能力为本位，构建"一体化"结构；基于中高职人才培养规格不同，合理分配课时量。中高职"3+3"分段培养为例，采用表现性目标表达方法表述课程目标；采用"基本能力+专业能力+关键能力"综合考核体系。

五、"双线四段、筑园塑人"人才培养模式：以岗位能力和执业证书的获取作为衡量和评价学生的重要标准。强调学生职业行动能力——专业能力、方法能力和社会能力的综合培养。岗位工作活动过程，以岗位能力分析为依据，以岗位工作任务为载体，通过教学过程分析，完成素质、能力、知识的解构与重构设计。"双线"是指园林类专业人才培养过程中，"文化育人"和"技术育人"双线并举，素质教育和专业教育融为一体。"四段"（"1+1+0.5+0.5"）是指：第一阶段借鉴苏州园林，传承"文化筑园"；第二阶段借助计算机"虚拟筑园"，强化单项技能训练；

第三阶段校内实训工场"仿真筑园",突出综合专业技能培养;第四阶段顶岗实习,师生全程参与联盟企业真实项目进行"实战筑园",培养岗位职业能力和创业能力。"筑园塑人"模式成为"现代学徒制"的教学典范。

六、"六园一体技艺三进"式人才培养模式:面向生产、建设、服务和管理第一线需要的园艺技术高素质高技能人才。坚持学校主体、政府主导、行业指导、企业参与的办学机制。构建以"六园一体,技艺三进"为主要内容的人才培养模式。将园艺行业与岗位人才职业资格标准融入教学内容。校企全方位结合,实行产学教结合,职业资格证书和专业课程相融合、专业教育与创业教育相融合的二结合、二融合。"六园三进"模式:前一学年重点在校内外基地进行相关实训;第二学年专业技能技训;第三学年,进入企业,全面顶岗实习和毕业实习。校外实训基地基本能够满足学生的技艺三进中的第二进和第三进技能实践的需要。与相关企业通过科技结对服务、合作技术研发和科技成果共享构建校外产学研合作基地。将校内实训基地建设成为集生产性实训、职业技能培训、生产经营、学生创业、科研开发和技术推广为一体(六园一体)的人才培养模式创新实验基地。依托"六园一体"的实验基地,集产学研为一体,建立"技艺三进"教学模式,分成三个技能阶段进行实践。

成都农业科技职业学院:一、工学结合模式的探索:"工学结合、校企互动"人才培养模式,是在校的理论学习、基本训练与在企业的实际工作经历有机结合起来的高素质高技能人才培养模式。实例是师生共同顶岗实习全程亲自动手参与共同建设的园林专业标本实训场。找到适合自己发展的方式:找到专业学习与就业的结合点。高职院校与公司实现资源共享。形成了人才培养工作共同体"互惠、双赢"的产学合作模式。二、课程实践教学培养模式例析:课程体系构建:确立能力本位与素质教育的理念。在知识、能力和素质三维空间内,按课程功能(基础课、专业课)、课程形式(选修课、必修课)与课程性质(理论课、实践课)构建课程体系;项目提出:增开园林专业选修课——校园景观绿化维护;课程设置为专业选修课程:学生以班级为单位。强化管理。建筑园林分院安排校园绿化景观维护的指导教师。

银川能源学院:在高职"园艺技术实训"课程教学改革中提出:应以市场需求为导向,加强师资实操技能的提升,结合企业需求提高校内基地的实训条件,运用现场示范教学,以项目为导向的技能效果考核办法,校企合作等形式,全面培养学生的实践应用操作能力。

### 3.3.3 设施农业类专业研究文献汇总分析

表3—6 "都市农业职业教育"设施农业类专业研究文献主要论述和观点摘录

（按发表时间排序）

| 序号 | 篇名 | 作者单位 | 年.期 | 被引频次 | 涉及方面 | 主要论述和观点摘录 |
|---|---|---|---|---|---|---|
| 1. | 高等职业教育设施农业专业人才培养目标和培养模式的构建 | 辽宁熊岳农业高等专科学校 | 1999.07 | 5 | 设施农业技术专业人才培养 | 培养模式的构建:以技术应用能力为培养主线,为农业生产一线某种职业或岗位(群)培养具有成熟技术和较强实践能力的毕业后就能上岗作业的高级应用型人才。按专业应职岗位(群)的需要确定人才培养目标:培养德、智、体全面发展,适应社会主义现代化建设和市场经济发展需要,从事农业生产性建筑设计和施工、农业设施机械设备使用和维修,掌握设施农业生产技术的应用型高级农业技术人才。人才基本规格:成为设施农业产业项目的经营者、管理者和技术员工,具有政治、人文、体育、专业全面素质。建立以职业岗位(群)所需理论知识和技术技能为中心的课程体系:16种主要能力模块,又进一步分解出108个单项技能作为教学目标和内容,设置相应课程。以必须、够用和实用为原则,为实践教学服务的理论教学体系。强化动手能力培养,突出岗位就业技能训练的实践教学体系:实验教学、专业劳动、校内专业技能训练、岗位试就业训练、岗位就业实习、社会调查、社会实践活动。CBE(CompetencyBasedEdu-cation)理论,借鉴 DACUM(DevelopingACur-riculum)方法。 |
| 2. | 引入市场机制,构建高职设施农业专业校内实践教学新模式 | 辽宁农业职业技术学院 | 2003.04 | | 设施农业专业教育教学 | 能力培养是高等职业教育的核心,实践教学是培养学生能力必不可少的重要环节。以引入市场机制为核心,以校内实习基地为依托,以生产和科研项目为纽带,以培养学生综合职业能力和锻炼双师型师资队伍为目标,以提高办学质量和效益为导向,构建了与高职教育设施农业专业人才培养目标相适应的校内实践教学新模式。一、改革实践教学是实现高职设施农业专业人才培养目标的需要在农业和农村经济发展过程中,设施农业实现了农业增长方式由传统的粗放型、低效益向现代的集约型、高效益的跨越,产业链由产中向产前、产后延伸,形成了产加销、贸工农一体化的格局。学生中存在被动参加实践教学的心理,考试和考核成为学生参加实践教学活动的主要动力。应付实践教学、轻视技能训练、逃避实践课的现象普遍存在。二、校内实践教学新模式的构建分别采取了承包、入股、集资的模式,重新组合实践教学内容和过程,把实践教学项目化,将实践教学活动与基地生产、科研项目紧密结合起来。 |

续表

| 序号 | 篇名 | 作者单位 | 年.期 | 被引频次 | 涉及方面 | 主要论述和观点摘录 |
|------|------|----------|-------|----------|----------|---------------------|
| | | | | | | (一)承包经营模式:投资少、风险小的实习项目。<br>(二)股份合作模式:投资大、具有一定风险的实习项目。<br>(三)集资科研模式:具有可行性和社会应用前景。成立科研小组,自愿集资开展该项研究。<br>三、校内实践教学新模式实施的效果<br>(一)提高了学生的综合职业能力:有目标、有任务,促使学生主动学习专业知识和接受技能训练,由"技术性实践"转向"综合性实践"。<br>(二)促进了双师型师资队伍的建设。<br>(三)改善了校内实习基地的条件。充分利用实践教学和科学研究的人才、技术和资金三大优势。 |
| 3. | 高职设施农业技术专业实施工学结合、联合培养模式的实践探索 | 黑龙江农业工程职业学院 | 2008.02 | 8 | 设施农业技术专业人才培养 | 实施"3+2+1"模式,缩短学生上岗距离;采用项目教学法,提高学生专业实践能力;按照岗位需求,构建课程体系课程体系;实行"双证融通"制度,增强学生就业能力。构建以贯穿一条主线、促进两个融合、坚持三个结合、培养五项专业核心能力为目标,突出学生职业能力和职业素质的培养。<br>"3",即第一、二、三学期,学生在校内学习基础课和专业技术课,依托校内实习实训基地掌握专业基础理论和有关专业技能;"2",即第四、五学期学生全部进驻哈尔滨市农业科学院,一边继续完成4门专业课程的学习,一边进行生产性实习,直接参与生产活动;"1",即第六学期结合学生毕业实习和毕业设计,安排学生提前进入相关企业顶岗工作,增强就业能力,缩短上岗距离,提高专业综合能力。<br>一条主线——以专业实用技能和职业道德培养为主线;两个融合——理论教学融合到实践教学中、职业素质培养融合到教学活动中;三个结合——教学与生产相结合、教学与科研相结合、学校与企业相结合;五项专业核心能力——农业设施设计与建造能力,设施园艺作物栽培能力,农业设施经营与管理能力,农产品贮藏、保鲜及加工能力,自主创业能力。 |
| 4. | 构建以技术专业能力为本位的项目课程体系 | 黑龙江农业工程职业学院 | 2008.06 | 15 | 设施农业技术专业教育教学 | 以技术专业能力为本位项目课程体系。<br>以具体化的工作项目(行动化的学习项目)为载体,融知识、能力、素质为一体,融技能、态度和情感为一体。做到教学过程与工作过程的结合,学生心理过程与行动过程的一体,达到"教、学、做"合一。构建了能力本位的项目课程体系;以工作过程为导向,开发与设计项目式课程,实现课程结构模块化、课程内容综合化、课程实施一体化。<br>共同开发课程标准、教学课件、试题库、教学素材库等。建设设施农业技术专业教学资源库。<br>进行职业岗位能力分析,确定课程体系构建思路与步骤,CBE.DACUM职业岗位分析程序为指导分析职业岗位能力结构;项目课程体系构建步骤第一步:开展岗位 |

续表

| 序号 | 篇名 | 作者单位 | 年.期 | 被引频次 | 涉及方面 | 主要论述和观点摘录 |
|---|---|---|---|---|---|---|
| | | | | | | 需求和毕业生跟踪调研,确定了251个能力要素,23个能力项目,4个能力模块,即基本素质模块、基本能力模块、核心能力模块和拓展能力模块;以工作过程为导向,开发与设计项目式课程,即以植物的生产过程为导向开发设计课程;校企合作建设工学结合优质专业核心课程,实施主体、教学过程、教学场所三方面课程实施一体化;开发适用于项目式课程教学的一体化教材,确定主要能力项目,每个能力项目包含的若干知识点和技能点。<br>按照合作教育理论和建构主义教育理论、行动体系教学观和课程观,设计与"1221"能力递进式工学交替人才培养模式相适应的课程体系框架 |
| 5. | 设施农业技术专业基于工作过程导向的课程开发 | 黑龙江农业工程职业学院 | 2009.08 | 2 | 设施农业技术专业教育教学 | 形成"以职业能力为主线,以岗位需求为依据,以工作过程为导向"的课程开发理念,按社会需求确定教学目标,按岗位实际组织教学内容,按职业活动规划教学活动。<br>采用行动体系进行课程开发。行动体系的课程开发是以培养能力为主线,其内容编排则是一种"串行"结构。与哈尔滨市农科院实施"校农联合培养"的人才培养模式,开发基于工作过程导向的系统化课程。<br>一是设施工程技术方面、二是设施作物生产方面。结合作物生长周期特点进行课程开发与设计。应采用引导教学法、项目教学法、案例教学法、小组讨论法、实践操作法等多种教学方法,基于工作过程导向的课程标准、学习情境描述、学习情境实施方案、学习性工作任务单、任务训练单、考核标准、任务考核单、任务评价单等相关教学资源。<br>引进培养,专兼结合。首先,要提高专任教师的"双师"素质;其次,要提高兼职教师的教育教学水平,让他们参与课程建设、教材编写,与专职教师一起开展科学研究。 |
| 6. | 高职设施园艺课程实践教学改革探讨 | 汉中职业技术学院农林系 | 2012.14 | | 设施园艺课程教育教学 | 设施园艺是专业主干课程。是研究园艺作物设施生产的一门基础理论与应用技术相结合的学科。<br>1高职设施园艺课程实践教学的现状:实践教学环节主要包括实验、课程实习和毕业实习3个方面。实验大都是演示性和验证性实验,被动接受。<br>2高职设施园艺课程实践教学中存在的问题。2.1教学实习时间过于集中,与实际生产不相适宜。不符合当地作物生长规律。2.2实践教学的地点及单位联系困难。2.3实践教学师资队伍缺乏。<br>3改革实践教学的手段和方法3.1科学合理安排实践教学环节。3.2优化实践教学内容。加大实践教学环节,增加实训、实践的时间和内容。分设计型、综合性、创新性实训项目。教学实习内容优化为四大综合项目。3.3加强校内实验、实训教学和校外实习的指导和管理。选做5个实验,由专业教师指导整个过程,做好记载并且评定成绩。可通过口试、操作考试及实验论文等多种形 |

续表

| 序号 | 篇名 | 作者单位 | 年.期 | 被引频次 | 涉及方面 | 主要论述和观点摘录 |
|------|------|----------|-------|----------|----------|--------------------|
| | | | | | | 式来考评。校外实习考核可通过实习报告、现场操作、设计和答辩等形式进行。3.4 加强校内及校外实践教学基地建设。多渠道、多途径筹集实训设备资金，降低办学成本。鼓励校内外实训基地积极开展产学合作。大力推进产学结合、以产养学，多途径、多种方式的人才培养模式。3.5 加强实践教学师资队伍建设。给教师提供各种继续受教育的机会。改革人事分配和管理制度。挂职锻炼。聘请知名高校实践能力强、理论水平高的教授作为兼职教授。改革实践教学工作量的计算办法和酬金计算标准。大量聘请行业企业的专业人才和能工巧匠到学校担任兼职教师。学生参与教师科研或者从事毕业设计。3.6 健全实践教学考核体系。注重过程考核和综合能力测评。实行全程全面考核。 |
| 7. | 高职院校设施农业技术专业《设施园艺》教学改革探索 | 浙江同济科技职业学院 | 2013.10 | 3 | 设施农业技术专业教育教学 | 提出了优化课堂教学、完善实训基地建设、加强实践性教学环节，动员学生参与教师科研项目等改革措施。确定了"特色性、复合型、技能型"人才培养目标。在知识结构方面，使学生既懂农业水利、农业生产，又懂农业工程；在操作技能方面，使学生具备喷滴灌设计施工、园艺生产技术指导以及农业设施设计、管理维护与工程施工的能力。设施农业类的实训基地有其特殊性，主要表现为：(1)是集"教学实践、技能培训与示范"功能为一体的实训基地；(2)是集"耗损性、生产性与效益性"为一体的实训场所；(3)具有"季节性、周期性及动态变化"的生产特性。 |
| 8. | 设施农业生产技术"理实一体化"教学模式探索 | 宁夏回族自治区西吉县职业中学 | 2015.22 | | 设施农业专业教育教学 | 一、理实一体化教学模式的特点：教师在知识、技能、教学能力上的一体化。教学场所的一体化。二、理实一体化教学模式的优越性采取"教、学、做、考"四位一体化教学模式，具有以下优越性：(1)打破了传统的教学及评价模式，解决了分段教学模式中所存在的理论知识与实际操作技能在知识上不连贯、不衔接等问题；(2)能把抽象而枯燥的理论知识科学地、有效地转化到生动而有趣的实践过程中。三、理实一体化教学过程应把握的环节(一)开发理实一体化校本教材以任务为驱动，教材应围绕技能训练，注重实用性和可操作性，强调学生的实践技能、技巧的培训，理论知识应服从实践教学的需要。开发校本专业教材，合理结合当地实际情况和本校实训生产设施条件，合理安排教学过程的各个环节，做好课后评价。(二)教学方法与过程的设计(三)测评方法。①口试。②笔试。"理实一体化"教学的关键在于理论与实训穿插进行。(四)注重学生主观能动性的发挥 |

| 序号 | 篇名 | 作者单位 | 年.期 | 被引频次 | 涉及方面 | 主要论述和观点摘录 |
|---|---|---|---|---|---|---|
| 9. | 高等职业教育中设施园艺专业人才培养探讨 | 辽宁省抚顺师范高等专科学校 | 2016.02 | | 设施园艺专业人才培养 | 既需要学术层次很高的研究型人才,也需要知识面很广的应用型人才。<br>提出一种以实现学生"学以致用"为教研目标的"行业定向式"人才培养模式,以期能够在学生职业规划方向、院系课程设计以及用人单位人才需求3方面之间找到契合点。<br>1 设施园艺领域对人才的需求<br>设施园艺是利用植物温室等现代化农业设施进行高效园艺作物栽培的工程技术体系。人才可分为学术型人才、工程型人才、技术型人才和技能型人才4类。<br>2 "行业定向"式人才培养教育模式<br>极少有交叉专业或多专业教学的高等教育模式。在人才需求中,各企业和机构往往需要一些跨学科跨专业人才来处理多专业间的组织协同工作,尝试实行针对本行业的以提高学生实践能力的多专业混合教育模式。"定向"式人才培养教育模式,不同于以往的"订单式"或"学徒制"人才培养模式。"订单式"教育模式多为根据某一企业的人才需求为本专业学生"定制"教学课程,本专业学生毕业时面向该用人企业。更适合于人力需求相对较大且需求稳定的种植企业。"学徒制"培养模式更加注重学生对掌握"一技之长"的能力,使学生更加胜任某一专项工作。这种培养方式更加适合针对某些任职能力较强且人才稀缺的专项工作的人才培养。"定向式"人才培养模式更注重理论知识的宽泛讲授,由学生自主选择本行业内的职业方向,学生的实训是面向整个行业而非单一企业。深入学习和企业实训过程中提高某一方向的知识水平和职业能力。<br>3 职业方向与培养方案<br>3.1 改革教学模式:以必修课结合选修课的形式,在专业课程及职业技能课程方面灵活而渐进地安排教学计划。3.2 新行业认知课程。3.3 合理安排专业课程。让学生能够规划他的职业生涯。持续性和重复性特点。<br>3.4 第一学年教学目的:完成专业基础知识和专业专项技能训练的学习;3.5 第二学年教学目的:开设为期不少于1周的短期企业见习课程,实现专项技能到综合专业技能的能力的递升;3.6 第三学年教学目的:进行企业实习。3.7 学以致用,提高就业率。<br>4 企业与院校的交流:将其转为"学徒制"培养模式,可以重点培养。接触行业发展前沿资讯是企业与师生交流的主要组成部分。<br>5 理论与应用相结合:采取"理实一体化"教学方法可以将理论和实践有机结合起来。专业设置可以采用三阶段:一是基础和通用能力培养阶段。二是核心岗位专业能力培养阶段。实行项目驱动教学。学生实现"学中做""做中学"。三是顶岗实习阶段。<br>6 基于现代科技的学习手段与实践相结合:制作企业视频公开课。另一方面,教师可以将企业理念、技术新知 |

续表

| 序号 | 篇名 | 作者单位 | 年.期 | 被引频次 | 涉及方面 | 主要论述和观点摘录 |
|---|---|---|---|---|---|---|
| | | | | | | 和企业工作过程编入教材中。可以共建在线讨论组。利用校企合作,实现校企优势互补、资源共享、社会共同参与也一直在研究与实践中。与企业共同开发专业课程与教学资源,实施教、学、做一体的教学模式,将教学活动与生产过程紧密结合。 |
| 10. | 高职设施农业专业"双体系"教学模式的探索 | 辽宁农业职业技术学院 | 2016.06 | | 设施农业专业教育教学 | "双体系"教学模式以"课程体系"和"项目体系"并行融通为主要特征,以生产任务为载体,以培养学生综合职业能力为核心的新型职业教育教学模式。<br>一、"双体系"教学模式内涵与意义<br>是以"课程体系"和"项目体系"并行融通为主要特征,以学生综合职业能力培养为核心,利用课程和项目两种不同的学习形式,共同实现学生知识学习与职业能力培养的一种新型职业教育教学模式。"课程体系"由公共基础课程学习领域、专业课程学习领域、实训和实习领域和学习拓展领域四部分组成,它是以理论知识讲授、专业技能讲解和素质教育为主,着重于基础知识的学习和专业能力的培养;"项目体系"包括专业典型项目、专业技能项目、专业综合项目、专业创新项目和毕业论文五部分,它是以作品或产品为载体,以培养学生能力和方法为主,着重于培养学生的综合职业能力和社会能力。<br>课程体系与项目体系是并行融通、互为铺衬与促进的关系,课程学习是项目训练的基础,项目训练是课程学习的一个消化吸收和巩固的过程。课程体系设计思路是先基础后专业,项目体系设计思路是先简单后综合。<br>二、高职设施农业专业"双体系"教学模式的构建<br>课程体系与项目体系的有效融合,使学生掌握好专业知识,提高实践能力。<br>就业岗位分为温室设计与建造、设施园艺生产技术两个方向,根据学生目标岗位群设立课程和项目体系。<br>(一)构建专业课程体系<br>对传统的课程体系进行解构与重构,以培养职业能力和实践能力为核心。对接企业,融入行业。<br>1. 公共基础学习领域;2. 专业课程学习领域;3. 拓展课程领域;4. 实训实习领域。<br>(二)构建模块化项目体系<br>以培养学生岗位能力为核心,以企业实际生产任务为载体,构建模块化项目体系。<br>1. 设施农业专业典型项目;2. 设施农业专业技能项目;3. 设施农业专业综合项目;4. 设施农业专业创新项目;5. 设施农业毕业论文。<br>三、实施"双体系"教学模式的成效<br>(一)提高学生学习兴趣和主动性;(二)培养学生职业能力,提高学生综合素质;(三)提高专业教师教学能力,提升专业教师队伍整体素质;(四)促进专业课程改革,提升就业率。<br>极大提高了教学内容与职业岗位要求的契合度。 |

以上 10 篇有关设施农业类专业研究文献中,黑龙江农业工程职业学院有 3 篇,辽宁农业职业技术学院有 3 篇,其他单位共 4 篇。黑龙江农业工程职业学院和辽宁农业职业技术学院是设施农业类专业教育教学改革和研究领域的主要活跃机构,也反映了这两个机构在该专业改革发展方面的成果和力度。

**图 3—6　有关"设施农业类专业"研究文献的机构发文量分布**

黑龙江农业工程职业学院:一、在高职设施农业技术专业实施工学结合、联合培养模式的实践中实施"3 + 2 + 1"模式;采用项目教学法;按照岗位需求构建课程体系课程体系;实行"双证融通"制度。构建以贯穿一条主线、促进两个融合、坚持三个结合、培养五项专业核心能力为目标,突出学生职业能力和职业素质的培养。二、在构建以技术专业能力为本位的项目课程体系中以具体化的工作项目(行动化的学习项目)为载体,融知识、能力、素质为一体,融技能、态度和情感为一体。做到教学过程与工作过程的结合,学生心理过程与行动过程的一体,达到"教、学、做"合一。构建了能力本位的项目课程体系;以工作过程为导向,开发与设计项目式课程,实现课程结构模块化、课程内容综合化、课程实施一体化。

共同开发课程标准、教学课件、试题库、教学素材库等。建设设施农业技术专业教学资源库。

通过 CBE. DACUM 职业岗位分析程序进行职业岗位能力分析,确定课程体系构建思路与步骤。按照合作教育理论和建构主义教育理论、行动体系教学观和课程观,设计与"1221"能力递进式工学交替人才培养模式相适应的课程体系框架。三、在基于工作过程导向的课程开发中形成"以职业能力为主线,以岗位需求为依据,以工作过程为导向"的课程开发理念,按社会需求确定教学目标,按岗位实际组织教学内容,按职业活动规划教学活动。采用行动体系进行课程开发。行动体系的课程开发是以培养能力为主线,其内容编排则是一种"串行"结构。与哈尔滨市农科院实施"校农联合培养"的人才培养模式,开发基于工作过程导向的系统化课程。一是设施工程技术方面、二是设施作物生产方面。结合作物生长周期特点进行课程开发与设计。

辽宁农业职业技术学院:一、在引入市场机制构建校内实践教学新模式中形成了以引入市场机制为核心,以校内实习基地为依托,以生产和科研项目为纽带,以培养学生综合职业能力和锻炼双师型师资队伍为目标,以提高办学质量和效益为导向,构建了与高职教育设施农业专业人才培养目标相适应的校内实践教学新模式。分别采取了承包、入股、集资的模式,重新组合实践教学内容和过程,把实践教学项目化,将实践教学活动与基地生产、科研项目紧密结合起来。二、在"双体系"教学模式的探索上形成以"课程体系"和"项目体系"并行融通为主要特征,以生产任务为载体,以培养学生综合职业能力为核心的新型职业教育教学模式。"课程体系"着重于基础知识的学习和专业能力的培养;"项目体系"着重于培养学生的综合职业能力和社会能力。根据学生目标岗位群分为温室设计与建造、设施园艺生产技术两个方向,设立课程和项目体系。以培养学生岗位能力为核心,以企业实际生产任务为载体,构建模块化项目体系。极大提高了教学内容与职业岗位要求的契合度。三、在人才培养目标和培养模式的构建中提出按专业应职岗位(群)的需要确定人才培养目标,培养德、智、体全面发展,适应社会主义现代化建设和市场经济发展需要,从事农业生产性建筑设计和施工、农业设施机械设备使用和维修,掌握设施农业生产技术的应用型高级农业技术人才。建立以职业岗位(群)所需理论知识和技术技能为中心的课程体系:使用CBE-DACUM方法分解出16种主要能力模块,又进一步分解出108个单项技能作为教学目标和内容,设置相应课程。以必须、够用和实用为原则,设置为实践教学服务的理论教学体系。强化动手能力培养,突出岗位就业技能训练的实践教学体系。

辽宁省抚顺师范高等专科学校:在人才培养研究实践中提出一种以实现学生"学以致用"为教研目标的"行业定向式"人才培养模式,以期能够在学生职业规划方向、院系课程设计以及用人单位人才需求3方面之间找到契合点。"定向"式人才培养教育模式,不同于以往的"订单式"或"学徒制"人才培养模式。"订单式"教育模式多为根据某一企业的人才需求为本专业学生"定制"教学课程,使学生毕业时面向该用人企业。"学徒制"培养模式更加注重学生掌握"一技之长"的能力,使学生更加胜任某一专项工作。"定向式"人才培养模式更注重理论知识的宽泛讲授,由学生自主选择本行业内的职业方向,学生的实训是面向整个行业而非单一企业。

汉中职业技术学院农林系:在设施园艺课程实践教学改革中提出设施园艺是专业主干课程,要科学合理安排实践教学环节;优化实践教学内容。加大实践教学环节,增加实训、实践的时间和内容。分设计型、综合性、创新性实训项目;加强校内实验、实训教学和校外实习的指导和管理;加强校内及校外实践教学基地建设。鼓励校内外实训基地积极开展产学合作;加强实践教学师资队伍建设。给教师提供各种继续受教育的机会;健全实践教学考核体系。注重过程考核和综合能力测评。

宁夏回族自治区西吉县职业中学:在设施农业生产技术"理实一体化"教学模式探索中提出理实一体化教学应开发理实一体化校本教材;做好教学方法与过程的设计;测评方法设计;要注重学生主观能动性的发挥。

浙江同济科技职业学院:在《设施园艺》教学改革探索中提出要优化课堂教学、完善实训基地建设、加强实践性教学环节、动员学生参与教师科研项目等改革措施。在知识结构方面,使学生既懂农业水利、农业生产,又懂农业工程;在操作技能方面,使学生具备喷滴灌设计施工、园艺生产技术指导以及农业设施设计、管理维护与工程施工的能力。

### 3.3.4 机电类专业研究文献汇总分析

表3—7 "都市农业职业教育"机电类专业研究文献主要论述和观点摘录
(按发表时间排序)

| 序号 | 篇名 | 作者单位 | 年. 期 | 被引频次 | 涉及方面 | 主要论述和观点摘录 |
|---|---|---|---|---|---|---|
| 1. | 南通农机职业教育的思考 | 南通农业职业技术学院 | 2013.02 | 1 | 农机专业教育教学 | 农业机械化发展方式必须由数量增长型向质量效益型、创新驱动型转变。农业的根本出路在于机械化,农业机械化的根本出路在于科技进步。<br>现状:师资力量较弱,教师队伍断层。资金投入缺乏,教学设施陈旧。办学方式单一,创新力度不够。一是教师教学方式陈旧;二是办学方式单一。<br>以分析知识本位、能力本位和素质本位等世界主流职业教育理论为基础。埃塞:影响农业职业技术教育质量的主要因素有质量意识不强、宏观质量管理体系脆弱、职业学校缺少质量管理。加拿大:以培养学生能力为本的职业教育理念,重视学生"态度"培养的教育导向。实践教学中存在的教学方法简单、手段单一、设备老化陈旧等影响学生综合能力锻炼。绿证培训是加拿大最具特色的农业职业教育形式。加拿大发达的农业得益于完善的农业职业教育。加拿大的高等农业职业教育颇有特色,尤其是以行业需求为核心的课程开发体系,以培养学生能力为本的职业教育理念。<br>4 南通农机职教发展思路。培育生产一线培养技能型、应用型人才。 |

续表

| 序号 | 篇名 | 作者单位 | 年.期 | 被引频次 | 涉及方面 | 主要论述和观点摘录 |
|---|---|---|---|---|---|---|
| 2. | 农业高职机电类专业实施"双证书"制度探索——以苏州农业职业技术学院为例 | 苏州农业职业技术学院 | 2013.35 | 3 | 机电类专业教育教学 | 积极推进专业认知教育;优化人才培养方案;深化课程与教学改革;加快"双师型"教师培养;加强校内外实训基地建设。<br>将"双证书"制度纳入教学计划中;借鉴国家职业资格标准设置专业课程,确定专业课程体系。课程开发主要是围绕典型产品加工案例展开,实施"订单式"培养,学生学习与实习轮替进行。把实践操作能力作为考核教师企业锻炼的重要指标,从"知识型"向"技能型"转变。创新农业高职集团化办学体制机制,合作组建省级政行校企合作平台,开展"五位一体"的产学合作。 |
| 3. | 创新实践模式推行现代学徒制——以北京农业职业学院汽车检测与维修技术专业为例 | 北京农业职业学院 | 2016.06 | | 汽车检测与维修技术专业人才培养 | 大众4S店机电技工岗位职业标准。采用"双师多徒、双师一徒"的师带徒形式。<br>1.根据人才培养方案,确定岗位学徒教学方案;2.根据企业生产特点,细化岗位学徒管理;3.共建师资队伍,实行双导师培养制;4.校企双方对学徒共同进行过程考核;5.采用学分制,进行学徒制教学管理。<br>第二学年,以学校育人为主,8个学习领域中的专业(初级)基本知识和基本技能,第一学年,以学校育人为主,文化基础知识,计算机技能,第三学年,校企联合培养,第四学年,校企联合培养,第五学年,以企业岗位学徒为主,结合学生学习兴趣,通过企业和学生双向选择。<br>2014年国务院发布《关于加快发展现代职业教育的决定》提出,要开展校企联合招生、联合培养的现代学徒制试点。<br>以校企合作为基础,以学生(学徒)的培养为核心,以课程为纽带,以学校、企业的深度参与和教师、师傅的深入指导为支撑。 |
| 4. | 对"理实一体化"教学的探索与实践——以北京农业职业学院液压与气动技术课程为例 | 北京农业职业学院 | 2016.12 | | 液压与气动技术教育教学 | 以项目为驱动、以任务为载体的"理实一体化"教学方式。进行工作过程导向的课程改革,实现了"教学一体化""场地一体化""教材一体化""教师一体化"。<br>改革课程目标;改革课程内容;改革课程教学方法及手段;改革课程考核方法;教师的自我提高。<br>理论以必需、够用为原则。采用符合职业教育特点的项目教学法。以教师为主导、学生为中心的"理实一体化"的新型教学模式。过程考核,检验学生的动手能力为主;做好课堂教学设计,提高讲课艺术,教师应转变教学观念和教学方式;教师自身的业务水平需提高。<br>采用能力本位的课程教学模式:上课—情境(案例)—任务—问题—示范模仿—任务完成—知识归纳—功能扩充—独立完成—知识归纳—新任务对能力反复训练(提高要求)—知识总结—作业—下课。<br>职业教育的目标综合实战能力。"以服务为宗旨,以就 |

续表

| 序号 | 篇名 | 作者单位 | 年.期 | 被引频次 | 涉及方面 | 主要论述和观点摘录 |
|---|---|---|---|---|---|---|
| | | | | | | 业为导向,以能力为本位"的办学指导思想。项目教学法的六步骤:资讯(即教师的讲解)、决策、计划、实施、检查、评价。 |
| 5. | 数控加工实训项目的特色化研究与实践 | 北京农业职业学院机电工程学院 | 2017.05 | | 都市农业装备技术教育教学 | 二、课程分析<br>(一)课程性质:必修课程,是该专业四大专业核心课程之一。属于重点建设精品课程。<br>(二)教学内容及培养目标<br>主要培养和训练学生综合应用普通机械加工、数控铣削、数控车削、装配钳工和质量检测技术等专业知识及技能解决与产品生产相关问题的能力。<br>三、实训项目的特色化研究<br>(一)教学项目的特色化理念。项目教学法是师生通过共同实施一个完整的项目工作而进行的教学活动,是"行为导向"教学法的一种,原则上要求项目教学结束后有一件较完整的作品。北京农业职业学院是一所以园艺、畜牧兽医为主要特色的综合型高职院校,研究和打造具有现代农业装备特色的数控加工实训项目,符合其办学背景和风格。<br>(二)结合数控技能竞赛命题改革的思考。<br>(三)结合本课程的设计思路。打造"都市农业装备技术"专业群的办学理念。培养学生的综合技能、创新意识和团队合作等能力。<br>四、实训项目的特色化实践<br>(一)项目总体设计:模型需要进行简化处理。<br>(二)项目内容及适应性分析:该项目内容专业综合性较强。在基于工作过程系统化的行动导向理论指导下,整合、序化学习过程,将项目内容与学习难度、学习环境有机联系,并将理论传授、教师示范、学生实践和现场指导等教学手段融为一体。<br>(三)项目实践:以"学生活动"为中心来安排学习内容,充分体现"边做边学""团队学习""实用性学习"等原则,打破传统的学科教学模式,基于工作过程进行项目教学。学生以小组为单位,通过任务分工和团队合作,阶段性地安排相关模块的项目任务,以质量要求为核心。<br>以综合产品加工为载体的课程教学和项目设计,将是数控加工实训类课程进行教学改革和特色化创新的发展趋势。该课程的项目建设和实践工作,对于进一步提高实践教学的趣味性,加强学生动手能力的培养,更好地开展课程改革和教材建设等具有重要的推动作用。 |

在以上 5 篇有关机电类专业研究文献中,北京农业职业学院有 3 篇,苏州农业职业技术学院有 1 篇,南通农业职业技术学院有 1 篇。

北京农业职业学院：一、在汽修专业创新实践模式推行现代学徒制中提出按照大众4S店机电技工岗位职业标准，采用"双师多徒、双师一徒"的师带徒形式培养人才。以校企合作为基础，以学生（学徒）的培养为核心，以课程为纽带，以学校、企业的深度参与和教师、师傅的深入指导为支撑。第一、二学年，以学校育人为主，第三、四学年，校企联合培养，第五学年，以企业岗位学徒为主，结合学生学习兴趣，通过企业和学生双向选择。二、在对液压与气动技术课程"理实一体化"教学的探索与实践提出以项目为驱动、以任务为载体的"理实一体化"教学方式。进行工作过程导向的课程改革，实现了"教学一体化""场地一体化""教材一体化""教师一体化"。改革课程目标；改革课程内容；改革课程教学方法及手段；改革课程考核方法；教师的自我提高。采用能力本位的课程教学模式：上课—情境（案例）—任务—问题—示范模仿—任务完成—知识归纳—功能扩充—独立完成—知识归纳—新任务对能力反复训练（提高要求）—知识总结—作业—下课。三、在数控加工实训项目的特色化研究与实践中指出该门必修课程是该专业四大专业核心课程之一。属于重点建设精品课程。在特色化方面要明确教学项目的特色化理念，即研究和打造具有现代农业装备特色的数控加工实训项目；结合数控技能竞赛命题改革和本课程的设计思路，打造"都市农业装备技术"专业群的办学理念。培养学生的综合技能、创新意识和团队合作等能力。项目实践以"学生活动"为中心来安排学习内容，充分体现"边做边学""团队学习""实用性学习"等原则。

苏州农业职业技术学院：在实施"双证书"制度探索中提出要积极推进专业认知教育；优化人才培养方案；深化课程与教学改革；加快"双师型"教师培养；加强校内外实训基地建设。要借鉴国家职业资格标准设置专业课程，确定专业课程体系。课程开发主要是围绕典型产品加工案例展开，实施"订单式"培养。把实践操作能力作为考核教师企业锻炼的重要指标，从"知识型"向"技能型"转变。创新农业高职集团化办学体制机制，合作组建省级政行校企合作平台，开展"五位一体"的产学合作。

南通农业职业技术学院：针对南通农机职业教育提出了农业机械化发展方式必须由数量增长型向质量效益型、创新驱动型转变。借鉴加拿大以培养学生能力为本的职业教育理念以及以行业需求为核心的课程开发体系，培育生产一线培养技能型、应用型人才。

### 3.3.5 食品及生物类专业研究文献汇总分析

表3—8 "都市农业职业教育"食品及生物类专业研究文献主要论述和观点摘录
（按发表时间排序）

| 序号 | 篇名 | 作者单位 | 年.期 | 被引频次 | 涉及方面 | 主要论述和观点摘录 |
|---|---|---|---|---|---|---|
| 1. | 高职焙烤专业创业教育的探索与思考 | 苏州农业职业技术学院 | 2010.10 | 4 | 焙烤专业教育教学 | 修改培养方案、调整课程设置、改革教学方法、加强实践环节、访谈成功人士等方面总结了创业教育的实践探索。<br>修改培养方案，确定人才培养目标；调整课程设置，优化人才知识结构；改革教学方法，培养创业创新思维；加强实践环节，提高综合创业能力；访谈成功人士，不断增强创业信心。<br>"2＋0.5＋0.5"模式<br>以"必需、够用"为原则设置创业课程；采取开放式、互动式、研讨式、案例式及动手式等教学方法。<br>创建创业教育师资团队；完善保障措施。 |
| 2. | "寓学寓工校企共育"创新人才培养模式的研究与实践——以苏州农业职业技术学院食品专业为例 | 苏州农业职业技术学院 | 2013.19 | | 食品专业人才培养 | 基于校企合作机制。"园中校"建设，实施"1＋1＋1"三段式人才培养新方案。<br>学院组建校企合作联盟。共建"园中校"，共同制定专业人才培养方案，共同管理教育教学过程与人才质量考核评价。 |
| 3. | 高职院校专业教学团队建设的实践与成效——以苏州农业职业技术学院生物技术及应用专业为例 | 苏州农业职业技术学院 | 2014.07 | | 生物技术及应用专业人才培养 | 专业教学团队建设的质量与水准是衡量各校内涵建设的重要指标，已经成为主管部门评价办学核心竞争力的主要参数。<br>以教学团队建设为载体，提高双师型教师比例，夯实实践实训基地条件，加强实践性，增强服务区域经济建设的能力，才能赢得发展空间<br>一、院级重点专业教学团队的现状<br>院级重点专业——生物技术及应用专业教学团队组建于2009年，2011年被学院遴选为院级重点专业教学团队。团队现有专兼职教师共19人，生师比达11：1。<br>二、院级重点专业教学团队的建设基础<br>1. 紧扣"2＋0.5＋0.5"人才培养模式，大力建设紧密型校企联盟专业教学团队。差别化开发不同教学方案，实时满足生产需求，构建了紧密型的校企联盟教学团队。<br>2. 加强团队成员的实践能力培养，着力建设双师素质 |

| 序号 | 篇名 | 作者单位 | 年.期 | 被引频次 | 涉及方面 | 主要论述和观点摘录 |
|---|---|---|---|---|---|---|
| | | | | | | 专业教学团队。<br>3. 提高团队成员专业面,建设宽口径强技能专业教学团队。<br>三、院级重点专业教学团队的运行机制<br>专业带头人主持本专业的团队建设。<br>1. 以能力培养为本,团内分工合作。根据本专业工作岗位分解表,组建以课程为单位的若干组,每个小组至少配备1名企业兼职教师。<br>2. 以技术技能型人才培养为目标,团内教师责任明确。团队实行教学改革项目管理,明确团内教师责任。<br>3. 以量化考评为依据,构建团队建设管理体系。建立了以量化考评为依据的建设管理体系。实行项目管理,带头人负责量化考评。<br>四、院级重点专业教学团队建设的成效。1. 师资队伍建设;2. 科研项目;3. 课程与教材建设:积极承担校级精品课程。考核方式改变为"理论考核+实践考核+综合实训考核+职业技能证书考核+顶岗实习考核"。<br>4. 实习实训基地建设。校内实训场所14个。实验(训)平台5个。<br>5. 社会服务<br>五、院级重点专业教学团队建设的启示。1. 科学制定建设项目;2. 科学制定建设规划:(1)专业带头人培养;(2)双师型兼职教师队伍建设。该专业技术技能类课程50%由双师型兼职教师完成,学生的实践技能培养得到保证;(3)高素质、高技能、创新性人才培养。 |
| 4. | 高职院校实践课程量化考核体系研究——以苏州农业职业技术学院食品烘焙技术课程为例 | 苏州农业职业技术学院 | 2014.13 | | 食品烘焙技术专业教育教学 | 改革食品烘焙技术课程实践教学环节考核方式,将实践要求、能力定位、工艺素养评估和操作技能有机结合。<br>江苏现代农业校企(园区)合作联盟建设的部分内容。在"校中园"单位——苏州都好食品有限责任公司实践基地完成。<br>食品科学系推行的"1+1+1"课程教学模式。以单一产品制作和实践报告方式进行考核,无法真实反映学生的综合实践能力。以烘焙企业实际能力要求为前提,对食品烘焙技术实践考核体系进行了量化考核改革研究。<br>1 以能力为本位,以课程为载体,构建实践课程考核体系。确立以能力为本位,以课程为载体的原则,注重量化考核。<br>2 食品烘焙技术实践课程量化考核体系的建立。根据单一产品制作对学生进行考核,缺乏系统性,主观性、随意性强,无量化依据。核心在于以实践考核为主体,考核项目由工艺素养评价和工艺考核两部分构成。2.1工艺素养评价,占比40%。平时考核为了培养和操作规范。从产品制作标准度、品项、食品安全、卫生清洁、实践意愿、团队合作等6个方面考核;2.2工艺考核,占比60%。实践报告打分表。<br>学生的实践兴趣提高,实验设计解决方案能力提高,对待实践课程的科学性加强,操作规范性、理论知识应用性、学习辅助性和观察能力提高得到了强化。 |

以上4篇有关食品及生物类专业研究文献均为苏州农业职业技术学院所发表。可以说明苏州农业职业技术学院在有关"都市农业职业教育"的食品及生物类专业研究中比较活跃。

一、在高职焙烤专业创业教育探索中总结出了修改培养方案,确定人才培养目标;调整课程设置,优化人才知识结构;改革教学方法,培养创业创新思维;加强实践环节,提高综合创业能力;访谈成功人士,不断增强创业信心的创业教育实践做法,实行"2+0.5+0.5"培养模式,采取开放式、互动式、研讨式、案例式及动手式等教学方法。二、在"寓学寓工校企共育"创新人才培养模式研究中提出:基于校企合作机制组建校企合作联盟。共建"园中校",共同制定实施"1+1+1"三段式人才培养新方案,共同管理教育教学过程与人才质量考核评价。三、在专业教学团队建设的实践中提出以教学团队建设为载体,提高双师型教师比例,夯实实践实训基地条件,加强实践性,增强服务区域经济建设的能力,赢得发展空间。要紧扣"2+0.5+0.5"人才培养模式,大力建设紧密型校企联盟专业教学团队,加强团队成员的实践能力培养,提高团队成员专业面,建设"双师型"宽口径强技能专业教学团队。由专业带头人主持本专业的团队建设。考核方式改变为"理论考核+实践考核+综合实训考核+职业技能证书考核+顶岗实习考核"。四、在食品烘焙技术实践课程量化考核体系研究中提出:要改革课程实践教学环节考核方式,将实践要求、能力定位、工艺素养评估和操作技能有机结合。食品科学系推行的"1+1+1"课程教学模式。以能力为本位,以课程为载体,构建实践课程考核体系。以实践考核为主体,考核项目由工艺素养评价和工艺考核两部分构成。

### 3.3.6 计算机、信息类专业研究文献汇总分析

表3—9 "都市农业职业教育"计算机、信息类专业研究文献主要论述和观点摘录
（按发表时间排序）

| 序号 | 篇名 | 作者单位 | 年.期 | 被引频次 | 涉及方面 | 主要论述和观点摘录 |
|---|---|---|---|---|---|---|
| 1. | 基于"理实一体"的高职"双证"技能体系的构建与实现 | 苏州农业职业技术学院 | 2013.02 | | 信息类专业人才培养 | 基于"理实一体"的高职"双证"教学模式较好地适应了当前高职教育的内在要求,适应了企业对人才的需求。<br>一、"双证"制度推行过程中出现的问题:(一)纸上谈兵,光说不练。(二)趋易避难,解决有无。(三)专业相背,距离甚远。(四)等级偏低,欠缺认可。中级证书对于高职学生而言要求偏低了,企业更不会青睐。(五)千人一面,淹没人海。<br>二、"理实一体"为"双证"注入软实力:"理实一体"才是与"双证"相对应的教学模式。 |

续表

| 序号 | 篇名 | 作者单位 | 年.期 | 被引频次 | 涉及方面 | 主要论述和观点摘录 |
|------|------|----------|-------|----------|----------|---------------------|
|  | ——以苏州农业职业技术学院信息类专业为例 |  |  |  |  | (一)制定"以就业为导向"的人才培养方案。注重工作性、过程性,将"双证"制度融入人才培养方案中。<br>(二)制定理实一体化的课程标准:应将专业理论学习与实践训练有机地结合到一起,融教、学、做为一体。应基于岗位要求,体现职业导向性;教学目标应按照工作过程来描述,注重职业能力的培养,体现设计导向性,并考虑发展导向性。<br>(三)教学内容与教学方法革新:体现"在做中教、在教中学、在学中做",融"教、学、做"三位一体;向行动导向教学法(项目驱动教学、实训教学、情境教学、模拟教学等)过渡,充分发挥学生的主动性。<br>(四)优化校内、校外实训基地。<br>(五)建设"园中校,校中园":"园中校,校中园"不仅给学生带来了完全真实的实训情境,而且盘活了多方资源。<br>三、我系信息类专业基于"理实一体"的"双证"技能体系的构建:在条件成熟的课程推行"以证代考",以更具公信力的评价体系来促进用人单位对学生的认可。<br>(一)制定了符合"双证"制度的人才培养方案。<br>(二)构建了"课证融合"的课程体系:考证成绩也可以直接转化为期末考试成绩。<br>(三)打造了"理实一体"的技能实训平台:理实分离,严重影响教学效果。以半天五课时为一个授课单元,完全在计算机房上课,学期末再安排3—5天的课程实训。凡是我们教师主持的横向课题,必须有一批学生参与。还和企业联合,在企业中对学生进行实训。还在毕业生的毕业实习之前,安排半年的顶岗实习。<br>(四)革新了传统的考核方式:对于理实结合较好的模块,直接实行"以证代考"。侧重理论的考证,还要加试实践考核,两者全部及格,课程成绩才能及格。<br>(五)打造了"双师素质"的师资队伍。<br>(六)开辟了全新实训途径——学生工作室。以工作室为载体,将课程、教学、科研与生产实践融为一体,以承接技术项目为主要任务。 |
| 2. | 高职计算机类专业人才培养模式的改革研究与实践——以成都农业科技职业 | 成都农业科技职业学院 | 2013.11 |  | 计算机类专业人才培养 | 构建并实践了"校企合作,全程参与,'三双''四走',产学研一体化"的人才培养模式,既弘扬农业高职优势之所长,又克服了计算机类专业办学之不足。<br>1 农业高职院校计算机类专业发展的挑战与机遇<br>与工科类高职院校相比,农业高职院校计算机类专业在师资、实践教学条件及运行经费上都要差一些。人才培养模式的改革将是一个突破口。<br>2 人才培养模式的内涵与作用<br>2.1 人才培养模式的内涵。培养目标、培养规格、培养方式和培养途径。服务于行业信息化,重构课程体系,改革校企合作模式、教学模式、管理制度、评价方式和教 |

| 序号 | 篇名 | 作者单位 | 年.期 | 被引频次 | 涉及方面 | 主要论述和观点摘录 |
|---|---|---|---|---|---|---|
| | 学院为例 | | | | | 学内容,调动教、学、管、用多方积极性。2.2 人才培养模式的作用。与时俱进地开展人才培养模式改革是提升人才培养质量的关键。人才培养模式改革是农业高职院校计算机类专业教学改革的重点与难点。努力体现农业行业信息化人才的独特性。<br>3 高职计算机类专业人才培养模式的构建<br>3.1 扬长避短,协同研究,培养农业信息化复合型人才。3.2 以就业为导向,让学生"零距离"就业。将专业建设、人才培养质量提高所面临的困境破解与国家的农业行业发展战略及学校对农牧优势专业重视的机遇捕捉并结合起来。主动为农业现代化、信息化与地方经济服务,主动与优势农牧专业跨界融合。工学结合人才培养模式是由美国俄亥俄州辛辛那提大学工学院院长赫尔曼·施奈德(Herman Schneider)首次提出的。2003 年共同提出并倡导了"与工作相结合的学习模式"概念。工学结合的学习模式是高职教育的基本模式,校企合作培养是职业教育的根本途径。合作企业的选择要体现农业现代化、信息化的发展需求。3.3 以发展能力为本,让师资队伍担当重任。专业带头人。骨干教师队伍。企业引进。3.4 建设校内外实训基地。实践教学条件是高职院校办学的基本条件,校内外实训基地的建设始终处于十分重要的地位。校内以仿真实训为主,校外以顶岗实习为主。3.5 注重专业及课程建设。最好是依靠地方支柱产业建专业。面向农业现代化、信息化,以工作过程为参照,按照工作过程进行系统化。3.6 建立各种激励和保障措施。充分把握"政企行校"多方联动,构建立体的高职教育改革的激励和保障措施。行业可以作为学校与企业的桥梁,以消除单个企业某些方面带来的偏差。<br>4 成都农业科技职业学院的实践。<br>"校企合作,全程参与,'三双''四走',产学研一体化"的人才培养模式(简称 1341 模式)。<br>"四个合作"。"'三双''四走'"是指教学运行及专业建设的方式。"三双"是指在校企合作办学中教学过程的组织。实行学生兼具员工的双重身份,教师兼具工程师与管理者的双重角色,教学管理者兼具企业经理的双重责任。"三双"使学生在学习阶段,既提高了职业素养和职业能力,又获得了企业提供的生活补助,感受到了职业人的荣耀;使得教师和教学管理人员的"双师型"培养落到实处。"四走"是指专业跟着地方产业走,教学跟着职业能力走,课程跟着工作过程走,教材跟着项目任务走。"产学研一体化"是指将生产、教学、科研与社会服务融合在一起,整体考虑,同步实施,有机推进。将智能农业技术应用与推广作为科研重心和方向。 |

| 序号 | 篇名 | 作者单位 | 年.期 | 被引频次 | 涉及方面 | 主要论述和观点摘录 |
|---|---|---|---|---|---|---|
| 3. | "工学结合"人才培养模式的探索与实践 | 北京农业职业学院 | 2013.18 | | 计算机专业教育教学 | 企业认知实习、专业实习和顶岗实习。工作过程导向课程开发;行动导向教学方法设计。1.5+0.5+1+0.5+0.5+1;校企合作进行课程和教材建设。 |

在以上3篇有关计算机、信息类专业研究文献中,北京农业职业学院、苏州农业职业技术学院、成都农业科技职业学院各有1篇。

苏州农业职业技术学院:在基于"理实一体"的高职"双证"技能体系的构建与实现中提出:基于"理实一体"的高职"双证"教学模式较好地适应了当前高职教育的内在要求,适应了企业对人才的需求。制定"以就业为导向"的人才培养方案。注重工作性、过程性,将"双证"制度融入人才培养方案中。制定理实一体化的课程标准:应将专业理论学习与实践训练有机地结合到一起,体现职业导向性。教学内容与教学方法革新上要体现"教、学、做"三位一体;向行动导向教学法(项目驱动教学、实训教学、情境教学、模拟教学等)过渡,充分发挥学生的主动性。信息类专业基于"理实一体"的"双证"技能体系的构建上,在条件成熟的课程推行"以证代考"。制定符合"双证"制度的人才培养方案。构建"课证融合"的课程体系。打造"理实一体"的技能实训平台。开辟了全新实训途径——学生工作室。以工作室为载体,将课程、教学、科研与生产实践融为一体,以承接技术项目为主要任务。

成都农业科技职业学院:在高职计算机类专业人才培养模式的改革研究与实践中提出构建"校企合作,全程参与,'三双''四走',产学研一体化"的人才培养模式(简称1341模式),既弘扬农业高职优势之所长,又克服了计算机类专业办学之不足。扬长避短,协同研究,培养农业信息化复合型人才;以就业为导向,让学生"零距离"就业;以发展能力为本,让师资队伍担当重任;建设校内外实训基地;注重专业及课程建设;建立各种激励和保障措施。

北京农业职业学院:在"工学结合"人才培养模式的探索与实践中提出要企业认知实习、专业实习和顶岗实习结合。以工作过程导向课程开发;以行动导向教学方法设计。实行1.5+0.5+1+0.5+0.5+1培养模式,校企合作进行课程和教材建设。

### 3.3.7 经营、管理类专业研究文献汇总分析

表3—10 "都市农业职业教育"经营、管理类专业研究文献主要论述和观点摘录

（按发表时间排序）

| 序号 | 篇名 | 作者单位 | 年.期 | 被引频次 | 涉及方面 | 主要论述和观点摘录 |
|---|---|---|---|---|---|---|
| 1. | 高职院校"冠名+订单"工学交替培养模式的实践与思考——以苏州农业职业技术学院连锁经营管理专业为例 | 苏州农业职业技术学院 | 2010.04 | 1 | 连锁经营管理专业教育教学 | "冠名+订单式工学交替"人才培养模式的具体构架、总体思路以及实施方案<br>结合现有的工学合作教育模式,如德国的"双元制"模式、美国的技术准备制度、英国的"工读交替"模式和我国台湾地区的"建教合作"模式。<br>创新为"冠名+订单式工学交替"培养模式。<br>一、"冠名+订单"工学交替培养模式的具体构架<br>(一)合理选择合作伙伴,签署校企联合办学协议,明确职责和任务;<br>(二)工学交替培养模式的实施形式:"3+2+(2)+1"模式,即"3个学期的专业素质教学+2个学期的职业技能培训+2个暑假顶岗实习+1个学期的顶岗实习"。<br>二、"冠名+订单"工学交替培养模式的总体思路和实施方案<br>"冠名+订单式工学交替"培养模式总体思路为:放眼行业,立足企业,科学定位,围绕岗位能力需求,校企双方共同精心打造。<br>(一)准确进行人才定位,校企共同建构人才能力知识结构体系。<br>连锁零售企业所需要的是大量的门店店长和总部岗位特色明显的中层管理人员。<br>(二)校企共同开发科学完善的教学计划<br>1.摒弃片面强调理论体系完整性的做法;2.把华润企业知识和管理规范纳入教学计划,把行业知识纳入教学计划;3.基础课程设置适度兼顾学生发展潜力和继续教育、终身教育的需要,用发展的眼光看待培养对象。<br>(三)共同创造良好的实训条件<br>(四)共同实施教学与管理<br>1.有效整合学院和华润的优质师资;2.共同制定人才评价体系,积极探索新的考试考核办法,学校与企业"双学分"制,同时实施"双证考核制",实施"双辅导员制";<br>3.引入企业考核激励机制;4.派部分专任教师到华润挂职锻炼,以培养更多"双师型"教师。<br>三、"冠名+订单"工学交替培养模式的特点<br>1.企业全程参与学院人才培养;2.校企深度合作互惠互利。 |

续表

| 序号 | 篇名 | 作者单位 | 年.期 | 被引频次 | 涉及方面 | 主要论述和观点摘录 |
|---|---|---|---|---|---|---|
| 2. | 高职农业经济管理专业特色与教改原则分析——以北京农业职业学院为例 | 北京农业职业学院 | 2015.03 | 1 | 农业经济管理专业教育教学 | 农业经济管理专业面向的是管理类职业岗位,是科学性与艺术性的统一,具有复杂性、丰富性、差异性、多变性的特点,难以按照工科专业工作过程系统化的理念来进行农业经济管理专业的人才培养。<br>二、高职农业经济管理专业特色分析<br>(一)管理与农业经济管理的内涵。农业经济管理是为了达到预期的目的,对农业生产总过程中生产、交换、分配与消费等经济活动进行计划、组织、领导、调控,监督等而采取的一系列方式、方法和手段的总称。包括对农业宏观经济活动的管理和农业微观经济活动的管理。<br>(二)人才培养与区域经济。大力发展籽种农业、休闲农业、循环农业、会展农业、设施农业、节水农业等都市型现代农业。都市农业的实质是生产力发展到较高水平时,城乡之间差别逐渐消失,农业同工业进一步结合过程中的一种发达形态的农业。都市型现代农业的模式是围绕城市生产、生活和生态。要求的都市农业,提供的产品与服务主要满足市民高品位生活的需要,内容主要是围绕高端市场需要和依托高科技支撑而发展起来的现代化农业。<br>(三)人才培养类型及应具备的主要能力。在人才培养方面定位于基层管理者,侧重于微观经济活动的管理。应加强培养学生的专业技能、人际交往技能及创新意识。在农业经济领域对于农业生产总过程中生产、交换、分配与消费等经济活动,都属于专业技能培养的范畴。管理类岗位的创新往往具有无形性的特点,它可能更多的是体现在管理上创新性的工作方法。人际交往技能是指与他人一起工作的能力,即要具备协作精神和团队精神。可定位于涉农高端市场的基层管理人员。<br>三、农业经济管理高职教育应遵循的原则<br>(一)强调"人文",注重培养学生的综合素质。加强理论知识的复合性和综合化。突出人文素质的培养。对于理论知识"够用为度",应体现在每门课的理论深度要适中,不是体现在理论课程数量上减少,相反要增设课程,尤其是通识课,来提升学生的人文素养。要使专业理论课既具有鲜明的职业岗位特点,又能提升学生的综合素质。<br>(二)课程体系"大平台、活模块",满足人才需求的灵活性。"大平台"是指课程设置要着眼于农业产业化、城乡一体化以及地方农村经济建设和社会发展的需求。"活模块"是指所学内容为适应某一特定职业而设计的知识单元和技能单元,着眼于强化专项职业技能训练,并以获取职业资格证书为导向。在教学内容的设置上,将与未来工作岗位相关的简单直接的操作性专业技能与人际交往技能和创新意识相结合。在教学方法上,更多地使用案例分析、情景模拟、角色扮演、项目教学等教学方法。农业经济管理高职学生的实践课程设计,可采 |

| 序号 | 篇名 | 作者单位 | 年.期 | 被引频次 | 涉及方面 | 主要论述和观点摘录 |
|---|---|---|---|---|---|---|
| | | | | | | 取课堂内外的实训以及专项实训的方式,建立起实践课程模式。对于实践课程的设计可以按照"通用职业能力养成——岗位核心能力培养——职业环境下的综合职业能力形成"的职业能力形成的内在要求进行。对于农业经济管理高职实践课程的教学方法,应重点采用案例分析、情景模拟、角色扮演、项目教学等教学方法。对于学生理论知识与实践能力的培养,应充分利用学校现有资源。应允许学生根据自身与就业市场的需要让他们跨系选课,自由选修,以提高学生的学习兴趣。<br>(三)因地制宜,凸显特色,培养学生的一技之长。农业经济管理专业建设凸显特色越来越困难。在课程设置上,一方面,学校要强调培养学生具有广泛迁移性的核心能力;另一方面,根据现实岗位需求结合学生自身的兴趣,开展与工作任务相关的能力标准的学习。 |
| 3. | 从高职旅游管理专业毕业实习调查谈教学改革 | 北京农业职业学院 | 2017.03 | 1 | 旅游管理专业教育教学 | 打破原有"四段式"的课程设置,以旅游企业岗位为依据,构建工学结合课程体系;积极拓展职业资格证书的考取种类,培养满足旅游企业岗位需求的高素质技能人才;完善高职旅游管理专业实践教学体系,提升毕业实习环节实践教学质量;鼓励开发工学结合校本教材,加强工学结合师资队伍建设,提高专业教师的实践教学能力;搭建毕业实习信息平台,引导学生正确看待毕业实习目的,鼓励学生自主创业。<br>主要岗位定位在导游、计调、销售、电子商务、人力资源管理。<br>《教育部关于推进高等职业教育改革创新引领职业教育科学发展的若干意见》(教职成〔2011〕12号)中提出,"以区域产业发展对人才的需求为依据,明晰人才培养目标,深化工学结合、校企合作、顶岗实习的人才培养模式改革。" |

在以上3篇有关经营、管理类专业研究文献中,北京农业职业学院有2篇,苏州农业职业技术学院有1篇。

苏州农业职业技术学院:在以连锁经营管理专业为例的"冠名+订单"工学交替培养模式的实践与思考中提出"冠名+订单式工学交替"创新人才培养模式的具体构架、总体思路以及实施方案。具体构架为合理选择合作伙伴,签署校企联合办学协议,明确职责和任务;工学交替培养模式的实施形式:"3+2+(2)+1"模式。总体思路为放眼行业,立足企业,科学定位,围绕岗位能力需求,校企双方共同精心打造。实施方案为准确进行人才定位,校企共同建构人才能力知识结构体系;校企共同开发科学完善的教学计划;共同创造良好的实训条件;共同实施教学与管理。

北京农业职业学院:一、在高职农业经济管理专业特色与教改原则分析中提出农业经济管理专业面向的是管理类职业岗位,是科学性与艺术性的统一,具有复杂性、丰富性、差异性、多变性的特点,难以按照工科专业工作过程系统化的理念来进行农业经济管理专业的人才培养。应遵循"人文"的原则,注重培养学生的综合素质。课程体系"大平台、活模块",满足人才需求的灵活性。要因地制宜,凸显特色,培养学生的一技之长。二、在从高职旅游管理专业毕业实习调查谈教学改革中提出要打破原有"四段式"的课程设置,以旅游企业岗位为依据,构建工学结合课程体系;积极拓展职业资格证书的考取种类,培养满足旅游企业岗位需求的高素质技能人才;完善高职旅游管理专业实践教学体系,提升毕业实习环节实践教学质量;鼓励开发工学结合校本教材,加强工学结合师资队伍建设,提高专业教师的实践教学能力;搭建毕业实习信息平台,引导学生正确看待毕业实习目的,鼓励学生自主创业。

## 3.4　"都市农业职业教育"农民培训研究文献汇总分析

表 3—11　"都市农业职业教育"农民培训研究文献主要论述和观点摘录
（按发表时间排序）

| 序号 | 篇名 | 作者单位 | 年.期 | 被引频次 | 涉及方面 | 主要论述和观点摘录 |
|---|---|---|---|---|---|---|
| 1. | 培育一代新型农民建设现代都市农业——关于实施"专业农民"培训若干问题的思考 | 上海交通大学 | 2006.09 | | 农民培训 | 一、从建设新郊区新农村的战略高度认识培养新型农民的重要意义<br>大批农村劳动力要依靠科技知识,经营管理走上现代农业发展的道路。郊区农村劳动力的文化水平及职业技能还比较低,农民整体素质不够高。<br>二、实施"专业农民"培训中存在的问题<br>第一,专业农民自身的问题。<br>相当数量的农民进取心不足、创业意识不强;部分农民不安于农,不想干;有的缺乏专业技术,不会干;有的则缺乏信心,不敢干。另外,参加培训的专业农民中还存在年龄偏大、文化程度偏低、产业规模偏小的情况。<br>第二,师资队伍、科技人员队伍的问题。<br>教师青黄不接,知识更新缓慢,传道授业缺乏有效手段。<br>第三,农业职业技能培训资源整合开发的问题。<br>三、实施"专业农民"培训的几点思考<br>1. 切实转变农民的观念,变"要我学"为"我要学";2. 整合农业职业技能教育资源;3. 致力形成农技推广格局,加强农业科技队伍建设。建立集远程教育、课堂面授、现场指导三位一体的培训方式;4. 对"专业农民"培训规划进行调整、充实和提高。与科技入户工作相结 |

| 序号 | 篇名 | 作者单位 | 年.期 | 被引频次 | 涉及方面 | 主要论述和观点摘录 |
|---|---|---|---|---|---|---|
| | | | | | | 合,资源共享;与农业合作社建设相结合,把农民带入大市场;与农业推广体系相结合,通过淘汰、积淀,使科技队伍形成新的机制。落脚点始终要放在让农民懂技术、善经营、会管理上;5."专业农民"培训的内涵和外延要进一步拓展和延伸。第一类是专业农民的"百千万"培训项目。一是万名"专业农民"实用技术培训。二是千名农业职业证书培训。8个农业职业工种(水稻栽培工、护林工、农业产业化经营者、食用菌栽培工、蔬菜园艺工、瓜果栽培工、果树栽培工、水产养殖工)的培训。三是百名创业农民培训。开展郊区劳动力职业技能培训,以此来加大农业内部转岗转业培训力度。 |
| 2. | 高职教育参与农村劳动力转移培训研究 | 沈阳农业大学高等职业技术学院 | 2008.12 | 4 | 农民培训 | 对转移农民进行分层次培训,编写培训教材,坚持引导性培训和技能性培训相结合,短期培训和中、长期培训相结合,就业指导和职业技能鉴定相结合。成立"农民职业技能培训部"配备专门教师培训。"订单式"培训;以主导产业为主的产业技术培训。引导性培训包括市民教育和创业教育两项内容,实施就业指导和组织就业洽谈会。 |
| 3. | 发挥农广校体系优势,实现职业教育与社会服务的有机结合 | 北京农业职业学院 | 2008.18 | | 农民培训 | (一)协助北京市农委做好农民培训调研及经验交流工作;(二)参与市农委科教处关于农民教育工作的各项决策及文件的起草、讨论和颁布执行;(三)积极开展农民教育培训;(四)组织实施"百万中专生计划";(五)推进教育教学改革,不断培养高素质新型农民。建中国农村远程教育网北京市农业广播电视学校网站;在区县分校建立多媒体教室和"智农天地网"网点;实施"科技培训直通车"项目;"致富早班车"节目下乡进村;构建北京市农民教育培训师资库。发挥好"北京市农民科技教育培训中心"职能作用。 |
| 4. | 北京市农民科技素质及影响因素的实证研究 | 北京市农林科学院农业综合发展研究所 | 2009.01 | 5 | 农民培训 | 巩固和加强农村基础教育、不断加大投资,大力发展农村职业教育、技术培训及推广,促进教育结构和教育投资结构的合理化。还要按照市场需求,进行职业教育具体专业设置,并加强对高素质教师的引进和培训、先进教学设备的购置等方面的投资。扩增农村技术人员数量,并着力快速更新技术人员的知识,并增加这方面投资;还应继续加强和完善农村技术培训与推广的基层结构设置。设置职业教育的专业结构,着眼于培养高素质劳动者和技能型人才,坚持中等职业教育与高等职业教育并举,学历证书与职业技能证书并重,职前培养与职后培训相衔接,构建政府主导、社会参与、适应市场、灵活多样的办学体制和机制,进一步提高职业教育的办学水平和效益。 |

续表

| 序号 | 篇名 | 作者单位 | 年.期 | 被引频次 | 涉及方面 | 主要论述和观点摘录 |
|------|------|----------|-------|----------|----------|-------------------|
| 5. | "两型社会"背景下郊区农民职业教育研究 | 湖南涉外经济学院 | 2009.08 | 1 | 农民培训 | 注重郊区农民职业教育内容的丰富性,促进职业教育主体多元化,建立以就业为导向的职业教育目标,把绿色消费、生态农业等纳入职业教育体系中,让郊区农民成为"绿色农民",为"两型社会"服务。<br>农业劳动力转移培训、生活教育、农业的生产培训。都市型农业的培训:园艺生产和销售培训;园林绿化和养护培训;设施农业培训;休闲观光服务技能培训等。<br>区县、乡镇、村三级多渠道、多层次、多形式农民职业教育与培训网络体系。<br>只有当大部分农民转型为非农产业从业人员,小部分守业的农民转型为现代农业从业人员,这种社会转型才能真正实现。农村劳动力转移:发展和壮大社区经济;促进郊区农民就业的产业发展规划;提高农业经营规模;加大劳动密集型产业的引进;绿色消费、生态农业等纳入职业教育体系;提高农民环境意识。 |
| 6. | 发展北京农村职业教育的意义与对策研究 | 北京联合大学应用性高等教育发展研究中心 | 2010.27 | | 农民培训 | 1. 确立城乡职业教育体系统筹发展战略。2. 制定农村职业教育多元化、分层化的发展策略。3. 创新农村职业教育机制的方法。<br>北京近郊地区的农村职业教育以农村劳动力向城区转移为主要目标;北京远郊及相对落后的地区仍以农业为主,兼顾新型农民的培养。<br>结合讲授法、案例教学法、示范教学法、情景模拟法、科普推广法、反馈性指导法等多种方法和手段,提高培训的质量。<br>据北京市政府规划,对于第一产业,应因地制宜发展设施农业、精品农业、加工农业、籽种农业、观光农业、出口农业等6大都市型农业。 |
| 7. | 浅析天津市涉农产业职业技能培训工程 | 天津市农业广播电视学校 | 2012.01 | | 农民培训 | 按照"根据需求定工种,突出技能搞培训,学习理论上水平"的总体要求。<br>1 天津市参加培训人员的状况分析及培训情况<br>1.1 天津市培训人员的年龄结构和学历水平:受教育程度高于全国平均水平。一方面参培人员虽然本身具备基础文化水平,但总体文化程度不高;另一方面参培人员的年龄结构以中老年居多,年轻人较少,说明当前从事务农人口老龄化趋势明显。执证上岗的需求占一定的比例。设施农业成为农业增效、农民增收和农业最大的经济增长点。<br>2 涉农产业职业技能培训工程的经验做法<br>"根据需求定工种,突出技能抓培训,学习理论上水平"的总体要求。<br>开办田间学校、农民夜校、跟踪教学、技能比赛、典型讲座、走出去请进来等多种形式。<br>3 涉农产业职业技能培训工程的成效<br>3.1 带动了农业增效农民增收。农民生产技能水平明显提高,种植效益增加;3.2 促进了农业新品种和新技 |

| 序号 | 篇名 | 作者单位 | 年.期 | 被引频次 | 涉及方面 | 主要论述和观点摘录 |
|------|------|----------|-------|----------|----------|---------------------|
| | | | | | | 术的推广应用;3.3 促进了全市农业区域经济的形成;3.4 提高了农民学科学用科学的积极性;3.5 培养了一大批技能型农村致富带头人。 |
| 8. | 如何搞好都市现代农业中的农民技能培训工作 | 天津市农业广播电视学校 | 2013.02 | 2 | 农民培训 | 推广"村头讲课,田头示范"的模式,打破传统集中授课的培训方式。务求集中授课与分散培训形式的有机结合。从顺应农民的生产和生活习惯出发,尽可能就近培训或送出培训,服务上门。要以面对面、手把手地教为主要形式。紧紧围绕农民生产需要、工种技术需要、企业人才需要设置课程,实行"院校企业合作培训""订单农业生产培训""单位定向需要培训""供应需求方式洽谈培训"等形式,推行脱产理论培训、现场实际培训、网络电话培训、送教入企培训、送教下乡培训,拓展各个培训领域,扩大培训规模。<br>强化培训组织机制,发挥农民证书资格作用;培训力求实用,突出解决实际问题;调动农民积极性,使农民培训由"被迫学"到"主动学"。 |
| 9. | 现代都市农业发展需求视域下的职业农民培育路径 | 天津社会科学院城市经济研究所 | 2015.04 | 2 | 农民培训 | 职业农民是具有新理念、新技能,全职务农、高素质和高收入,具有社会责任的农民群体。<br>提高对职业农民培育问题的认识,建立科学合理的职业农民培育体系;紧密联系市场需求,创新职业农民培育模式;以创业带动就业,以"农业项目"提升农民职业教育水平;扩大职业农民培训生源渠道,为都市农业可持续发展提供稳定的人力资源支撑。<br>设立服务于现代都市农业的职业农民培育体系,要从顶层认识到农村职业教育的重要性;其次,需要政策跟进和制度安排来为实践创造条件,要变单一办学体制为多元化办学体制,要建立城乡平等的职业教育制度,建立与现代化的都市农业相匹配的农村教育体系。<br>通过院校培育、远程教育和产教融合等形式,为职业农民培育提供更为丰富的教育资源。<br>要将教室设在田间地头,利用"互联网+"时代网络资源的便利性。 |
| 10. | 浅谈加快推进新型职业农民教育培训的思考 | 云南省富源县农广校 | 2017.04 | | 农民培训 | 从农民农业职业培训和教育两大层面给出思考策略。快速推进云南省农民的新型职业化发展。<br>县内农业的兼业化、空心化现象出现,农业从业人员严重老化,劳动力出现不足状况。资金缺口。支持程度也远远不够。仅有少数农民能够真正完全掌握。不能被广泛普及。脱节问题。<br>2.1 农民农业职业教育层面。<br>富源县加快发展新型职业农民教育的相关对策。首先,要加大对富源县农业职业教育的财政倾斜力度。其次,要着力培养职业农民教育师资团队。最后,也要积极探索产学研结合职业农民教育培训。<br>2.2 农民农业职业培训层面第一,要创新农业职业培训 |

续表

| 序号 | 篇名 | 作者单位 | 年.期 | 被引频次 | 涉及方面 | 主要论述和观点摘录 |
|---|---|---|---|---|---|---|
| | | | | | | 技法,更进一步注重实践教学的应用性。第二,要依托富源县内农民专业合作社及某些农业企业开展农业职业培训教育。 |
| 11. | 都市农业发展中新型职业农民培训的绩效评估与分析——基于规模示范合作社农户的实地调查 | 温州科技职业学院 | 2017.06 | | 农民培训 | 职业培训在提高生产技能与致富方面发挥着重要作用。政府应加快建立健全职业技能培训开发体系,着重构建以学员为核心的培训需求与以满意度为出发点的职业农民培训绩效评估体系。<br>首先要强化政府职责,建立新型职业农民培训的供求动态管理模式,着力构建以需求为基础、职业培训菜单为抓手、课证为支撑的"三位一体"的新型职业农民培训模式,"职业培训菜单化、授课考评实践化、课证互认模式化",建立健全农村新型职业农民信息库建设管理,健全职业培训评价标准体系,创建培训专家库,编制菜单化培训教材,实行不同层次分阶段教学培训,逐步建立职业农民终身培训制度。<br>互动性的授课方式是农民最愿意的学习方式;政府出面请专家围绕区域主产业组织农民免费培训呼声较高。培训最佳组织形式是集中面授、个人指导、各种形式相结合。<br>第一,提供免费培训;第二,提供培训经费补贴;第三,制定针对性培训。<br>政府应加快建立健全职业技能培训开发体系,着重构建以学员为核心的培训需求与以满意度为出发点的新型职业农民培训绩效评估体系。<br>确定培育新型职业农民作为推进现代农业建设的核心和基础地位。 |
| 12. | 北京农民手机应用技能培训工作成效 | 北京市农业局信息中心 | 2017.09 | | 农民培训 | 融合农技推广系统,依托标准型益农信息社。推动农业政策下乡、技术推广进村、生活娱乐入户,破解了普通农民培训难。<br>电话咨询与培训服务、现场技术推广与培训服务、下载农医生(APP)等软件开展农技推广服务、查询北京农业综合信息服务网等网站,智能手机自带软件推广农业技术服务、12316 三农服务热线群发短信提供服务、微信技术群提供互助服务。 |

以上 12 篇有关农民培训的研究文献中,发文作者单位分布较为分散(见下图)。可以看出,关于农民培训这一问题尚没有形成比较集中、有热度的深入研究。

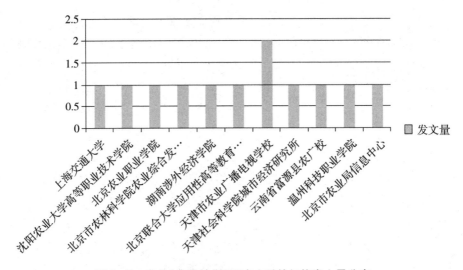

**图3—7　有关"农民培训"研究文献的机构发文量分布**

根据各机构发文简要归纳总结如下。

上海交通大学:在培育一代新型农民建设现代都市农业中提出了若干思考: 1. 切实转变农民的观念,变"要我学"为"我要学";2. 整合农业职业技能教育资源;3. 致力形成农技推广新格局,加强农业科技队伍建设;4. 对"专业农民"培训规划进行调整、充实和提高。落脚点始终要放在让农民懂技术、善经营、会管理上;5. "专业农民"培训的内涵和外延要进一步拓展和延伸。第一类是专业农民的"百千万"培训项目。

沈阳农业大学高等职业技术学院:针对高职教育参与农村劳动力转移培训的研究指出:要对转移农民进行分层次培训,编写培训教材,坚持引导性培训和技能性培训相结合,短期培训和中、长期培训相结合,就业指导和职业技能鉴定相结合。

北京农业职业学院:在发挥农广校体系优势,实现职业教育与社会服务的有机结合的实践总结出:协助北京市农委做好农民培训调研及经验交流工作;参与市农委科教处关于农民教育工作的各项决策及文件的起草、讨论和颁布执行;积极开展农民教育培训;组织实施"百万中专生计划";推进教育教学改革,不断培养高素质新型农民。发挥好"北京市农民科技教育培训中心"职能作用。

北京市农林科学院农业综合发展研究所:在北京市农民科技素质及影响因素的实证研究中提出:要巩固和加强农村基础教育、不断加大投资,大力发展农村职业教育、技术培训及推广,促进教育结构和教育投资结构的合理化。扩增农村技术人员数量,并着力快速更新技术人员的知识,并增加这方面投资;还应继续加强和完善农村技术培训与推广的基层结构设置。坚持中等职业教育与高等职业教育并举,学历证书与职业技能证书并重,职前培养与职后培训相衔接,构建政府主导、社会参与、适应市场、灵活多样的办学体制和机制,进一步提高职业教育的办学水平和效益。

湖南涉外经济学院:在"两型社会"背景下郊区农民职业教育研究中提出:要注重郊区农民职业教育内容的丰富性,促进职业教育主体多元化,建立以就业为导向的职业教育目标,把绿色消费、生态农业等纳入职业教育体系中,让郊区农民成为"绿色农民",为"两型社会"服务。并指出,只有当大部分农民转型为非农产业从业人员,小部分守业的农民转型为现代农业从业人员,社会转型才能真正实现。

北京联合大学应用性高等教育发展研究中心:在发展北京农村职业教育的意义与对策研究中提出:1. 确立城乡职业教育体系统筹发展战略。2. 制定农村职业教育多元化、分层化的发展策略。3. 创新农村职业教育机制的方法。结合讲授法、案例教学法、示范教学法、情景模拟法、科普推广法、反馈性指导法等多种方法和手段,提高培训的质量。

天津市农业广播电视学校:在天津市涉农产业职业技能培训工程实践中按照"根据需求定工种,突出技能搞培训,学习理论上水平"的总体要求。采用开办田间学校、农民夜校、跟踪教学、技能比赛、典型讲座、走出去请进来等多种形式,取得了很好的成效。天津市农业广播电视学校在做好都市现代农业中的农民技能培训工作中推广"村头讲课,田头示范"的模式,打破传统集中授课的培训方式。务求集中授课与分散培训形式的有机结合。从顺应农民的生产和生活习惯出发,尽可能地就近培训或送出培训,服务上门。实行"院校企业合作培训""订单农业生产培训""单位定向需要培训""供应需求方式洽谈培训"等形式,推行脱产理论培训、现场实际培训、网络电话培训、送教入企培训、送教下乡培训,拓展各个培训领域,扩大培训规模。

天津社会科学院城市经济研究所:在探索培育符合现代都市农业发展需求的职业农民路径中提出:要设立服务于现代都市农业的职业农民培育体系;要变单一办学体制为多元化办学体制,要建立与现代化的都市农业相匹配的农村教育体系。通过院校培育、远程教育和产教融合等形式,为职业农民培育提供更为丰富的教育资源。

云南省富源县农广校:在推进新型职业农民教育培训中指出:县内农业的兼业化、空心化现象出现,农业从业人员严重老化,劳动力出现不足状况。培训资金缺口。支持程度也远远不够。从农民农业职业教育层面要加快发展相关对策。要加大财政倾斜力度,着力培养职业农民教育师资团队,积极探索产学研结合职业农民教育培训;从农民农业职业培训层面要创新农业职业培训技法,更注重应用性。要依托富源县内农民专业合作社及某些农业企业开展农业职业培训教育。

温州科技职业学院:在对都市农业发展中新型职业农民培训的绩效评估与分析中指出:政府应加快建立健全职业技能培训开发体系,着重构建以学员为核心的培训需求与以满意度为出发点的职业农民培训绩效评估体系。着力构建以需求为基础、职业培训菜单为抓手、课证为支撑的"三位一体"的新型职业农民培训模式,建立健全农村新型职业农民信息库建设管理,健全职业培训评价标准体系,创建培训专家库,编制菜单化培训教材,实行不同层次分阶段教学培训,逐步建立职业农民终身培训制度。确定培育新型职业农民作为推进现代农业建设的核心和基础地位。政府应提供免费培训并提供培训经费补贴,制定针对性培训。

北京市农业局信息中心:推动北京农民手机应用技能培训工作见成效,融合农技推广系统,依托标准型益农信息社。以电话咨询与培训服务、现场技术推广与培训服务、下载农医生(APP)等软件开展农技推广服务,推动农业政策下乡、技术推广进村、生活娱乐入户,破解了普通农民培训难。

## 3.5 专门问题研究文献评述

通过对"都市农业职业教育"相关120篇文献的通览和分析,总体来说,可以看出近19年"都市农业职业教育"相关理论和研究基本处于对前人和职业教育发达的国家的学习模仿、消化基础上结合自身情况的改造、升级的阶段,尚没有形成从实践到理论完整、成熟、系统的自成体系,还处于摸索、尝试、探索、试错的阶段。从"都市农业"、现代职业教育的体系、做法来说,由于其主体基本属于舶来品,也是受国民经济转型和政府宏观政策杠杆的驱动。这与西方职业教育发展过程中从经济发展、职业分化和分工所带来自发内驱力产生的职业教育发展之路并不相同。内驱力并不明显,还主要靠政策杠杆作用。而且相反的是诸如校企联合、理实一体、职业教育与学历教育并驱这些在国外职业教育发展中自然出现的现象在我国仍存在不少天然障碍。这也说明我国的职业教育发展还有很长的路要走,在现阶段政府行为和宏观政策导向仍然起着非常重要的作用,需要政府主渠道作用,大力扶持和引导。也需要政府行为和宏观政策本身的及时纠偏。

　　在这一历史阶段一方面存在不稳定性,遭受挫折和失败的概率和成本比较高,另一个方面来说由于经济转型升级,都市农业在大都市圈的蓬勃发展,也意味着更多创新发展的机会。我国的"都市农业职业教育"应当抓住机遇,迎接挑战,注重学习和协作,避免重复前人失败的教训,抓好实训教学、实际技能掌握,培养更多适合市场需求的高级农业职业人才。

# 第四章

# 问题及改进

限于编者时间人力等条件所限,本研究还存在的主要问题及其改进措施如下。

(1)对资料内容的深层挖掘、整理和提炼、分析还很不够,研究主要部分的资料局限于浅层次的归纳、汇总和整理阶段,还没有进一步通过联系、剖析、比较提炼出更有针对性、对"都市农业职业教育"更有启发和现实参考价值的意见和结论,需要进一步提高对文献资源内涵的挖掘程度,为后续的研究提供基础。

(2)文献资料收集及主题范围应随研究内涵进一步调整扩充。本次文献收集范围仅限于中国知网期刊,对其他数据库,对其他文献类型应继续扩大研究范围,使这一研究更有代表性和体现规律性。

(3)检索词及检索策略需进一步调整:由于本次研究中文献检索结果出现的非相关性文献占有一定比例,今后检索中如何缩小非相关性结果,增加检准率,在检全率与检准率之间取得较好的平衡是应当继续努力的方向。

(4)应加强资料知识的深层挖掘程度,应当继续探索对单篇文献影响因子的数字化评价,使得文献排序更加科学规范,更有代表性。另外,也应当应用更多的数理统计和可视化统计工具,使得发现更多检索结果文献分布的规律。

(5)对影响文献排序的各因子应进一步深入研究探讨,对被引频次、下载频次、相关度、发表时间、文献作者及作者机构分布、第一作者发文量及研究层次、发表刊物分布情况、发表刊物载文量和影响因子、基金资助情况、发表学科分布等各因子权重比例及其之间的关联性应做进一步研究。

# 图表目录

# "都市农业职业教育"研究文献汇编目录

**（按被引频次→下载频次→相关度为先后优先次序排序）**

| 序号 | 篇名 | 作者 | 作者单位 | 刊名 | 年/期 | 被引频次↓ | 下载频次 | 相关度排序 |
|---|---|---|---|---|---|---|---|---|
| 1. | 高等职业院校学生顶岗实习的探索与实践 | 伊丽丽;刘春鸣;刘爱军;欧雅玲 | 北京农业职业学院 | 中国林业教育 | 2009/01 | 31 | 512 | |
| 2. | 强化产学研结合突出高职教育特色 | 王秀清;马俊哲 | 北京农业职业学院 | 中国职业技术教育 | 2007/08 | 22 | 187 | (26) |
| 3. | 日本农业职业教育的做法与启示 | 杜保德;李玉冰;赵素英;胡天苍;李志勇;邱强;马思亿;李国营 | 北京农业职业学院 | 北京农业职业学院学报 | 2008/01 | 16 | 352 | |
| 4. | 构建以技术专业能力为本位的项目课程体系 | 王秀娟;李永晶 | 黑龙江农业工程职业学院 | 黑龙江高教研究 | 2008/06 | 15 | 168 | |
| 5. | 高职园林技术专业"1+1+1"工学结合人才培养模式研究 | 黄顺;潘文明;唐蓉;尤伟忠 | 苏州农业职业技术学院 | 现代农业科技 | 2009/17 | 10 | 133 | |
| 6. | 产学研结合培养农技人才的探索及实践 | 王峥 | 苏州农业职业技术学院 | 农业科技管理 | 2005/06 | 10 | 89 | |
| 7. | 高职设施农业技术专业实施工学结合、联合培养模式的实践探索 | 王秀娟 | 黑龙江农业工程职业学院 | 中国职业技术教育 | 2008/02 | 8 | 124 | |
| 8. | 高等农业职业教育课程创新研究——以成都农业科技职业学院为例 | 吴学军 | 成都农业科技职业学院 | 高等农业教育 | 2007/12 | 7 | 79 | (3) |

续表

| 序号 | 篇名 | 作者 | 作者单位 | 刊名 | 年/期 | 被引频次↓ | 下载频次 | 相关度排序 |
|------|------|------|----------|------|-------|-----------|----------|-----------|
| 9. | 高等农业职业教育人才培养模式的创新与实践 | 郝婧 | 北京农业职业学院 | 职业技术教育 | 2010/13 | 5 | 230 | 22 |
| 10. | 北京市农民科技素质及影响因素的实证研究 | 陈俊红;王爱玲;周连第 | 北京市农林科学院农业综合发展研究所 | 北京市经济管理干部学院学报 | 2009/01 | 5 | 102 | |
| 11. | 高等职业教育设施农业专业人才培养目标和培养模式的构建 | 费显伟;周贵平;富新华 | 辽宁熊岳农业高等专科学校 | 高等农业教育 | 1999/07 | 5 | 62 | 4 |
| 12. | 开发共享型课程资源库,促进高职教育教学改革——以畜牧兽医专业课程资源库建设为例 | 尹洛蓉 | 成都农业科技职业学院 | 中国畜牧兽医文摘 | 2015/05 | 4 | 109 | |
| 13. | 高职教育参与农村劳动力转移培训研究 | 乔莉莉 | 沈阳农业大学高等职业技术学院 | 职业教育研究 | 2008/12 | 4 | 91 | |
| 14. | 高职焙烤专业创业教育的探索与思考 | 华景清;蔡健;徐良 | 苏州农业职业技术学院 | 农产品加工(学刊) | 2010/10 | 4 | 61 | |
| 15. | 关于高等职业院校校园文化建设的实践与思考 | 赵章彬 | 北京农业职业学院 | 中国职业技术教育 | 2017/04 | 3 | 208 | |
| 16. | 院企合作共建畜牧兽医专业生产性实训基地的研究与实践 | 许亚东;姜光丽;周光荣 | 成都农业科技职业学院 | 高等农业教育 | 2009/09 | 3 | 151 | |
| 17. | 跨区域合作办学的理念创新与实践探索——以北京农业职业学院为个案的研究 | 马俊哲;李凌 | 北京农业职业学院 | 北京农业职业学院学报 | 2012/01 | 3 | 101 | (27) |
| 18. | 以示范校建设为契机全面提升整体办学水平 | 王振如 | 北京农业职业学院 | 北京农业职业学院学报 | 2007/03 | 3 | 87 | |
| 19. | 北京农业职业教育发展对策研究 | 杜保德;李凌 | 北京农业职业学院 | 中国职业技术教育 | 2008/23 | 3 | 70 | 27 |

| 序号 | 篇名 | 作者 | 作者单位 | 刊名 | 年/期 | 被引频次↓ | 下载频次 | 相关度排序 |
|---|---|---|---|---|---|---|---|---|
| 20. | 坚持"三开式"办学服务郊区"三化"建设 | 王振如;宋丽润 | 北京农业职业学院 | 北京农业职业学院学报 | 2005/03 | 3 | 67 | |
| 21. | 基于技能大赛的职业性教学探索——以畜牧兽医专业为例 | 乔利敏 | 北京农业职业学院 | 黑龙江畜牧兽医 | 2015/18 | 3 | 49 | |
| 22. | 高职院校设施农业技术专业《设施园艺》教学改革探索 | 陈海生;吕乐燕 | 浙江同济科技职业学院 | 安徽农学通报 | 2013/10 | 3 | 44 | 24 |
| 23. | 农业高职机电类专业实施"双证书"制度探索——以苏州农业职业技术学院为例 | 时忠明 | 苏州农业职业技术学院 | 职业技术教育 | 2013/35 | 3 | 25 | |
| 24. | 改革农业职业教育服务休闲农业产业发展——从休闲农业的发展谈职业教育的改革创新 | 谈再红;姚季伦 | 湖南生物机电职业技术学院 | 湖南农业科学 | 2014/02 | 2 | 129 | 2 |
| 25. | 园艺生物技术实训基地建设的实践与思考 | 朱旭东;钱剑林;李庆魁 | 苏州农业职业技术学院 | 科技信息 | 2008/26 | 2 | 120 | |
| 26. | 突出职教特色走产学研一体化办学之路——苏州农业职业技术学院校办产业模式的实践探索 | 石丽敏;叶琦 | 苏州农业职业技术学院 | 中国职业技术教育 | 2008/35 | 2 | 119 | (7) |
| 27. | 建立适应都市型农业的高等农业职业教育体系 | 庄连雄 | 上海农学院学生处 | 教育发展研究 | 1999/S1 | 2 | 98 | 9 |
| 28. | 设施农业技术专业基于工作过程导向的课程开发 | 张红燕;谢红 | 黑龙江农业工程职业学院 | 职业教育研究 | 2009/08 | 2 | 89 | 20 |

| 序号 | 篇名 | 作者 | 作者单位 | 刊名 | 年/期 | 被引频次↓ | 下载频次 | 相关度排序 |
|---|---|---|---|---|---|---|---|---|
| 29. | 中高职分段培养园林技术专业衔接课程"一体化"设计 | 黄顺;周军;朱志钦 | 苏州农业职业技术学院 | 安徽农业科学 | 2014/21 | 2 | 86 | |
| 30. | 浅谈都市农业发展与职业教育创新 | 黄春来;黎定军 | 湖南农业大学国际学院 | 当代教育论坛(上半月刊) | 2009/05 | 2 | 62 | 11 |
| 31. | 突出能力培养构建农业高职实践教学新模式 | 费显伟;张立今;王国东;富新华 | 辽宁农业职业技术学院 | 辽宁高职学报 | 2003/05 | 2 | 57 | |
| 32. | 现代都市农业发展需求视域下的职业农民培育路径 | 许爱萍 | 天津社会科学院城市经济研究所 | 农业科技管理 | 2015/04 | 2 | 51 | |
| 33. | 北京农业职业学院开放办学实践与探索 | 赵庶吏 | 北京农业职业学院 | 北京农业职业学院学报 | 2013/01 | 2 | 47 | (9) |
| 34. | 如何搞好都市现代农业中的农民技能培训工作 | 高佳 | 天津市农业广播电视学校 | 天津农业科学 | 2013/02 | 2 | 39 | 14 |
| 35. | 以集团化办学推进现代职业教育发展 | 杜晓林 | 北京农业职业学院 | 北京教育(高教) | 2015/06 | 2 | 39 | 18 |
| 36. | 关于京津冀都市型现代农业职业教育协同发展的思考 | 鄢毅平 | 北京农业职业学院 | 北京农业职业学院学报 | 2017/02 | 2 | 35 | 3 |
| 37. | 农业职业教育服务现代都市农业研究 | 杨长荣;周瑾 | 武汉都市农业培训学院 | 中国职业技术教育 | 2012/03 | | 163 | 13 |
| 38. | 高职院校"冠名+订单"工学交替培养模式的实践与思考——以苏州农业职业技术学院连锁经营管理专业为例 | 殷志扬;林德明;程培堽 | 苏州农业职业技术学院 | 武汉职业技术学院学报 | 2010/04 | 1 | 153 | |

| 序号 | 篇名 | 作者 | 作者单位 | 刊名 | 年/期 | 被引频次↓ | 下载频次 | 相关度排序 |
|---|---|---|---|---|---|---|---|---|
| 39. | 强化专业建设开拓后示范校建设的新路径——以北京农业职业学院畜牧兽医系专业建设为例 | 曹授俊;钱静 | 北京农业职业学院 | 北京农业职业学院学报 | 2012/04 | 1 | 117 | (24) |
| 40. | "双线四段、筑园塑人"人才培养模式的创新与实践 | 周军;成海钟;钱剑林;潘文明;李臻;赵茂锦;黄顺;杨小平;闵小勇;梁铮 | 苏州农业职业技术学院园林工程学院 | 中国职业技术教育 | 2015/17 | 1 | 119 | |
| 41. | 都市型现代农业高技能人才培养改革与实践 | 王晓华;崔砚青;王振如;王福海;崔坤;张京生;郝婧;张晖 | 北京农业职业学院 | 中国职业技术教育 | 2015/26 | | 112 | |
| 42. | 畜牧兽医专业"岗位轮动"教学模式探索与实践 | 曹授俊;关文怡;李玉冰 | 北京农业职业学院 | 北京农业职业学院学报 | 2009/02 | 1 | 115 | |
| 43. | 高职创新创业人才培养要向绿色职教转型 | 丁继安;方东傅 | 湖州职业技术学院 | 职业技术教育 | 2013/36 | | 102 | 25 |
| 44. | 高职院校开展职业技能竞赛的探索与实践 | 王晶;崔宝发;张满清;李桂伶 | 北京农业职业学院 | 黑龙江畜牧兽医 | 2015/02 | 1 | 91 | |
| 45. | 基于北京农业职业教育市场现状与发展规划 | 张满清 | 北京农业职业学院 | 中国校外教育 | 2009/04 | | 85 | 17 |
| 46. | 培育一代新型农民建设现代都市农业——关于实施"专业农民"培训若干问题的思考 | 王信泰;谷淑萍;徐本仁 | 上海交通大学 | 上海农村经济 | 2006/09 | | 89 | |
| 47. | 培养具备可持续发展能力的新型职业农民新思考——以成都农业科技职业学院畜牧兽医专业为例 | 邓继辉 | 成都农业科技职业学院 | 黑龙江畜牧兽医 | 2014/14 | | 77 | (16) |

| 序号 | 篇名 | 作者 | 作者单位 | 刊名 | 年/期 | 被引频次↓ | 下载频次 | 相关度排序 |
|---|---|---|---|---|---|---|---|---|
| 48. | 创新实践模式推行现代学徒制——以北京农业职业学院汽车检测与维修技术专业为例 | 叶克;陆静兵;诸刚;王芳 | 北京农业职业学院 | 北京农业职业学院学报 | 2016/06 | | 77 | (11) |
| 49. | 借示范校建设强劲东风推动学院建设再上新台阶 | 崔砚青 | 北京农业职业学院 | 北京农业职业学院学报 | 2008/05 | | 79 | |
| 50. | 高等职业教育中创新校企合作培养模式的思考 | 张平;邓继辉;周光荣;姜光丽 | 成都农业科技职业学院畜牧兽医分院 | 中国畜禽种业 | 2010/11 | | 79 | |
| 51. | 中国与加拿大小动物医学专业高等职业教育的思考——以北京农业职业学院与加拿大圣力嘉学院为例 | 李志;刘朗 | 北京农业职业学院 | 黑龙江畜牧兽医 | 2012/24 | | 70 | (2) |
| 52. | 农业高职院校校企合作长效机制的研究实践——以苏州农业职业技术学院为例 | 何钢;汤瑾 | 苏州农业职业技术学院 | 学理论 | 2014/06 | 1 | 75 | (17) |
| 53. | 涉农专业中高职衔接的思考——以成都农业科技职业学院畜牧兽医类专业为例 | 邓继辉;姜光丽;黄雅杰;张平 | 成都农业科技职业学院 | 黑龙江畜牧兽医 | 2015/22 | | 65 | (14) |
| 54. | 引入市场机制,构建高职设施农业专业校内实践教学新模式 | 费显伟;张立今;王国东;富新华 | 辽宁农业职业技术学院 | 高等农业教育 | 2003/04 | | 67 | 15 |
| 55. | 高职专业教学资源库建设与实践——以成都农业科技职业学院畜牧兽医及相关专业为例 | 尹洛蓉 | 成都农业科技职业学院 | 黑龙江畜牧兽医 | 2015/24 | | 65 | (21) |

| 序号 | 篇名 | 作者 | 作者单位 | 刊名 | 年/期 | 被引频次↓ | 下载频次 | 相关度排序 |
|---|---|---|---|---|---|---|---|---|
| 56. | 基于"理实一体"的高职"双证"技能体系的构建与实现——以苏州农业职业技术学院信息类专业为例 | 赵军 | 苏州农业职业技术学院 | 湖北科技学院学报 | 2013/02 | | 62 | (23) |
| 57. | 高职院校实践课程量化考核体系研究——以苏州农业职业技术学院食品烘焙技术课程为例 | 李克俭;徐良;胡强;司文会 | 苏州农业职业技术学院 | 科技信息 | 2014/13 | | 63 | |
| 58. | 都市农业背景下的农业高职教育教学改革 | 方蕾 | 苏州农业职业技术学院 | 中国成人教育 | 2010/22 | 1 | 60 | 16 |
| 59. | 职业院校教师培训创新机制探索——以北京农业职业学院为例 | 王敏;吕嘉 | 北京农业职业学院 | 中国商界(上半月) | 2010/07 | | 59 | |
| 60. | 荷兰农业职业教育的特点及对我国职业教育的启示 | 曹允 | 北京农业职业学院 | 山东畜牧兽医 | 2015/06 | 1 | 58 | |
| 61. | 提升理念重内涵突出特色谋发展——北京农业职业学院办学实践 | 崔砚青;王振如 | 北京农业职业学院 | 中国职业技术教育 | 2008/11 | | 57 | |
| 62. | 高职农业经济管理专业特色与教改原则分析——以北京农业职业学院为例 | 罗斌 | 北京农业职业学院 | 高等农业教育 | 2015/03 | 1 | 53 | (6) |
| 63. | 试论北京农业职业教育 | 李秀华 | 北京农业职业学院 | 中国职业技术教育 | 2007/32 | | 54 | (8) |

续表

| 序号 | 篇名 | 作者 | 作者单位 | 刊名 | 年/期 | 被引频次↓ | 下载频次 | 相关度排序 |
|---|---|---|---|---|---|---|---|---|
| 64. | 高职院校专业教学团队建设的实践与成效——以苏州农业职业技术学院生物技术及应用专业为例 | 李克俭;阙小峰;司文会 | 苏州农业职业技术学院 | 吉林省教育学院学报(上旬) | 2014/07 | | 53 | (18) |
| 65. | 高职院校现代学徒制试点教育现状分析——以成都农业科技职业学院为例 | 罗丹丹;张平;杨洋;陈艳 | 成都农业科技职业学院 | 中国农业教育 | 2017/01 | | 53 | (20) |
| 66. | 发挥职业教育优势服务新农村建设 | 崔砚青 | 北京农业职业学院 | 北京教育(高教版) | 2008/02 | 1 | 52 | |
| 67. | 发展北京农村职业教育的意义与对策研究 | 吴智泉;陶春 | 北京联合大学应用性高等教育发展研究中心 | 中国电力教育 | 2010/27 | | 52 | 26 |
| 68. | "两型社会"背景下郊区农民职业教育研究 | 刘洪波 | 湖南涉外经济学院 | 辽宁行政学院学报 | 2009/08 | 1 | 51 | |
| 69. | 深化内涵育人才彰显特色惠三农——苏州农业职业技术学院升格高职院10周年巡礼 | 解鹏;郭志海 | 苏州农业职业技术学院 | 中国职业技术教育 | 2012/01 | | 49 | (13) |
| 70. | "寓学寓工校企共育"创新人才培养模式的研究与实践——以苏州农业职业技术学院食品专业为例 | 李海林;许建生;尤荣;胡强 | 苏州农业职业技术学院 | 农产品加工(学刊) | 2013/19 | | 49 | (15) |
| 71. | 动物药理实践教学对学生职业能力培养的评价调查 | 马建民 | 北京农业职业学院 | 黑龙江畜牧兽医 | 2011/07 | | 49 | |
| 72. | 都市农业职业教育集团的合作治理与管理创新 | 杜晓林 | 北京农业职业学院 | 北京农业职业学院学报 | 2014/02 | | 45 | 12 |

| 序号 | 篇名 | 作者 | 作者单位 | 刊名 | 年/期 | 被引频次↓ | 下载频次 | 相关度排序 |
|---|---|---|---|---|---|---|---|---|
| 73. | 园校融合共建高职园艺类专业实践教学体系 | 唐蓉;李寿田;朱广慧;汪成忠;顾国海;李成慧 | 苏州农业职业技术学院 | 教育教学论坛 | 2013/33 | 1 | 44 | |
| 74. | 高职设施园艺课程实践教学改革探讨 | 李朝红 | 汉中职业技术学院农林系 | 现代农业科技 | 2012/14 | | 43 | |
| 75. | 园林工程技术专业工学结合模式的探索 | 赵春春 | 成都农业科技职业学院 | 现代农业 | 2011/07 | | 41 | |
| 76. | 提升理念创新模式完善机制服务京郊新农村建设 | 崔砚青 | 北京农业职业学院 | 北京农业职业学院学报 | 2006/06 | | 36 | |
| 77. | 发挥农广校体系优势,实现职业教育与社会服务的有机结合 | 邓银章 | 北京农业职业学院 | 消费导刊 | 2008/18 | | 35 | (25) |
| 78. | 高职农畜特产品加工专业实践教学体系的构建与运行模式 | 王丽琼 | 北京农业职业学院 | 职业教育研究 | 2011/11 | | 35 | |
| 79. | 高等职业教育课程改革的思考——邢台市高等职业院校考察报告 | 王琳静;郭辉;张馨月 | 北京农业职业学院 | 北京农业职业学院学报 | 2013/02 | 1 | 34 | (22) |
| 80. | 基于现代学徒制的宠物养护与驯导专业人才培养模式探索与研究 | 杨霞;杨冬芸;邓继辉 | 成都农业科技职业学院 | 中国畜牧兽医文摘 | 2016/06 | 1 | 34 | |
| 81. | 都市农业发展中新型职业农民培训的绩效评估与分析——基于规模示范合作社农户的实地调查优先出版 | 刘益曦;胡春;于振兴;谢志远;张呈念 | 温州科技职业学院 | 江苏农业科学 | 2017/06 | | 32 | 19 |
| 82. | 北京地区宠物医学职业教育的态势分析与建议 | 李志 | 北京农业职业学院 | 黑龙江畜牧兽医 | 2014/20 | 1 | 33 | |

续表

| 序号 | 篇名 | 作者 | 作者单位 | 刊名 | 年/期 | 被引频次↓ | 下载频次 | 相关度排序 |
|------|------|------|----------|------|-------|-----------|----------|------------|
| 83. | 从高职旅游管理专业毕业实习调查谈教学改革 | 耿红莉;贾艳琼 | 北京农业职业学院 | 北京农业职业学院学报 | 2017(3) | 1 | 26 | |
| 84. | 提高人才培养质量的思考——以苏州农业职业技术学院为例 | 蔡健 | 苏州农业职业技术学院 | 农产品加工(学刊) | 2012/06 | | 32 | (19) |
| 85. | 高等职业教育在乡村休闲农业发展中的作用 | 杜晓林 | 北京农业职业学院 | 北京农业职业学院学报 | 2014/04 | | 30 | 1 |
| 86. | 职业教育与都市型农业互动关系刍议 | 孙孟侠 | 北京教育科学研究院职业教育与成人教育研究所 | 高等函授学报(哲学社会科学版) | 2007/09 | 1 | 31 | 8 |
| 87. | 高职计算机类专业人才培养模式的改革研究与实践——以成都农业科技职业学院为例 | 邹承俊 | 成都农业科技职业学院 | 工业和信息化教育 | 2013/11 | | 31 | |
| 88. | 浅谈加快推进新型职业农民教育培训的思考 | 杨丽华 | 云南省富源县农广校 | 农民致富之友 | 2017/04 | | 33 | |
| 89. | 正确处理五大关系促进学院全面发展 | 崔砚青 | 北京农业职业学院 | 北京农业职业学院学报 | 2006/04 | | 26 | |
| 90. | 农业职业人才供求:北京样本 | 李秀华 | 北京农业职业学院 | 职业技术教育 | 2011/24 | | 26 | |
| 91. | 基于职业教育专业特点对现代学徒制的可行性探索——以成都农业科技职业学院种子生产与经营专业为依托 | 张彭良 | 成都农业科技职业学院 | 教育教学论坛 | 2017/05 | | 24 | (10) |
| 92. | 高等职业教育中设施园艺专业人才培养探讨 | 佟凤琴 | 辽宁省抚顺师范高等专科学校 | 农业技术与装备 | 2016/02 | | 22 | 21 |
| 93. | 园林工程技术专业课程实践教学培养模式例析 | 吴元龙 | 成都农业科技职业学院 | 中国园艺文摘 | 2015/09 | | 23 | |

| 序号 | 篇名 | 作者 | 作者单位 | 刊名 | 年/期 | 被引频次↓ | 下载频次 | 相关度排序 |
|---|---|---|---|---|---|---|---|---|
| 94. | 论高职院校图书馆特色文献资源建设——基于都市农业职业教育信息服务视角优先出版 | 肖丽华 | 北京农业职业学院 | 农业图书情报学刊 | 2016/12 | | 20 | 7 |
| 95. | 试论都市农业职业教育与图书馆的文献资源建设 | 周建成 | 北京农业职业学院 | 科技情报开发与经济 | 2015/20 | | 18 | 5 |
| 96. | "双元制"在都市型现代农业高职教育中的应用研究 | 孙曦;周志恩;李鹏;赵宇昕 | 北京农学院城乡发展学院 | 赤子(中旬) | 2014/14 | | 17 | 6 |
| 97. | 高职院校公选课助推复合型创新人才培养的策略研究——以成都农业科技职业学院为例 | 陈艳;杨洋;张平;蒋红丽;姜光丽 | 成都农业科技职业学院 | 教育教学论坛 | 2017/06 | | 16 | |
| 98. | 南通农机职业教育的思考 | 马骏;苏冬云;濮海坤 | 南通农业职业技术学院 | 读与写(教育教学刊) | 2013/02 | 1 | 15 | |
| 99. | 高等职业教育服务"三农"形式及对策研究 | 苟鸿娅;易志清;张亚 | 成都农业科技职业学院 | 中国商贸 | 2014/11 | 1 | 14 | |
| 100. | 高职"园艺技术实训"课程教学改革的思考 | 崔海 | 银川能源学院 | 中国园艺文摘 | 2013/12 | | 14 | |
| 101. | 设施农业生产技术"理实一体化"教学模式探索 | 程冰 | 宁夏回族自治区西吉县职业中学 | 企业导报 | 2015/22 | | 13 | |
| 102. | 新常态下中职观光农业经营专业人才培养应对措施 | 赵乐 | 广西桂林农业学校 | 新课程研究(中旬刊) | 2017/01 | | 13 | |
| 103. | 在育人兴农中不断发展 | 许亚东;鲁健生 | 成都农业科技职业学院 | 中国农村教育 | 2007/09 | | 12 | |
| 104. | 浅析天津市涉农产业职业技能培训工程 | 孟庆霞 | 天津市农业广播电视学校 | 天津农林科技 | 2012/01 | | 12 | |

| 序号 | 篇名 | 作者 | 作者单位 | 刊名 | 年/期 | 被引频次↓ | 下载频次 | 相关度排序 |
|---|---|---|---|---|---|---|---|---|
| 105. | 《养鸭生产技术》课程实践教学探索——以北京农业职业学院为例 | 李玉清;张孝和;安英凤 | 北京农业职业学院 | 北京农业职业学院学报 | 2014/03 | | 12 | |
| 106. | 浅议都市农业职业教育的发展与图书馆馆员角色转换 | 周建成 | 北京农业职业学院 | 价值工程 | 2017(32). | | 11 | |
| 107. | 现代学徒制模式在本科院校人才培养实践中的借鉴与探索——以沈阳农业大学为例 | 韩杰;白文林;尹荣焕;原婧;陈晓月;韩小虎;刘宝山;刘丽霞 | 沈阳农业大学畜牧兽医学院 | 畜牧与饲料科学 | 2017/10 | | 11 | |
| 108. | 高职园艺专业"六园一体技艺三进"式人才培养模式的构建与实践——以苏州农业职业技术学院园艺专业为例 | 金立敏;唐蓉 | 苏州农业职业技术学院 | 科教导刊(下旬) | 2017/05 | | 11 | |
| 109. | 高职学生实践动手能力培养研究——以成都农业科技职业学院为例 | 杨洁 | 成都农业科技职业学院 | 河南农业 | 2014/14 | | 8 | |
| 110. | 强化高职课程教学改革实践,提高动物解剖生理课程教学效果 | 尹洛蓉 | 成都农业科技职业学院 | 中国畜牧兽医文摘 | 2016/07 | | 8 | |
| 111. | 对"理实一体化"教学的探索与实践——以北京农业职业学院液压与气动技术课程为例 | 杨佳慧;叶克;杨学坤 | 北京农业职业学院 | 职业教育(中旬刊) | 2016/12 | | 8 | |
| 112. | 关于都市农业职业教育灰色文献的搜集整理与利用 | 周建成 | 北京农业职业学院 | 中外企业家 | 2016/29 | 1 | 6 | 10 |

续表

| 序号 | 篇名 | 作者 | 作者单位 | 刊名 | 年/期 | 被引频次↓ | 下载频次 | 相关度排序 |
|---|---|---|---|---|---|---|---|---|
| 113. | 高职设施农业专业"双体系"教学模式的探索 | 郑玉艳 | 辽宁农业职业技术学院 | 辽宁农业职业技术学院学报 | 2016/06 | | 6 | |
| 114. | "工学结合"人才培养模式的探索与实践 | 梁丽平 | 北京农业职业学院 | 产业与科技论坛 | 2013/18 | | 5 | |
| 115. | "互联网＋"视域下农业职业教育教学改革路径探索与实践 | 李辉;任华;罗敏 | 成都农业科技职业学院 | 中国农业教育 | 2017/02 | | 3 | |
| 116. | 丰富职教内涵延长职教链条——以北京农业职业学院为例 | 崔坤 | 北京农业职业学院 | 北京教育(高教) | 2017/05 | | 3 | 23 |
| 117. | 关于都市农业职业教育信息服务的研究报告 | 肖丽华 | 北京农业职业学院 | 中外企业家 | 2017/15 | | 3 | |
| 118. | 重庆:全新工作室模式培训农机人才 | 王亚同 | | 南方农机 | 2017/07 | | 3 | |
| 119. | 北京农民手机应用技能培训工作成效 | 李显友 | 北京市农业局信息中心 | 农业工程技术 | 2017/09 | | 2 | |
| 120. | 数控加工实训项目的特色化研究与实践 | 蒋三生 | 北京农业职业学院机电工程学院 | 北京农业职业学院学报 | 2017/05 | | 1 | |

排序说明:

1. 被引频次为主,下载频次为辅;

2. 相关度仅作为参考值(相关度的值即为相关度排序的顺序,序数越大相关度越低。相关度数值分别由式一和式二两套数值组成,式二数值加括号以作区分);

3. 出版两年以内的文献由于被引频次一般都较低或者没有,所以排序以下载频次为主,辅之人工判断,参考相关度序数作为辅助排序因子;

4. 在比较几个相邻的结果项排名时,当被引频次或下载频次数值接近时,以优先级较低的下载频次或相关度大小作为排序依据;

5. 本排序仅以检索当时的指标数值作为依据。数据库指标数值是动态的,一直在变化,所以此排序只代表检索当时的情况,不能作为以后的判断依据。

# 附录二

## "都市农业职业教育"研究文献汇编
## (题录文摘)

(按被引频次→下载频次→相关度为先后优先次序排序)

1. 题名:高等职业院校学生顶岗实习的探索与实践

作者:伊丽丽;刘春鸣;刘爱军;欧雅玲

关键词:职业院校;人才培养;顶岗实习

单位:北京农业职业学院

摘要:顶岗实习是高等职业教育实践性教学环节的重要组成部分,在人才培养中起着十分重要的作用。科学设计、合理安排、精心组织、规范管理是提高顶岗实习的关键。该文分析了高等职业院校实行顶岗实习的意义及在顶岗实习中存在的主要问题,阐述了提高顶岗实习效果的策略。北京农业职业学院施行顶岗实习的探索实践表明,顶岗实习是实现高等职业院校培养目标、提高学生的职业素质、缩短工作适应期和提高就业率的有效途径。

刊名:中国林业教育

ISSN:1001－7232

年:2009

期:01

第一责任人:伊丽丽

2. 题名:强化产学研结合　突出高职教育特色

作者:王秀清;马俊哲

关键词:产学研结合;高职教育特色;教育教学改革;科研工作

单位:北京农业职业学院,北京 100093

摘要:本文分析了高职院校产学研结合的特征,全面介绍了北京农业职业学院在多年的办学实践中,探索出的适合自身发展情况的产学研结合形式,及其对学院发展起到的促进作用。

刊名:中国职业技术教育

ISSN:1004 - 9290

年:2007

期:08

第一责任人:王秀清

3. 题名:日本农业职业教育的做法与启示

作者:杜保德;李玉冰;赵素英;胡天苍;李志勇;邱强;马思亿;李国营

关键词:农业职业教育;理论教学;实践教学;日本

单位:北京农业职业学院,北京102442

摘要:为借鉴日本农业职业教育的经验,北京农业职业学院组织专门学习考察团,于2007年10月赴日本考察了日本的农业职业教育情况。日本是一个职业教育较为发达的国家,立足日本农业劳动者队伍的特点,开展农业职业教育;从国情出发,建立日本青年农民教育体系;政府和社会各界高度重视农民科技教育工作。日本农业职业教育重视理论教学,更重视实践教学,特别注重培养学生的实际操作能力和适应社会能力,值得我们学习。

刊名:北京农业职业学院学报

ISSN:1671 - 7252

年:2008

期:01

第一责任人:杜保德

4. 题名:构建以技术专业能力为本位的项目课程体系

作者:王秀娟;李永晶

关键词:高职工作过程;能力本位;项目课程

单位:黑龙江农业工程职业学院,黑龙江哈尔滨150088

摘要:项目课程是针对我国职业教育所面临的现实问题所构建的一个理论新框架。黑龙江农业工程职业学院设施农业技术专业积极进行课程模式改革的实践探索,构建了能力本位的项目课程体系;以工作过程为导向,开发与设计项目式课程,实现课程结构模块化、课程内容综合化、课程实施一体化,从而促进学生职业能力的发展。

刊名:黑龙江高教研究

ISSN:1003 - 2614

年:2008

期:06

第一责任人:王秀娟

5. 题名:高职园林技术专业"1＋1＋1"工学结合人才培养模式研究

作者:黄顺;潘文明;唐蓉;尤伟忠

关键词:高职园林技术专业;人才培养模式;工学结合;"1＋1＋1"

单位:苏州农业职业技术学院园艺与园林系

摘要:为了提高人才对社会需求的适应能力,以职业为导向,以能力为本位,以任务为载体,就苏州农业职业技术学院 3 年制高职园林技术重点专业建设为例,积极探索和研究工学结合人才培养模式在专业建设上的创新思路及主要实施途径。

基金:苏州农业职业技术学院教改课题

刊名:现代农业科技

ISSN:1007－5739

年:2009

期:17

第一责任人:黄顺

6. 题名:产学研结合培养农技人才的探索及实践

作者:王峥

关键词:产学研;农业;人才培养;模式

单位:苏州农业职业技术学院,苏州 215008

摘要:文章从我国加入 WTO 后,苏州地区农业农村现代化发展的实际为农业高职院校带来的发展机遇和挑战出发,面向市场,服务"三农",从农业高职教育定位、专业结构调整、课程教学内容、方法改革、加强就业指导等几方面提出了构建农业高职人才培养模式的新思路。

刊名:农业科技管理

ISSN:1001－8611

年:2005

期:06

第一责任人:王峥

7. 题名:高职设施农业技术专业实施工学结合、联合培养模式的实践探索

作者:王秀娟

关键词:高职;设施农业技术;工学结合;培养模式

单位:黑龙江农业工程职业学院,黑龙江哈尔滨 150088

摘要:黑龙江农业工程职业学院设施农业技术专业通过实施"工学结合、联合培养"模式,构建突出实践能力培养的课程体系,增强了学生的专业实践能力,较好地实现了高职教育人才培养目标。

刊名:中国职业技术教育

ISSN:1004 – 9290

年:2008

期:02

第一责任人:王秀娟

8. 题名:高等农业职业教育课程创新研究——以成都农业科技职业学院为例

作者:吴学军

关键词:高等农业职业教育;课题研究;课程;创新

单位:成都农业科技职业学院,四川成都611130

摘要:在由求规模、数量发展转向求内涵、质量发展的关键时期,课程改革与创新成为高等农业职业教育提升办学质量、丰富内涵的关键。以课题研究为平台,强调课程的实践性、过程性是高职教育课程创新的逻辑起点。高等农业职业教育课程创新体现在课程目标、编制主体、课程资源、课程实施及评价等方面。

基金:四川省教育发展研究中心 2006 年重点课题"以专家大院为载体,探索产学研结合新模式"(课题编号:200674)

刊名:高等农业教育

ISSN:1002 – 1981

年:2007

期:12

第一责任人:吴学军

9. 题名:高等农业职业教育人才培养模式的创新与实践

作者:郝婧

关键词:高等农业职业教育;人才培养模式;创新;实践

单位:北京农业职业学院

摘要:在传统农业向都市现代农业转变的过程中,农业发展对农村高素质技能人才提出了数量上的需求和质量上的要求。随着高等农业职业教育人才培养模式不断创新,9所农业类高职示范院校的人才培养模式实践取得一定成效,主要表现在:促使办学理念由封闭转向开放,遵循农作物生长规律,强调岗位实践职业特色,将多种教法引入教学环节等方面。

基金:全国教育科学"十一五"规划教育部重点课题《高等农业职业教育人才培养模式与创新研究》(GJA094007),主持人:郝婧

刊名:职业技术教育

ISSN:1008 - 3219

年:2010

期:13

第一责任人:郝婧

10. 题名:北京市农民科技素质及影响因素的实证研究

作者:陈俊红;王爱玲;周连第

关键词:北京;农民科技素质;素质教育;公共投资

单位:北京市农林科学院农业综合发展研究所

摘要:本文对北京农民的科技素质、素质教育、教育投资需求等进行调查和实证分析后表明:北京农民科技基础知识和科技意识较高,但驾驭市场和持续增收能力较弱;城市近郊基础教育好于远郊;农民对职业教育认可程度不高,虽接受技能培训机会多,但囿于空闲时间和费用限制;北京农村教育收益率高于全国及世界上发展中国家。在以上研究基础上,文章提出了北京应继续加大农村基础教育投资,巩固农村基础教育核心地位,大力发展农村职业教育、科技培训和推广工作,以完善教育体制和促进公共投资结构合理化的对策建议。

基金:北京市自然科学基金[9073014];北京市优秀人才培养项目(D类)资助

刊名:北京市经济管理干部学院学报

ISSN:1008 - 7222

年:2009

期:01

第一责任人:陈俊红

11. 题名:高等职业教育设施农业专业人才培养目标和培养模式的构建

作者:费显伟;周贵平;富新华

关键词:高等职业教育;设施农业;专业培养目标;培养模式

单位:辽宁熊岳农业高等专科学校

摘要:发展农业高等职业教育是农村经济和社会发展的客观要求,本文通过研究和制订具有高等职业教育特色的设施农业专业教学计划,对农业高等职业教育以技术应用能力为培养主线,为农业生产一线培养具有成熟技术和较强实践能力的高级应用型人才途径进行了探索。

刊名:高等农业教育

ISSN:1002 - 1981

年:1999

期:07

第一责任人:费显伟

12. 题名:开发共享型课程资源库,促进高职教育教学改革——以畜牧兽医专业课程资源库建设为例

作者:尹洛蓉

关键词:高职教育教学;课程资源库;畜牧兽医;教学改革

单位:成都农业科技职业技术学院畜牧兽医分院

摘要:在高职教育内涵发展阶段,共享型专业教学资源库建设对于推进高职人才培养质量和高职教育教学改革方面发挥了重要作用。本文就成都农业科技职业学院畜牧兽医专业课程资源库建设的现状、课程资源库的特色和取得的成效,探究和思考高职院校共享型畜牧兽医专业课程资源库建设对高职教育教学改革的意义。

基金:成都农业科技职业学院省级示范性高等职业院校建设项目"课程库建设"(项目编号:11 - 04 - 01 - 032 - 3)的研究成果

刊名:中国畜牧兽医文摘

ISSN:1672 - 0857

年:2015

期:05

第一责任人:尹洛蓉

13. 题名:高职教育参与农村劳动力转移培训研究

作者:乔莉莉

关键词:高等职业教育;农村劳动力;培训

单位:沈阳农业大学高等职业技术学院

摘要:作为农村劳动力转移培训基地的沈阳农业大学高等职业技术学院,对转移农民就业培训进行了一系列实践探索,并积累了丰富的经验。这些经验对农村劳动力转移培训中,高等职业教育如何发挥应有的作用提供了有益的借鉴。

基金:2007 年度沈阳农业大学青年教师科研基金《高等职业教育为辽宁农村劳动力转移服务研究》(课题编号:20070231)的中期研究成果

刊名:职业教育研究

ISSN:1672 – 5727

年:2008

期:12

第一责任人:乔莉莉

14. 题名:高职焙烤专业创业教育的探索与思考

作者:华景清;蔡健;徐良

关键词:高职;焙烤专业;创业教育;探索思考

单位:苏州农业职业技术学院食品系

摘要:高职院校开展创业教育是高职教育改革与未来发展的目标之一。结合苏州农业职业技术学院创建创业教育示范院校的建设实际,探讨了高职创业教育的内涵和开展创业教育的必要性。以焙烤专业为例,从修改培养方案、调整课程设置、改革教学方法、加强实践环节、访谈成功人士等方面,总结了创业教育的实践探索,简要分析了高职创业教育中应把握的关键问题。

基金:苏州市高技能人才培养研发课题(GJN092215)

刊名:农产品加工(学刊)

ISSN:1671 – 9646

年:2010

期:10

第一责任人:华景清

15. 题名:关于高等职业院校校园文化建设的实践与思考

作者:赵章彬

关键词:高职教育;校园文化;核心价值观;劳动文化;专业文化体系

单位:北京农业职业学院

摘要:本文从理论和实践两个层面,对高等职业院校校园文化建设进行了分析,结合北京农业职业学院校园文化建设实践,提出了在高职院校应打造以社会主义核心价值观为核心、以劳动文化为重点、以专业文化为支撑的校园文化体系的观点,并对"十三五"时期高职院校校园文化建设提出了建议。

基金:北京农业职业学院2016年度科研项目"北京农业职业学院校园文化体系建设研究"(项目编号 XY – SK – 16 – 15)

刊名:中国职业技术教育

ISSN:1004 – 9290

年:2017

期:04

第一责任人:赵章彬

16. 题名:院企合作共建畜牧兽医专业生产性实训基地的研究与实践

作者:许亚东;姜光丽;周光荣

关键词:高职教育;校外实训基地;院企合作

单位:成都农业科技职业学院

摘要:校外生产实训基地是实现高等职业教育目标的重要条件之一。成都农业科技职业学院通过与企业深度合作,共建畜牧兽医专业生产实训基地,对高职院校校外生产性实训基地的建设模式与有效运行机制进行实践探索,并以此推动畜牧兽医专业人才培养模式改革,取得了较好成效。

刊名:高等农业教育

ISSN:1002 – 1981

年:2009

期:09

第一责任人:许亚东

17. 题名:跨区域合作办学的理念创新与实践探索——以北京农业职业学院为个案的研究

作者:马俊哲;李凌

关键词:跨区域合作办学;合作办学理念;合作办学模式

单位:北京农业职业学院

摘要:北京农业职业学院跨区域合作办学的动力为践行办学理念,创建国家级示范性高职院校和承担社会责任,在"资源共享、双向互动、互惠互利、共同发展"的合作办学中,逐渐形成了"政策引领型""资源支持型""交流聚合型"三种类型的跨区域合作办学模式。为了促进职业教育的可持续发展,建议将跨区域合作办学纳入国家教育发展战略,支持和引导职业教育跨区域合作与发展;在合作中兼顾各方利益,完善制度、不断创新,注重合作的监测与评估;在合作中以人才培养、教师专业化成长和管理水平提升为重点,谋求共赢,促进共同发展。

基金:国家社会科学基金"十一五"规划一般课题(BJA070035)

刊名:北京农业职业学院学报

ISSN:1671－7252

年:2012

期:01

第一责任人:马俊哲

18. 题名:以示范校建设为契机　全面提升整体办学水平

作者:王振如

关键词:高等职业教育;办学理念;办学水平

单位:北京农业职业学院,北京 102442

摘要:经过不懈努力,北京农业职业学院在人才培养、服务"三农"方面取得了显著的成绩,为推动京郊经济建设与社会发展发挥了积极的作用,社会声誉显著提升。2005 年,学院顺利通过教育部高职高专人才培养水平评估并获得优秀,已经具备了进入国家示范性高职院校建设行列的坚实基础。在争建国家级示范校的过程中,应重点做好以下工作:贯彻高职教育发展指导思想,提升办学理念;大力加强重点专业及专业群建设;重点提升实践教学水平;努力提高"双师型"师资队伍建设水平;实施学生综合素质培养工程,全面提高学生素质;加强环境建设,大力营造和谐氛围;构建和完善"三农"服务体系;加强交流,突出示范、辐射和带动作用。

刊名:北京农业职业学院学报

ISSN:1671－7252

年:2007

期:03

第一责任人:王振如

19. 题名:北京农业职业教育发展对策研究

作者:杜保德;李凌

关键词:新农村建设;农业职业教育;发展对策

单位:北京农业职业学院

摘要:北京都市型现代农业、现代农业的发展和新农村建设要求农业职业职业教育做出相应的适应和调整,但是北京农业职业教育存在政府重视不够、教育资源配置不合理、办学体制不顺、机制僵化、投入不足等问题;必须以强化政府行为为核心,加强统筹力度,调整投入结构与方式,促进农业职业教育更好地服务于北京经济社会发展。

刊名:中国职业技术教育

ISSN:1004 - 9290

年:2008

期:23

第一责任人:杜保德

20. 题名:坚持"三开式"办学　服务郊区"三化"建设

作者:王振如,宋丽润

关键词:"三开式"办学;人才培养;科技服务;高等农业职业教育

单位:北京农业职业学院,北京 102442

摘要:北京农业职业学院成立之初,即提出了"开门、开发、开放"的"三开式"办学指导方针。为积极配合北京市"221 行动计划",学院深化改革,进一步丰富和完善"三开式"办学方针的内涵,发挥对郊区的人才培养功能和技术推广与科技服务功能,构建农民培训及就业服务平台,服务郊区"三化"建设。

刊名:北京农业职业学院学报

ISSN:1671 - 7252

年:2005

期:03

第一责任人:王振如

21. 题名:基于技能大赛的职业性教学探索——以畜牧兽医专业为例

作者:乔利敏

关键词:技能大赛;职业岗位;实践教学;教学探索;教学改革

单位:北京农业职业学院畜牧兽医系

摘要:笔者以北京农业职业学院畜牧兽医系的职业技能大赛为例,立足技能大赛的组织实施,从推进学院教育教学改革、强化学生专业技能、加强学生职业素养、提高学生就业竞争能力、提升教师的教学水平及展示学院的办学能力等方面阐述了在教学活动中进行的基于职业技能大赛的职业性教学探索,进一步加快了职业教育教学改革的进程。

基金:北京农业职业学院 2013 年教学改革研究项目(2013019)

刊名:黑龙江畜牧兽医

ISSN:1004 - 7034

年:2015

期:18

第一责任人:乔利敏

22. 题名:高职院校设施农业技术专业《设施园艺》教学改革探索

作者:陈海生;吕乐燕

关键词:设施园艺;高职教育;课程改革

单位:浙江同济科技职业学院

摘要:浙江省水利厅承办的高职院校设施农业技术专业《设施园艺》是一门实践性很强的综合性课程。该文指出《设施园艺》课程教学目前存在的问题,提出了优化课堂教学、完善实训基地建设、加强实践性教学环节、动员学生参与教师科研项目等改革措施,以此激发学生的学习热情,培养学生分析问题和解决问题的能力。

基金:水利部部属高职高专院校特色示范专业"设施农业技术专业"课程改革建设项目(STZ1002B02)

刊名:安徽农学通报

ISSN:1007 - 7731

年:2013

期:10

第一责任人:陈海生

23. 题名:农业高职机电类专业实施"双证书"制度探索——以苏州农业职业技术学院为例

作者:时忠明

关键词:高职院校;双证书制度;机电类专业

单位:苏州农业职业技术学院

摘要:"双证书"制度的实施对于促进职业教育发展起到了重要的促进作用,但在实施中,特别是对于农业类高职院校,还存在教学与职业技能鉴定相脱节、学生考证选择避难就易、专业职业技能资格证书与专业特色不匹配等问题。这既有社会和学生自身原因,更主要在于学校层面原因。保证"双证书"制度的有效实施,学校应努力从优化人才培养方案、加快"双师型"教师培养、推进校内外实训基地建设等方面着力。

基金:江苏省农业委员会教育改革课题《农业高职院校机电类专业提高学生"双证书"率的研究》(编号:JSNZJ2011012),主持人:时忠明

刊名:职业技术教育

ISSN:1008 – 3219

年:2013

期:35

第一责任人:时忠明

24. 题名:改革农业职业教育　服务休闲农业产业发展——从休闲农业的发展谈职业教育的改革创新

作者:谈再红;姚季伦

关键词:职业教育;休闲农业;创新改革

单位:湖南生物机电职业技术学院

摘要:城市居民生态环保意识的觉醒催生了休闲农业的发展,休闲农业产业的快速发展呼唤着职业教育的强力跟进。农业职业教育必须适应现代农业发展需要,围绕新型产业开发特色专业,走专业对接产业的人才培养之路。阐述了休闲农业的基本概念,分析了湖南省休闲农业发展现状,归纳了休闲农业的五大人才需求类型,结合未来湖南省休闲农业人才需求,以湖南生物机电职业技术学院休闲农业专业办学为案例,提出了农业职业教育改革创新要以服务行业发展、促进农村建设为目标,与行业发展协同规划,设立新专业,建设新课程,培育双师队伍等建议。

基金:湖南省教育科学规划项目(XJK012BZJ029);湖南省科技厅科学规划项目(2010ZK3104;10TD02);省教育科学规划重点项目(XJK08CZC012)

刊名:湖南农业科学

ISSN:1006 – 060X

年:2014

期:02

第一责任人:谈再红

25. 题名:园艺生物技术实训基地建设的实践与思考

作者:朱旭东;钱剑林;李庆魁

关键词:园艺生物技术;实训基地建设;产学研;特色

单位:苏州农业职业技术学院

摘要:实训基地建设是促进职业技术教育发展,培养高素质实用型、技能型人才的关键,是职业院校必须做的一项基础性工作。本文结合苏州农业职业技术学院园艺生物技术实训基地建设实际,就如何建立园艺、园林专业实验实训基地问题进行探讨。

刊名:科技信息

ISSN:1001 - 9960

年:2008

期:26

第一责任人:朱旭东

26. 题名:突出职教特色　走产学研一体化办学之路——苏州农业职业技术学院校办产业模式的实践探索

作者:石丽敏;叶琦

关键词:职业教育;产学研一体化;校办产业

单位:苏州农业职业技术学院

摘要:本文介绍了我院根据自身专业优势,遵照产学研一体化的要求,逐渐形成了具有特色的以基地为核心载体的校办产业办学模式,有效地实现了高职产学研一体化办学的教育价值、经济价值和社会价值。

刊名:中国职业技术教育

ISSN:1004 - 9290

年:2008

期:35

第一责任人:石丽敏

27. 题名:建立适应都市型农业的高等农业职业教育体系

作者:庄连雄

关键词:农业职业教育;都市型农业;十五届三中全会;上海现代化;农业科技含量;高等职业教育;三改一补;职业技术教育;办学模式;专业改革

单位:上海农学院学生处

摘要:一、建立适应都市型农业发展的高等农业职业教育体系是加快上海现代化发展的需要,党的十五届三中全会再次鲜明地提出:农业、农村和农民问题是关系改革开放和现代化建设全局的重大问题,没有农村的稳定就没有全国的稳定,没有农民的小康就没有全国人民的小康,没有农业现代……

刊名:教育发展研究

ISSN:1008 - 3855

年:1999

期:S1

第一责任人:庄连雄

28. 题名:设施农业技术专业基于工作过程导向的课程开发

作者:张红燕;谢红

关键词:设施农业技术;课程开发;工作过程导向;能力培养

单位:黑龙江农业工程职业学院

摘要:课程开发是黑龙江农业工程职业学院国家示范院校建设项目的重要内容之一。可按社会岗位需求突出能力培养,是课程改革的最终目标。设施农业技术专业按工作过程构建课程体系,依职业活动设计教学活动,实现了教学过程的职业性、开放性和生产性,增强了学生的专业实践能力,可更好地实现高等职业教育的人才培养目标。

刊名:职业教育研究

ISSN:1672 - 5727

年:2009

期:08

第一责任人:张红燕

29. 题名:中高职分段培养园林技术专业衔接课程"一体化"设计

作者:黄顺;周军;朱志钦

关键词:园林技术专业;中高职分段培养;衔接课程;"一体化"设计

单位:苏州农业职业技术学院;江苏省昆山第二中等专业学校

摘要:从现代职教体系建设的内涵出发,依托江苏现代农业校企(园区)合作联盟的平台,以中高职"3 + 3"分段培养园林技术专业为例,结合苏州农业职业技术学院与昆山第二中专学校中高职分段联合培养的办学实践,分析分段培养课程设置状况,合理设计和优化中高职有机衔接"一体化"课程结构。

刊名：安徽农业科学

ISSN：0517 - 6611

年：2014

期：21

第一责任人：黄顺

30. 题名：浅谈都市农业发展与职业教育创新

作者：黄春来；黎定军

关键词：都市农业；职业教育；培养目标；专业设置；教学模式；创新

单位：湖南农业大学国际学院

摘要：都市农业是经济发达国家和地区在经历工业化和城市化高度发展后，人们对都市区域农业的一种新认识、新观念，表达了城市居民新的消费需求。发展都市农业需要创新技术、创新经营模式、创新思路，而这一切最根本的还是需要大量的具有创新意识的高素质人才，特别是高素质职业技能型人才。因此，这对职业教育的发展提出了新的要求，要求职业教育进行创新。

刊名：当代教育论坛（上半月刊）

ISSN：1671 - 8305

年：2009

期：05

第一责任人：黄春来

31. 题名：突出能力培养　构建农业高职实践教学新模式

作者：费显伟，张立今，王国东，富新华

关键词：能力培养；农业高职教育；实践教学

单位：辽宁农业职业技术学院，辽宁熊岳 115214

摘要：高等职业教育是以实践技能培养为基础的教育，实践教学是高职教育人才能力培养的关键环节。为了实现高职教育设施农业专业人才培养目标，对制约高职人才能力培养的传统实践教学模式进行了改革。以校内实习基地为依托，以培养学生创新能力和综合职业能力为主线，构建了按市场经济规律运作的农业高职教育实践教学新模式。

基金：辽宁省教育科学"十五"规划项目《高职教育设施农业专业人才培养模式的研究与实践》（项目编号：2001 - 141 - 5）阶段性研究成果

刊名：辽宁高职学报

ISSN:1009 - 7600

年:2003

期:05

第一责任人:费显伟

32. 题名:现代都市农业发展需求视域下的职业农民培育路径

作者:许爱萍

关键词:都市农业;职业农民;现代化;培育

单位:天津社会科学院城市经济研究所

摘要:现代都市农业的发展需要一定数量、高质量的职业农民,要求职业农民具有较高的科学素质与经营管理才能。而现阶段农村职业教育发展内驱力不足、教育体系不健全和教育内容脱离实际需求等问题严重阻碍了职业农民的培育。为此,文章提出通过设立科学合理的职业教育体系、创新职业农民培养模式和探索新的培养方式方法等路径,为我国都市农业的可持续发展提供相匹配的人力资源保障。

基金:天津市重点研究课题(14YYJ - 19)

刊名:农业科技管理

ISSN:1001 - 8611

年:2015

期:04

第一责任人:许爱萍

33. 题名:北京农业职业学院开放办学实践与探索

作者:赵庶吏

关键词:开放办学;高等职业教育;北京农业职业学院

单位:北京农业职业学院

摘要:面对高等职业教育迅速发展的大趋势和"三个北京"发展战略赋予学院的历史重任,北京农业职业学院(以下简称学院)将"开放办学不断创新"作为四大办学理念之一,充分挖掘利用更多社会资源,以合作办学、合作育人、合作就业、合作发展为主线,与政府职能对接、与企业共建双赢、与科研院所资源共享、与国外院校合作办学,加强了在人才培养、师资培训、基地建设、学术交流等方面的交流合作,建立了政府、行业、企业、学院四方联动的开放办学新格局,促进了学院快速发展,赢得了行业和社会的广泛赞誉,发挥了示范引领和辐射带动作用。

刊名:北京农业职业学院学报

ISSN:1671 - 7252

年:2013

期:01

第一责任人:赵庶吏

34. 题名:如何搞好都市现代农业中的农民技能培训工作

作者:高佳

关键词:都市现代农业;农民;培训

单位:天津市农业广播电视学校

摘要:针对天津市开展农民职业技能培训工作的现状,指出了在培训办学实践中发现的问题和不足,并提出了保证农民培训工作顺利开展的办法。

刊名:天津农业科学

ISSN:1006 - 6500

年:2013

期:02

第一责任人:高佳

35. 题名:以集团化办学推进现代职业教育发展

作者:杜晓林

关键词:集团化办学;都市型现代农业;北京都市;发展新模式;农业发展;职教集团;发展战略;北京农业;技术专题;社会服务能力

单位:北京农业职业学院

摘要:〈正〉为深入贯彻党的十八大和十八届三中全会精神,加快发展现代职业教育,北京农业职业学院在2013年6月召开的第二次党代会上确定了实施集团化办学的发展战略,并于2014年4月牵头成立了北京都市农业职业教育集团。集团的成立对于探索适应都市型现代农业发展方向的农业职业教育发展新模式,更好地满足首都农业发展对人才、科技的需求具有现实意义。

刊名:北京教育(高教)

ISSN:1000 - 7997

年:2015

期:06

第一责任人:杜晓林

36. 题名:农业职业教育服务现代都市农业研究

作者:杨长荣;周瑾

关键词:现代都市农业;农业职业教育

单位:武汉都市农业培训学院;武汉市农业学校

摘要:现代都市农业发展方兴未艾,给农业职业教育提供了广阔的发展前景,农业学校和农业培训学院在从服务传统农业到服务现代都市农业的转型过程中,要着力转变教育观念,找准办学定位,发挥自身优势,对接都市农业实际需要,通过实施政策性的保障措施,推进农业职业教育在服务现代都市农业中发挥更大的作用。

刊名:中国职业技术教育

ISSN:1004 - 9290

年:2012

期:03

第一责任人:杨长荣

37. 题名:高职院校"冠名 + 订单"工学交替培养模式的实践与思考——以苏州农业职业技术学院连锁经营管理专业为例

作者:殷志扬;林德明;程培堽

关键词:连锁经营与管理;"冠名订单式";培养模式;高职院校

单位:苏州农业职业技术学院经贸系

摘要:以苏州农业职业技术学院连锁经营与管理专业为例,介绍"冠名 + 订单式工学交替"人才培养模式的具体构架、总体思路以及实施方案,并在此基础上总结该培养模式的特点,提出该培养模式今后的改进之处。

基金:苏州市人力资源与保障局"2010 年苏州市高技能人才培养研发"课题(项目编号:GJN102222)

刊名:武汉职业技术学院学报

ISSN:1671 - 931X

年:2010

期:04

第一责任人:殷志扬

38. 题名:强化专业建设 开拓后示范校建设的新路径——以北京农业职业学院畜牧兽医系专业建设为例

作者:曹授俊;钱静

关键词:专业群建设;专业结构调整;畜牧兽医专业;高职教育

单位:北京农业职业学院

摘要:畜牧兽医系是北京农业职业学院骨干系部,目前已形成基础雄厚、师资力强、结构合理、具有示范效应的专业群。其主要经验在于,优秀的教师团队是专业建设的核心,完善的实训基地是专业建设的基础,特色和品牌专业是专业建设的方向。欲进一步强化专业建设,建议理顺管理机制、实施目标管理,加强教学改革、激励发展动力,加强专业建设、铸造品牌专业,实施人才强系、打造教学创新团队,加强校企合作、升华实训基地建设。

刊名:北京农业职业学院学报

ISSN:1671－7252

年:2012

期:04

第一责任人:曹授俊

39. 题名:"双线四段、筑园塑人"人才培养模式的创新与实践

作者:周军;成海钟;钱剑林;潘文明;李臻;赵茂锦;黄顺;杨小平;闵小勇;梁铮

关键词:双线四段;筑园塑人;人才培养模式;创新与实践

单位:苏州农业职业技术学院园林工程学院;苏州农业职业技术学院园林规划设计研究所

摘要:当前高职教育改革和发展进程中,校企合作紧密度不够,冷热不均,形式化问题依然十分突出。近年来,苏州农业职业技术学院深入贯彻"以服务赢得信任、以信任开展合作、以合作实现共赢"的办学理念,园林工程学院成立了专业群建设理事会,创新构建了"双线四段、筑园塑人"的人才培养模式,通过多年实践,人才培养质量显著提高,毕业生就业创业能力明显增强,专业服务产业能力不断提升。

刊名:中国职业技术教育

ISSN:1004－9290

年:2015

期:17

第一责任人:周军

40. 题名:都市型现代农业高技能人才培养改革与实践
作者:王晓华;崔砚青;王振如;王福海;崔坤;张京生;郝婧;张晖
关键词:都市型现代农业;高技能人才;职业教育
单位:北京农业职业学院
摘要:围绕都市型现代农业发展对高技能人才需求,从专业人才培养模式改革、师资队伍能力提升、校企合作创新、服务"三农"等方面进行了深入的研究与实践。在农业科技推广与应用,服务都市型现代农业产业化发展等方面取得了显著的社会和经济效益。
刊名:中国职业技术教育
ISSN:1004 - 9290
年:2015
期:26
第一责任人:王晓华

41. 题名:畜牧兽医专业"岗位轮动"教学模式探索与实践
作者:曹授俊;关文怡;李玉冰
关键词:岗位轮动;教学模式;畜牧兽医专业;高职
单位:北京农业职业学院
摘要:为适应高等职业教育教学改革,探索新形势下畜牧兽医专业教学模式,北京农业职业学院畜牧兽医专业探索构建了具有"以素质和能力培养为核心,教学场所由学校向企业内部岗位现场转变,指导教师有企业技术人员参加,教学考核由企业技术人员共同考核"为特点的"岗位轮动"教学模式,并在试点班进行实践,达到了学生社会经验普遍提高,学生综合技能全方位锻炼,学生就业渠道拓展,"双师型"教师队伍建设加强的目的。
刊名:北京农业职业学院学报
ISSN:1671 - 7252
年:2009
期:02
第一责任人:曹授俊

42. 题名:高职创新创业人才培养要向绿色职教转型

作者:丁继安;方东傅

关键词:创业人才培养;生产性实训;田园景观;食物供应;农业经营活动;城市化地区;实训中心;农家生活;绿色生活;农业形态

单位:湖州职业技术学院;湖州职业技术学院教务处

摘要:<正>都市农业就是在城市化地区,利用田园景观、环境资源及自然生态,结合农林牧渔生产、农业经营活动、农村文化及农家生活,而形成的一种农业形态。随着社会生活的发展,都市农业的宗旨由保证食物供应向以生态、绿色生活、社会功能为主的模式转型,把自然融入城市成为都市农业的重要标志。

基金:浙江省科技厅高技能人才培养项目《面向长三角都市农业的园艺技术创新创业高技能人才培养》(2012R30036)的阶段性成果

刊名:职业技术教育

ISSN:1008 - 3219

年:2013

期:36

第一责任人:丁继安


43. 题名:高职院校开展职业技能竞赛的探索与实践

作者:王晶;崔宝发;张满清;李桂伶

关键词:高职院校;职业技能;竞赛;探索;实践

单位:北京农业职业学院

摘要:技能竞赛引领了职业院校教学改革和技术创新,成为促进职业教育发展的重要手段。北京农业职业学院围绕职业技能竞赛,从管理机制保障、竞赛立项与实施、构建校园文化、深化赛企合作等方面进行了实践与探索,对于促进实践教学质量提高,实现人才培养模式的改革创新有着重要意义。

基金:2011—2013 年北京农业职业学院教育教学改革研究项目"北京农业职业学院对职业技能大赛管理的实践与研究"(011038)

刊名:黑龙江畜牧兽医

ISSN:1004 - 7034

年:2015

期:02

第一责任人:王晶

44. 题名:基于北京农业职业教育市场现状与发展规划

作者:张满清

关键词:都市农业;职业教育;教育市场;规划

单位:北京农业职业学院

摘要:本文依据北京未来农业发展的目标与规划,首先,论述了都市农业在首都经济发展中的地位与作用并分析了北京农业职业教育市场的现状,指出了其发展的机遇与目前存在的问题。然后,提出了北京未来发展农业教育市场的具体规划。

刊名:中国校外教育

ISSN:1004 - 8502

年:2009

期:04

第一责任人:张满清


45. 题名:培育一代新型农民 建设现代都市农业——关于实施"专业农民"培训若干问题的思考

作者:王信泰;谷淑萍;徐本仁

关键词:现代都市农业;现代农业科技;农业现代化;战略决策;科技队伍;培训师资;培训实践;科技文化素质;科技指导;技术指导员

单位:上海交通大学;上海市农委社会发展处;上海教育报刊总社

摘要:〈正〉建设社会主义新农村是党中央根据当前我国经济社会发展做出的一项重大战略决策。开展实用技术培训和农业技能培训,使农民成为拥有现代农业科技知识和能力的新型专业农民,是上海建设新郊区新农村的一项具体任务。上海拥有6000平方公里的郊区,三、二、一产业可以共同发展,急需有文化、懂技术、会经营的新型农民。本文以开展"专业农民"培训实践为实证,从思想认识、存在问题和改进思考三个方面探索"专业农民"的培训问题,以期将这项工作推向一个新的水平。

刊名:上海农村经济

ISSN:1671 - 6485

年:2006

期:09

第一责任人:王信泰

46. 题名:培养具备可持续发展能力的新型职业农民新思考——以成都农业科技职业学院畜牧兽医专业为例

作者:邓继辉

关键词:新型职业农民;可持续发展能力;农业现代化;人才培养;教学模式;课程体系

单位:成都农业科技职业学院

摘要:全面深化农村改革,推进农业现代化,培养造就新型职业农民,为农业的现代化建设和农业持续健康发展提供坚实的人力基础与保障,是涉农畜牧兽医专业高职教育面临的新形势和新任务。在培养新型职业农民的新定位下,农业高职教育必须在培养学生可持续发展能力方面加以思考。文章以成都农业科技职业学院为例分析了培养学生可持续发展能力的现实意义,总结了培养学生可持续发展能力的有效途径和教育改革方法,以期为其他高职院校提供可借鉴的经验。

基金:2013 年四川高等职业教育研究中心课题(GZY13C16)

刊名:黑龙江畜牧兽医

ISSN:1004 - 7034

年:2014

期:14

第一责任人:邓继辉

47. 题名:创新实践模式　推行现代学徒制——以北京农业职业学院汽车检测与维修技术专业为例

作者:叶克;陆静兵;诸刚;王芳

关键词:职业教育;现代学徒制;定向培养;汽车检测与维修技术

单位:北京农业职业学院

摘要:现代学徒制是职业教育人才培养的新举措,可以有效促进职业教育与产业发展的有机结合。北京农业职业学院汽车检测与维修技术专业借助区域优势,在与企业成立定向班的基础上,推行现代学徒制。校企双方认真分析定向培养的目标岗位和职业能力要求,确定了定向班各阶段岗位学徒的培养目标,制定了《海联力通大众定向班"多阶段、分目标"人才培养方案》,构建产教深度融合的学徒制课程体系,细化学徒制教学运行管理,进行双导师制、学分制试点,并对现代学徒制实施遇到的困难提出了解决办法。

刊名:北京农业职业学院学报

ISSN:1671 - 7252

年:2016

期:06

第一责任人:叶克

48. 题名:借示范校建设强劲东风　推动学院建设再上新台阶

作者:崔砚青

关键词:示范校建设;办学水平;高等职业教育

单位:中共北京农业职业学院委员会

摘要:北京农业职业学院在参加全国高职高专院校人才培养水平评估获得"优秀"成绩的基础上,2008 年 7 月又成功跨入了全国百所示范性高职院校建设的行列。我们要借示范校建设强劲东风,推动学院建设再上新的台阶:用示范校建设推动学院整体办学水平的提高,实现争创国内外一流职业院校的目标;用示范校建设推动学院服务"三农"取得新成绩,真正实现办学与服务双赢;用示范校建设推动教学与服务设施建设,为学院发展提供良好的物质基础;用示范校建设推动全院管理水平的提高,加强制度建设,有效调动各方面的积极性;用示范校建设推动党的组织建设和思想政治工作,为学院的发展提供有力的思想政治保障。

刊名:北京农业职业学院学报

ISSN:1671 - 7252

年:2008

期:05

第一责任人:崔砚青

49. 题名:高等职业教育中创新校企合作培养模式的思考

作者:张平;邓继辉;周光荣;姜光丽

关键词:人才;职业教育;校企合作;培养模式;思考

单位:四川省成都农业科技职业技术学院畜牧兽医分院

摘要:校企合作教育是实现高等职业教育人才培养模式的有效手段。成都农业科技职业学院畜牧兽医分院通过学校与用人单位紧密合作,共同培养人才,实现了高职院校培养高质量技术应用型专门人才的目的,取得了良好的效果。

刊名:中国畜禽种业

ISSN:1673 - 4556

年:2010

期:11

第一责任人:张平

50. 题名:中国与加拿大小动物医学专业高等职业教育的思考——以北京农业职业学院与加拿大圣力嘉学院为例

作者:李志;刘朗

关键词:动物医学专业;兽医师;动物医院;高等职业教育;就业单位;北京农业;执业兽医;中兽医学;课程设置;约稿启事

单位:北京农业职业学院;北京伴侣动物医院

摘要:〈正〉近年来我国多所高职院校开办了宠物医学相关专业,如宠物医疗专业、宠物养护与疫病防治专业等,作为新兴专业,课程体系及教学模式尚不完全成熟。加拿大是职业教育发达国家,北美也是小动物医学最发达的地区,通过笔者与加拿大圣力嘉学院兽医技术员专业及毕业生就业单位等相关企业的交……

基金:中国职业技术教育学会农村与农业职业教育专业委员会"十二五"期间农业职业教育科学研究立项课题"宠物医学专业人才培养中顶岗实习环节的实践研究"的部分研究成果

刊名:黑龙江畜牧兽医

ISSN:1004 – 7034

年:2012

期:24

第一责任人:李志

51. 题名:农业高职院校校企合作长效机制的研究实践——以苏州农业职业技术学院为例

作者:何钢;汤瑾

关键词:校企合作;农业院校;长效机制

单位:苏州农业职业技术学院

摘要:校企合作是我国高等职业教育的永恒主题,虽然校企合作已经进入了一体化阶段,可在校企合作方面依然存在校企双方合作态度不均衡、合作的深度和广度有待加强以及农业院校的社会服务能力不足等问题。如何深化校企合作,提出从完善校企合作的相关政策法规,强化校企合作的顶层设计,健全校企合作的管理运行制度,整合双方优势共享资源,实现合作互惠共赢,促进校企双方的文化融合等措施来进一步深化校企合作。

基金:江苏省农业委员会农业职业教育教学改革发展课题"高职院校校企合

作机制的研究与实践"(JSNZJ2011031);

52. 题名:涉农专业中高职衔接的思考——以成都农业科技职业学院畜牧兽
医类专业为例

作者:邓继辉;姜光丽;黄雅杰;张平

关键词:畜牧兽医类专业;中高职衔接;现代职教体系;课程衔接;招生制度改
革;思考

单位:成都农业科技职业学院

摘要:中高职有效衔接有利于职业教育系统功能整合,可增强职业教育的吸
引力,促进社会公平及人的可持续性发展。畜牧兽医类专业是传统专业,与改善
民生关系密切,在构建现代职教体系中,分析畜牧兽医类专业在中高职衔接中存
在的主要问题,并提出提高认识,整体谋划;统筹规划,健全课程衔接体系;加强指
导,推进招生政策改革的主要对策,为推进中高职衔接工作提供借鉴。

基金:2014 年四川省高职院校省级重点专业建设项目——成都农业科技职业
学院畜牧兽医专业建设项目(13 - 03 - 01)

刊名:黑龙江畜牧兽医

ISSN:1004 - 7034

年:2015

期:22

第一责任人:邓继辉

53. 题名:引入市场机制,构建高职设施农业专业校内实践教学新模式

作者:费显伟;张立今;王国东;富新华

关键词:高等职业教育;设施农业专业;实践教学

单位:辽宁农业职业技术学院,辽宁熊岳 115214

摘要:能力培养是高等职业教育的核心,实践教学是培养学生能力必不可少
的重要环节。针对传统实践教学模式不能适应高职教育人才培养目标需求的状
况,以引入市场机制为核心,构建了高职教育设施农业专业校内实践教学新模式,
提高了学生综合职业能力,促进了双师型师资队伍的建设,改善了校内实习基地
条件,实现了办学质量和办学效益的共同提高,为农业高职教育注入了新的生机
和活力。

基金:辽宁省教育科学"十五"规划项目《高职教育设施农业专业人才培养模
式的研究与实践》(2001 - 141 - 5)阶段性成果

刊名:高等农业教育

ISSN:1002 - 1981

年:2003

期:04

第一责任人:费显伟

54. 题名:高职专业教学资源库建设与实践——以成都农业科技职业学院畜牧兽医及相关专业为例

作者:尹洛蓉

关键词:高等职业教育;教学资源库;畜牧兽医;教学改革;信息化教育技术

单位:成都农业科技职业技术学院畜牧兽医分院

摘要:笔者通过分析当前高职专业教学资源库建设现状、建设思路和建设标准,探究和思考高职院校"五库架构"的共享型畜牧兽医专业教学资源库的构建方法,总结高职院校专业教学资源库建设的意义和经验。

基金:成都农业科技职业学院省级示范性高等职业院校建设项目(11 - 04 - 01 - 032)

刊名:黑龙江畜牧兽医

ISSN:1004 - 7034

年:2015

期:24

第一责任人:尹洛蓉

55. 题名:基于"理实一体"的高职"双证"技能体系的构建与实现——以苏州农业职业技术学院信息类专业为例

作者:赵军

关键词:理实一体;双证;技能体系;高职

单位:苏州农业职业技术学院

摘要:"双证"教学模式是指通过职业教育,使学生具备扎实的专业理论知识和较强的实践能力,从而在毕业时既能取得学历证书,又能取得能证明其专业能力的职业资格证书。"理实一体"化教学是指将理论教学与实践教学有机结合,打破传统学科体系和教学模式,根据职业教育培养目标要求来重新整合教学资源。"理实一体"带来的是老师"教学"方式的变化,带来的是学生"学习"方式的转变,基于"理实一体"的高职"双证"教学模式较好地适应了当前高职教育的内在要求,适应了企业对人才的需求。

基金:全国农业职业教育"十二五"科研课题《学习方式转变的"双证书"教学模式的研究与实践》成果之一

刊名:湖北科技学院学报

ISSN:2095 - 4654

年:2013

期:02

第一责任人:赵军

56. 题名:高职院校实践课程量化考核体系研究——以苏州农业职业技术学院食品烘焙技术课程为例

作者:李克俭;徐良;胡强;司文会

关键词:高职院校;实践课程;考核方式;量化

单位:苏州农业职业技术学院;苏州都好食品有限责任公司

摘要:当今,高职教育要培养高素质、高技能、实践性和创新性人才,以满足企业迫切需求。课程考核方式改革,特别是工科类实践教学环节考核方式的改革,是实现上述培养目标的抓手。研究发现,改革食品烘焙技术课程实践教学环节考核方式,将实践要求、能力定位、工艺素养评估和操作技能有机结合,可以较好地实现培养目标,值得推广。

基金:苏州农业职业技术学院校企联盟重点研究课题项目研究成果,项目名称《基于联盟办学的课程实践考核体系创新研究》,项目编号 ZD201304014

刊名:科技信息

ISSN:1001 - 9960

年:2014

期:13

第一责任人:李克俭

57. 题名:都市农业背景下的农业高职教育教学改革

作者:方蕾

关键词:都市农业;农业高职;教学改革

单位:苏州农业职业技术学院

摘要:随着中国经济的腾飞,都市农业在全国迅速兴起并日益繁荣。都市农业的特点及其功能对其从业者的要求发生了很大变化,农业高职院校必须及时进行与之相适应的教育教学改革,以满足都市农业发展对人才的需求。

刊名:中国成人教育

ISSN:1004 - 6577

年:2010

期:22

第一责任人:方蕾

58. 题名:职业院校教师培训创新机制探索——以北京农业职业学院为例

作者:王敏;吕嘉

关键词:职业院校;培训;创新;机制

单位:北京农业职业学院

摘要:伴随着国家示范性高职院校建设项目的全面展开,强化内涵、突出特色、产学结合、校企合作已成为高职教育教学改革和创新的热点和重点。而不断加强学院"双师"素质教师队伍建设,对于我们有效促进学院专业建设和课程建设,提高教育教学质量,完善人才培养模式,推动学院示范校建设再上新台阶具有重要意义和深远影响。

刊名:中国商界(上半月)

ISSN:1006 - 7833

年:2010

期:07

第一责任人:王敏

59. 题名:荷兰农业职业教育的特点及对我国职业教育的启示

作者:曹允

关键词:农业职业教育;荷兰农业;技术交流;校内实训基地;校外实训基地;中国特色;教学知识;参观访问;赫斯特;小班教学

单位:北京农业职业学院

摘要:〈正〉荷兰的农业职业教育在欧洲处于领先地位,极具特色的职业教育与培训对我国高职教育的改革有重要的启示作用,要通过学习先进的职业教育来发展有中国特色的职业教育。2014 年 4 月,北京农业职业学院组织教育教学考察团,对荷兰格鲁赫斯特学院进行了为期 10d 的考察访问。其主要任务是:了解荷兰农业职业教育体系,学习先进的教学方法,为我院的高职教育提供经验。通过参观访问、技术交流、深入学生课堂学习等系列形式,得到了……

基金:北京农业职业学院教学改革项目(2013021)
刊名:山东畜牧兽医
ISSN:1007 - 1733
年:2015
期:06
第一责任人:曹允

60. 题名:提升理念重内涵  突出特色谋发展——北京农业职业学院办学实践

作者:崔砚青;王振如

关键词:北京农业;办学传统;农职;基地建设;专业带头人;产学合作;重点专业建设;畜牧兽医专业;建设实训基地;专业群

单位:北京农业职业学院,北京 102442

摘要:〈正〉在首都西南,古老而美丽的永定河畔,坐落着一所占地千余亩,有着 50 年职业教育历史和优良办学传统,具有鲜明办学特色的普通高等职业院校——北京农业职业学院。

刊名:中国职业技术教育
ISSN:1004 - 9290
年:2008
期:11
第一责任人:崔砚青

61. 题名:高职农业经济管理专业特色与教改原则分析——以北京农业职业学院为例

作者:罗斌

关键词:高等职业教育;农业经济管理;专业特色;教改原则

单位:北京农业职业学院

摘要:高职农业经济管理专业建设要凸显特色,实施切实可行的教学改革。就要区分工科专业高等职业教育工作过程系统化的特点,从管理及农业经济管理的概念入手,结合区域经济的背景和人才培养类型来分析高职农业经济管理专业的特色及其教改原则。

刊名:高等农业教育
ISSN:1002 - 1981

年:2015

期:03

第一责任人:罗斌

62. 题名:试论北京农业职业教育

作者:李秀华

关键词:北京;农业职业教育

单位:北京农业职业学院北京农业职业教育研究所,北京 102442

摘要:随着人们对健康、饮食、休闲等多功能农业的关注,农业职业教育的重要作用也越来越明显,作为首都和大城市,农业的建设与发展有其自身的特点,农业职业教育也要积极进行改革,以跟上农业经济的发展趋势。

刊名:中国职业技术教育

ISSN:1004 - 9290

年:2007

期:32

第一责任人:李秀华

63. 题名:高职院校专业教学团队建设的实践与成效——以苏州农业职业技术学院生物技术及应用专业为例

作者:李克俭;阙小峰;司文会

关键词:高职院校;专业教学团队;生物技术及应用专业;实践;成效

单位:苏州农业职业技术学院

摘要:目前,我国高等职业教育发展飞快,专业教学团队建设的质量与水准是衡量各校内涵建设的重要指标,已经成为主管部门评价办学核心竞争力的主要参数。以教学团队建设为载体,提高双师型教师比例,夯实实践实训基地条件,加强实践性,增强服务区域经济建设的能力,才能赢得发展空间。本文以生物技术及应用专业教学团队为例,展示其建设的实践和成效,以供参考。

基金:苏州农业职业技术学院生物技术重点专业建设项目(SNZDZY20111002)

刊名:吉林省教育学院学报(上旬)

ISSN:1671 - 1580

年:2014

期:07

第一责任人:李克俭

64. 题名:高职院校现代学徒制试点教育现状分析——以成都农业科技职业学院为例

作者:罗丹丹;张平;杨洋;陈艳

关键词:职业教育;现代学徒制试点;专业特色

单位:成都农业科技职业学院

摘要:在当今形势下,高职院校实行现代学徒制教育具有非常重要的意义,不仅有利于高素质技能型人才的培养,更有利于促进校企之间的深度合作、促进就业和改善民生,实现学校、企业及社会等多方互利共赢。2015 年 5 月,成都农业职业科技学院被教育部纳入全国首批现代学徒制试点单位,10 个专业进行了各种形式的学徒制探索与实践,虽取得一定的基础经验和成绩,但仍需积极探索符合本专业特色的"个性化定制"的现代学徒制发展模式,推进现代职业教育长效发展。

基金:教育部办公厅"关于公布首批现代学徒制试点单位的通知"(教职成厅函[2015]29 号);四川省教育厅"关于公布首批省级现代学徒制试点单位的通知"(川教函[2015]567 号);成都市教育局"关于下达 2015 年度教育科研立项课题的通知"(成教函[2015]8 号)

刊名:中国农业教育

ISSN:1009 – 1173

年:2017

期:01

第一责任人:罗丹丹

65. 题名:发挥职业教育优势 服务新农村建设

作者:崔砚青

关键词:职业教育;服务实践;新农村建设

单位:中共北京农业职业学院委员会,北京 102442

摘要:北京农业职业学院坚持"立足京郊,面向首都,服务'三农'"的办学宗旨,创新高职教育理论,在服务新农村建设中坚持"服务与办学双赢"的理念,并通过完善机制保障服务工作的顺利开展,如组建专门工作机构——三农服务中心、成立专业化服务工作室、开展多层次的互动合作等。在理念的引导和机制的保障下,学院在服务工作中摸索出了"滴灌式""孵化式""套餐式"和"链条式"服务模式,使服务工作取得更加显著的效果。

刊名:北京农业职业学院学报

ISSN:1671 – 7252

年:2007

期:06

第一责任人:崔砚青

66. 题名:发展北京农村职业教育的意义与对策研究

作者:吴智泉;陶春

关键词:北京;农村职业教育;新农村建设

单位:北京联合大学应用性高等教育发展研究中心;中国地质大学(北京)地球科学与资源学院

摘要:建设社会主义新农村是全面落实科学发展观、解决"三农"问题、构建和谐社会的集中体现。北京作为全国首都,地理位置优越,历史积淀深厚,经济社会发展走在了其他省市前面。在社会主义新农村建设中也理应突出特色和优势,做得更好。其中发展农村职业教育,发挥农村职业教育在服务新农村建设中的特殊作用,应成为北京市重点考虑的方针政策。本文对北京市发展农村职业教育的重要意义、存在的问题及对策做了初步的研究和探讨。

基金:北京市北京学研究基地资助项目"职业培训与北京新农村的发展"(项目编号:BJXJD – KT2009 – B15)的研究成果

刊名:中国电力教育

ISSN:1007 – 0079

年:2010

期:27

第一责任人:吴智泉

67. 题名:"两型社会"背景下郊区农民职业教育研究

作者:刘洪波

关键词:"两型社会";郊区农民;职业教育

单位:湖南涉外经济学院

摘要:长株潭城市群郊区现阶段正处于急剧变化的社会转型期。在传统农村向现代农村、传统农业向现代农业的转型过程中,首当其冲的是农民的职业转型。长株潭城市群未来的城市发展对郊区农民职业教育提出了导向性要求,这是长株潭城市群农民职业教育面临的严峻挑战。而目前的郊区农民职业教育在某些方面与"两型社会"不相适应,必须有针对性地加以改进。

基金:2008年湖南省教育厅科学研究项目:长株潭"两型社会"视野下的郊区型新农村建设(08C459);2007年省社科基金项目阶段性成果(项目编号:07YBA010)

刊名:辽宁行政学院学报

ISSN:1008-4053

年:2009

期:08

第一责任人:刘洪波

68. 题名:深化内涵育人才　彰显特色惠三农——苏州农业职业技术学院升格高职院10周年巡礼

作者:解鹏;郭志海

关键词:升格;高职教育;现代农业

单位:苏州农业职业技术学院

摘要:2001年以来,苏州农业职业技术学院以完善条件为重点,着力增强办学能力;以提高质量为核心,着力深化办学内涵;以社会服务为载体,着力彰显办学特色;以党的建设为保证,着力构建和谐校园,各项工作取得了显著成效。

刊名:中国职业技术教育

ISSN:1004-9290

年:2012

期:01

第一责任人:解鹏

69. 题名:"寓学寓工　校企共育"创新人才培养模式的研究与实践——以苏州农业职业技术学院食品专业为例

作者:李海林;许建生;尤荣;胡强

关键词:政行校企;寓学寓工;校企共育;人才培养

单位:苏州农业职业技术学院;苏州市食品行业协会;苏州好利来食品有限公司

摘要:培养高素质高技能人才是确保高等职业教育可持续发展的关键。以苏州农业职业技术学院食品专业校企合作为例,就基于校企合作机制驱动下"寓学寓工、校企共育"创新人才培养模式的内涵和行动方案进行探讨。

基金:2011 年全国农业职业教育"十二五"科学研究立项课题(2011－70)

刊名:农产品加工(学刊)

ISSN:1671－9646

年:2013

期:19

第一责任人:李海林

70. 题名:动物药理实践教学对学生职业能力培养的评价调查

作者:马建民

关键词:教学效果;问卷调查;北京农业;链霉素中毒;理论知识体系;职业教学;劳动素质;素质需求;促进作用;理论学习

单位:北京农业职业学院

摘要:＜正＞高职教育中的实践教学方式是一种以培养学生综合职业能力为主要目标的教学方式,是高职教育的教学主体。通过问卷调查的形式了解北京农业职业学院高职学生对职业能力培养的期待,以及动物药理课程的实践教学对职业能力培养的效果。问卷内容包括学生对职业能力构成要素的看法及动物药理实。

刊名:黑龙江畜牧兽医

ISSN:1004－7034

年:2011

期:07

第一责任人:马建民

71. 题名:都市农业职业教育集团的合作治理与管理创新

作者:杜晓林

关键词:职业教育集团;合作治理;管理创新;都市农业

单位:北京农业职业学院

摘要:都市农业职业教育集团是非营利性契约型职业教育合作组织,其使命是推进首都农业和社会主义新农村建设快速发展,目标在于促进都市农业和城乡一体化发展,构建现代职业教育体系。集团从使命到目标、任务的完成,需要满足集团目标的同时,满足相关利益主体的利益,充分体现合作治理原则,通过加强组织再造、制度建设、明确集团任务,促进可持续发展和集团管理创新。

刊名:北京农业职业学院学报

ISSN:1671 – 7252
年:2014
期:02
第一责任人:杜晓林

72. 题名:园校融合共建高职园艺类专业实践教学体系

作者:唐蓉;李寿田;朱广慧;汪成忠;顾国海;李成慧

关键词:高职教育;园艺类专业;实践教学体系;园校融合

单位:苏州农业职业技术学院

摘要:积极探索以职业能力培养为主线、符合专业培养目标的实践教学体系的改革,是高职院校培养合格人才面临的一项艰巨、紧迫而又十分重要的任务。本文以苏州农业职业技术学院园艺品牌专业为例,就校企合作,共建高职教育实训基地,进行园校融合,完善实践教学体系进行了一些探索与实践。

基金:江苏省教育厅人才培养模式创新试验基地项目
刊名:教育教学论坛
ISSN:1674 – 9324
年:2013
期:33
第一责任人:唐蓉

73. 题名:高职设施园艺课程实践教学改革探讨

作者:李朝红

关键词:高职;设施园艺;实践教学;改革

单位:汉中职业技术学院农林系

摘要:设施园艺是高职院校园艺专业的一门专业主干课程,是设施农业理论的重要组成部分,在促进农业增效、农民增收、繁荣农村经济中发挥了重要作用。围绕高职教育的特性,针对目前设施园艺实践教学过程中存在的问题,结合教学经验,提出该课程实践教学的措施。通过教学改革与建设,提高了教学质量,改善了教学效果。

基金:陕西省自然科学基金青年项目(2007C122);汉中职业技术学院 2011 年度科研课题
刊名:现代农业科技
ISSN:1007 – 5739

年:2012

期:14

第一责任人:李朝红

74. 题名:园林工程技术专业工学结合模式的探索

作者:赵春春

关键词:工学结合;园林标本实训场建设;人才培养模式

单位:成都农业科技职业学院

摘要:成都农业科技职业学院园林工程技术专业结合自身实际情况,通过实践,大胆尝试了"工学结合"的高等职业教育实用型人才培养模式,得出采用的工学结合模式是顺应社会需要和人才需求改变的,是一条正确的成功的道路。

刊名:现代农业

ISSN:1008 - 0708

年:2011

期:07

第一责任人:赵春春

75. 题名:提升理念　创新模式　完善机制　服务京郊新农村建设

作者:崔砚青

关键词:办学理念;服务三农;高等职业教育

单位:中共北京农业职业学院委员会,北京 102442

摘要:北京农业职业学院在面向"三农"、服务京郊新农村建设过程中,积累了一些经验和做法,主要体现在三个方面:立足需求主导,提升办学理念;立足取得实效,创新服务模式;立足增强活力,完善服务体制。

刊名:北京农业职业学院学报

ISSN:1671 - 7252

年:2006

期:06

第一责任人:崔砚青

76. 题名:发挥农广校体系优势,实现职业教育与社会服务的有机结合

作者:邓银章

关键词:农广校体系;社会服务;成绩与建议

单位:北京市农业职业学院

摘要:北京市农广校在北京农业职业学院的领导下,依托农业职业学院资源优势,开拓创新,积极投身新型农民培养事业,工作职能不断拓展,教学改革稳步推进,社会服务功能显著提升。通过切入政府工作,开展农民培训、农村实用人才培养,组织实施"百万中专生计划",建北京市农业广播电视学校网站,在区县分校设"智农天地网"网点,实施"科技培训直通车"项目等,全市农广校系统培训农村劳动力平均每年3万余人,涉及十三个行业22个工种。

刊名:消费导刊

ISSN:1672-5719

年:2008

期:18

第一责任人:邓银章

77. 题名:高职农畜特产品加工专业实践教学体系的构建与运行模式

作者:王丽琼

关键词:高职;农畜特产品加工专业;实践教学体系;构建;运行模式

单位:北京农业职业学院

摘要:实践教学体系改革已成为高职专业建设的首要任务。北京农业职业学院农畜特产品加工专业在总结原有的实践教学改革经验基础上,以现代职业教育理念为引领,以提高实践教学质量为核心,通过多种形式的校企合作,建立了与行业、企业用工标准相适应的技能训练与考核体系,旨在培养学生的职业综合素质、专业技能与职业发展能力。

刊名:职业教育研究

ISSN:1672-5727

年:2011

期:11

第一责任人:王丽琼

78. 题名:高等职业教育课程改革的思考——邢台市高等职业院校考察报告

作者:王琳静;郭辉;张馨月

关键词:高等职业教育;工学结合;课程开发

单位:北京农业职业学院

摘要:随着高等职业教育的迅速发展,传统的职业教育理念、体系已不能适应新形势下企业对高素质技能型人才的需求,课程改革已成为当务之急。邢台市高等职业院校的课程改革有着鲜明特色,借鉴其先进理念和成果,结合实际情况进行适合北京农业职业学院课程改革的探索,以"工学结合"为核心,调整课程体系,开发课程内容,能有效提高学生的综合职业能力。

刊名:北京农业职业学院学报

ISSN:1671－7252

年:2013

期:02

第一责任人:王琳静

79. 题名:基于现代学徒制的宠物养护与驯导专业人才培养模式探索与研究

作者:杨霞;杨冬芸;邓继辉

关键词:现代学徒制;人才培养模式;宠物养护与驯导专业

单位:成都农业科技职业学院

摘要:当前,现代学徒制是我国职业教育改革的重要举措,对解决学生就业企业用工等问题具有重大意义。成都农业科技职业学院借鉴国内外应用现代学徒制人才培养模式的经验,以校企合作为基础,学生拜师为核心,在宠物养护与驯导专业尝试现代学徒制的探索和研究,以期培养出符合企业要求的技术性人才,提高人才培养质量。

基金:成都农业科技职业学院课题"宠物养护与驯导专业'现代学徒制'人才培养模式探索",主持人:杨霞

刊名:中国畜牧兽医文摘

ISSN:1672－0857

年:2016

期:06

第一责任人:杨霞

80. 题名:都市农业发展中新型职业农民培训的绩效评估与分析——基于规模示范合作社农户的实地调查

作者:刘益曦;胡春;于振兴;谢志远;张呈念

关键词:职业农民;教育培训;绩效评估;培训需求;示范合作社

单位:温州科技职业学院/温州市农业科学研究院;山东省青岛第二中学;温州职业技术学院;

摘要:通过对浙江省温州市 206 名规模以上市级示范合作社负责人的新型职业农民问卷调查和深度访谈,并对原始基础数据进行量化统计分析,结合农业行业与岗位特点,系统分析了新型职业培训的现状、培训意愿、培训需求、培训方式与效果等内容。实证研究结果表明:职业培训在提高生产技能与致富方面发挥了重要作用。政府应加快建立健全职业技能培训开发体系,着重构建以学员为核心的培训需求与以满意度为出发点的新型职业农民培训绩效评估体系。在培训中更加注重实际应用技能培训,强化技能培训的针对性与实践性,强化对培训机构的考核和绩效评价。

基金:浙江省哲学社会科学规划课题(编号:15NDJC278YBM);浙江省人力资源和社会保障科学研究课题(编号:2015A034)
刊名:江苏农业科学
ISSN:1002 - 1302
年:2017
期:06
第一责任人:刘益曦

81. 题名:北京地区宠物医学职业教育的态势分析与建议

作者:李志

关键词:宠物;职业教育;优势;弱势;机会;发展

单位:北京农业职业学院

摘要:本文分析了北京地区宠物医学职业教育的优势、弱势、机会和威胁,提出了促进北京宠物医学职业教育发展的建议。

基金:中国职业技术教育学会农村与农业职业教育专业委员会"十二五"期间农业职业教育科学研究立项课题;"宠物医学专业人才培养中顶岗实习环节的实践研究"的部分研究成果
刊名:黑龙江畜牧兽医
ISSN:1004 - 7034
年:2014
期:20
第一责任人:李志

82. 题名:提高人才培养质量的思考——以苏州农业职业技术学院为例

作者:蔡健

关键词:人才培养;质量;思考

单位:苏州农业职业技术学院

摘要:我国高等职业教育在经历了多年的发展后,取得了突破性的进展,但如何更好地提高人才培养的质量,仍然在不断探索。高职人才培养目标是真正体现以市场为导向,本着以人为本的理念,培养出高素质的技能型人才。提出了提高人才培养质量的措施是明确培养目标,加强专业建设;加大课改力度,做实课程建设;加强团队建设,提高双师素质;加大教学投入,不断改善基础设施;推进教育创新,深化教学改革。

基金:江苏省高等教育教改研究立项课题(2011JSJG392);全国农业职业教育"十二五"科研课题(2011074)

刊名:农产品加工(学刊)

ISSN:1671 - 9646

年:2012

期:06

第一责任人:蔡健

83. 题名:高等职业教育在乡村休闲农业发展中的作用

作者:杜晓林

关键词:高等农林职业教育;乡村休闲农业;人才培养

单位:北京农业职业学院

摘要:从我国高等农林职业教育的理论定位和发展我国高等农林职业教育的现实意义出发,对我国高等农业职业教育促进乡村休闲农业发展进行探讨,并从通过培养人才在人力资源上支持乡村休闲农业发展、通过培训农民提升休闲农业的经营水平、通过促进多方支持实现乡村休闲农业的高效经营等几个方面,论述我国高等农业职业教育在促进乡村休闲农业发展中的作用。

刊名:北京农业职业学院学报

ISSN:1671 - 7252

年:2014

期:04

第一责任人:杜晓林

84. 题名:职业教育与都市型农业互动关系刍议

作者:孙孟侠

关键词:职业教育;都市型农业;互动关系

单位:北京教育科学研究院职业教育与成人教育研究所,北京100021

摘要:都市型农业是近几年伴随我国城市改革和农业经济结构调整的进程出现的一种新型农业模式,职业教育与都市型农业二者之间的互动还处在探索阶段。因此有必要对这种互动关系的概念加以界定,明确二者良性互动的意义,进而充分认识职业教育与都市型农业良好互动的必要性和可行性。

刊名:高等函授学报(哲学社会科学版)

ISSN:1007 - 2187

年:2007

期:09

第一责任人:孙孟侠

85. 题名:高职计算机类专业人才培养模式的改革研究与实践——以成都农业科技职业学院为例

作者:邹承俊

关键词:农业;高职;计算机专业;人才培养模式

单位:成都农业科技职业学院电子信息分院

摘要:本文针对农业高职院校计算机类专业的办学特点,在明晰人才培养模式的内涵和作用的基础上,研究其影响成效因素,构建并实践了"校企合作,全程参与,'三双''四走',产学研一体化"的人才培养模式,既弘扬农业高职优势之所长,又克服了计算机类专业办学之不足,体现出不同的办学特色。

基金:成都农业科技职业学院教改项目(项目编号:JG2011 - 11);四川省示范高职院校建设项目

刊名:工业和信息化教育

ISSN:2095 - 5065

年:2013

期:11

第一责任人:邹承俊

86. 题名:浅谈加快推进新型职业农民教育培训的思考

作者:杨丽华

关键词:新型职业农民;教育培训;云南省;对策

单位:云南省富源县农广校

摘要:在新时期,加快推进农民教育培训,培养新型职业农业是中央国务院保障国家粮食安全与主要农产品有效供给、发展现代化农业、确保国家农业后继有人的重要战略举措。本文以云南省富源县为背景,探讨了该地区在现有农业农民教育发展中所存在的不足,并从农民农业职业培训和教育两大层面给出思考策略,希望快速推进云南省农民的新型职业化发展步伐。

刊名:农民致富之友
ISSN:1003 – 1650
年:2017
期:04
第一责任人:杨丽华

87. 题名:正确处理五大关系　促进学院全面发展

作者:崔砚青

关键词:高等职业教育;办学质量;专业建设;经济效益与社会效益

单位:中共北京农业职业学院委员会,北京 102442

摘要:高等职业院校要健康持续发展,就必须处理好发展中的诸多关系问题。北京农业职业学院在"十一五"时期要重点处理好办学规模与办学质量、硬件建设与软件建设、普通专业建设与优势专业建设、多种形式教育与高等职业教育、经济效益与社会效益之间的关系,以使学院全面发展,并步入持续健康发展的轨道。

刊名:北京农业职业学院学报
ISSN:1671 – 7252
年:2006
期:04
第一责任人:崔砚青

88. 题名:农业职业人才供求:北京样本

作者:李秀华

关键词:农业职业教育;职业人才;人才供求;专业设置;供求现状;生源市场;人才需求量;北京农业;都市型现代农业;教育人才

单位:北京农业职业技术学院北京农业职业教育研究所

摘要:〈正〉教育供求现状包括教育机会供求现状和教育人才供求现状,通过生源市场和人才市场数据来体现,衡量判断教育供求是否有效的客观标志可以从数量、质量和结构三个层面来考察。本文主要从农业职业人才供求维度对北京市农业职业教育供求现状进行分析。农业职业人才需求人才需求量大增当前北京农业处于传统农业、城⋯⋯

基金:全国教育科学"十一五"规划教育部重点课题"高等农业职业教育人才培养模式与创新研究"(课题编号:GJA094007)的阶段成果

刊名:职业技术教育

ISSN:1008 – 3219

年:2011

期:24

第一责任人:李秀华

89. 题名:基于职业教育专业特点对现代学徒制的可行性探索——以成都农业科技职业学院种子生产与经营专业为依托

作者:张彭良

关键词:现代学徒制;种子生产与经营专业;可行性探索

单位:成都农业科技职业学院现代农业分院

摘要:在教育部的推动之下,"现代学徒制"正在积极探索中。作为较早探索"现代学徒制"的学校之一,成都农业科技职业学院种子生产与经营专业在实践中实施和制定培养目标、探索培养模式、构建具有现代学徒制特点的课程体系及加强"师傅"的选拔培养等策略,经过两年的实践,取得了初步成绩,为现代学徒制的深入实施奠定了初步的理论基础。

基金:2016 年成都农业科技职业学院院级教改课题:"种子生产与经营专业现代学徒制改革"(项目编号:JG2016 – 09)

刊名:教育教学论坛

ISSN:1674 – 9324

年:2017

期:05

第一责任人:张彭良

90. 题名:高等职业教育中设施园艺专业人才培养探讨

作者:佟凤琴

关键词:设施园艺;人力资源;高等职业教育

单位:辽宁省抚顺师范高等专科学校

摘要:随着我国设施园艺的蓬勃发展,农业现代化进程逐渐加快,设施园艺领域内的人才缺口问题逐渐凸显。通过对种植户、农技推广部门、设施农业工程公司以及高等职业院校的走访交流,发现设施园艺领域对人才的需求非常广泛,既需要学术层次很高的研究型人才,也需要知识面很广的应用型人才。结合走访交流所获得的反馈信息,对设施园艺生产企业、专业合作社、农技推广机构、设施农业工程公司的人才需求;相关高等职业教育院系目前的教研方向以及高职院校设施农业相关专业在校学生的职业规划进行分析研究,提出一种以实现学生"学以致用"为教研目标的"行业定向式"人才培养模式,以期能够在学生职业规划方向、院系课程设计以及用人单位人才需求 3 方面之间找到契合点。

刊名:农业技术与装备

ISSN:1673 - 887X

年:2016

期:02

第一责任人:佟凤琴

91. 题名:园林工程技术专业课程实践教学培养模式例析

作者:吴元龙

关键词:高职高专;园林工程技术;产学合作;课程实践教学培养;应用型人才

单位:成都农业科技职业学院

摘要:成都农业科技职业学院的园林工程技术专业人才培养坚持以服务为宗旨,以就业为导向,走产学研结合的发展道路,是国家对高职院校办学方向的科学定位。对于农业高职教育如何结合自身特点有效开展产学研结合,使学校紧密融入社会、密切与行业企业的合作、贴近市场需求,通过摸索形成具有特色的高职高专应用型人才培养模式——课程实践教学培养模式。开设的园林专业选修课校园园林景观绿化维护,把课堂搬出教室,移到现场,增强学生的实践动手能力,突出该院职业教育的特点。已完成的教学项目有学院新操场周边绿化、绿篱制作、乔木移栽、草坪圃的建设等。

刊名:中国园艺文摘

ISSN:1672 - 0873

年:2015

期:09

第一责任人:吴元龙

92. 题名:论高职院校图书馆特色文献资源建设——基于都市农业职业教育信息服务视角

作者:肖丽华

关键词:都市农业;职业教育;图书馆;信息服务;文献资源建设

单位:北京农业职业学院图书馆

摘要:从北京农业职业学院都市农业职业教育的办学模式出发,基于对都市农业职业教育信息服务的需求内容、服务范围、形式手段以及服务工作和保障机制,归纳了都市农业职业教育文献资源的搜集整理、分析利用及评价方法,总结了都市农业职业教育的信息服务特点,结合学院领导决策及教学科研对图书馆服务的需求,提出加强特色文献资源建设,满足人才培养的需要。

基金:北京农业职业学院人文社科研究基金项目"都市农业职业教育专题信息服务持续研究"(项目编号:XY - SK - 15 - 09)

刊名:农业图书情报学刊

ISSN:1002 - 1248

年:2016

期:12

第一责任人:肖丽华


93. 题名:试论都市农业职业教育与图书馆的文献资源建设

作者:周建成

关键词:都市农业;职业教育;图书馆;文献资源建设

单位:北京农业职业学院图书馆

摘要:介绍了都市农业的概念及研究状况,阐述了都市农业的发展潜力及其人才培养需求,针对都市农业职业教育对图书馆文献资源需求的特点,探讨了关于都市农业职业教育的文献资源建设策略。

基金:北京农业职业学院人文社科研究基金项目"都市农业职业教育专题信息服务持续研究"(项目编号:XY - SK - 15 - 09)

刊名:科技情报开发与经济

ISSN:1005 - 6033

年:2015

期:20

第一责任人:周建成

94. 题名:"双元制"在都市型现代农业高职教育中的应用研究

作者:孙曦;周志恩;李鹏;赵宇昕

关键词:德国;双元制;高等职业教育;专业型;技能型;人才培养

单位:北京农学院城乡发展学院

摘要:在都市型现代农业的快速发展过程中,对专业型、技能型的人才需求是关键。高等职业教育正式培养复合型和应用型人才的重要途径。作为职业教育的典范,本文从德国"双元制"教育模式研究出发,从我国高等职业教育的成就与现实问题出发,分析了我国高等职业教育的现状,并就德国"双元制"成功实施的几个重要方面对我国都市型现代农业发展需求的高职人才培养提出了建议。

基金:北京农学院 2012 年度科研质量提高经费青年科学基金—管理研究类项目研究成果

刊名:赤子(中旬)

ISSN:1671 - 6035

年:2014

期:14

第一责任人:孙曦

95. 题名:高职院校公选课助推复合型创新人才培养的策略研究——以成都农业科技职业学院为例

作者:陈艳;杨洋;张平;蒋红丽;姜光丽

关键词:公选课;助推;复合型创新人才;策略

单位:成都农业科技职业学院

摘要:高职院校复合型创新人才培养是贯彻实施现代职业教育体系建设和深化高等学校创新创业教育改革的内在要求。本文以成都农业科技职业学院为例,分析了公选课对复合型创新人才培养的作用和意义,并从公选课建设和管理角度提出了公选课助推复合型创新人才培养的策略。

基金:成都农业科技职业学院 2015 年院级教改项目一级课题(JG2015 - 10)

刊名:教育教学论坛

ISSN:1674 - 9324

年:2017

期:06

第一责任人:陈艳

96. 题名:从高职旅游管理专业毕业实习调查谈教学改革

作者:耿红莉;贾艳琼

关键词:旅游管理;毕业实习;高职教学改革

单位:北京农业职业学院

摘要:为探索符合工学结合要求、以培养职业能力为目标的高职旅游管理专业教学模式,采用调查问卷形式对北京农业职业学院高职旅游管理专业毕业实习情况进行调查,从毕业实习专业对口率、学生个人发展机会认知、毕业就业的岗位选择、学校课程的认知程度、职业资格证书考取、毕业实习单位管理、教学总体评价等方面进行了分析,在此基础上提出了高职旅游管理专业工学结合教学改革的思路。

基金:国家留学基金管理委员会"国际职业教育学"赴德研修奖学金项目(教外司欧[2014]132);北京农业职业学院教育教学改革项目(2013038);北京高等学校"青年英才计划"项目(YETP1835)

刊名:北京农业职业学院学报

ISSN:1671 – 7252

年:2017

期:03

第一责任人:耿红莉

97. 题名:南通农机职业教育的思考

作者:马骏;苏冬云;濮海坤

关键词:农业机械化;职业教育;人力资源

单位:南通农业职业技术学院机电工程系;南通职业大学机械工程系;

摘要:本文分析开展农机职业教育的必要性,结合南通市的实际情况,提出发展农机职业教育的对策,以促进农机职业教育的开展。对增量人力资源的供给和存量人力资源的挖潜提出了更高的要求,从而为农业职业技术教育与培训提供了经验。

基金:全国农业职业教育"十二五"科研课题;南通农业职业技术学院教改立项课题

刊名:读与写(教育教学刊)

ISSN:1672 – 1578

年:2013

期:02

第一责任人:马骏

98. 题名:高等职业教育服务"三农"形式及对策研究

作者:苟鸿娅;易志清;张亚

关键词:高等职业教育;三农;服务形式

单位:成都农业科技职业学院;成都工业学院

摘要:高等职业教育为社会经济服务是由其职能所决定的。本文首先论述了高等职业教育为"三农"服务的历史必然性,并以成都农业科技职业学院为例,指出了高等职业教育服务"三农"存在的不足,提出了创新高等职业教育服务"三农"的形式和对策。

基金:四川省教育厅人文社会科学重点研究基地四川高等职业教育研究中心资助项目《高等职业教育服务"三农"研究》(GZY12C48);2012年立项科学研究课题的研究成果

刊名:中国商贸

ISSN:1005 – 5800

年:2014

期:11

第一责任人:苟鸿娅

99. 题名:高职"园艺技术实训"课程教学改革的思考

作者:崔海

关键词:高职;园艺技术实训;教学改革

单位:银川能源学院;宁夏大学农学院

摘要:以高等职业教育应用型人才培养模式为根据,在宁夏回族自治区发展特色优势农业的良好区情下,高职设施农业技术专业的《园艺技术实训》课程教学中,应以市场需求为导向,加强师资实操技能的提升,结合企业需求提高校内基地的实训条件,运用现场示范教学,以项目为导向的技能效果考核办法,校企合作等形式,全面培养学生的实践应用操作能力,为社会提供实用的专业技能人才。

基金:银川能源学院2012年校级教改课题

刊名:中国园艺文摘

ISSN:1672 – 0873

年:2013

期:12

第一责任人:崔海

100. 题名:设施农业生产技术"理实一体化"教学模式探索

作者:程冰

关键词:中职教育;理实一体化;专业教学;技能培养

单位:宁夏回族自治区西吉县职业中学

摘要:在设施农业生产技术专业教学过程中运用"理实一体化"教学手段,能更好地实现专业教学过程。通过开发校本专业教材,合理结合当地实际情况和本校实训生产设施条件,合理安排教学过程的各个环节,做好课后评价,能很好地达到专业教学的目标,实现掌握专业技术目的。从而更好地培养设施农业生产技术专业人员的培养。

刊名:企业导报

ISSN:1671 – 1599

年:2015

期:22

第一责任人:程冰

101. 题名:新常态下中职观光农业经营专业人才培养应对措施

作者:赵乐

关键词:新常态;观光农业经营;人才培养

单位:广西桂林农业学校

摘要:目前,我国经济新常态呈现"中高速""优结构""新动力""多挑战"的良好发展态势。在"三农"领域,现代农业、创意农业、"互联网＋农业"等创新型农业发展模式不断冲击观光农业经营行业。在这种新形势下,中职学校观光农业经营作为一个"年轻"的农类专业,在人才培养过程中出现了一些困境,面对行业需求与人才匮乏的制约问题,应抓住新常态带来的机遇与挑战,借助职业教育这一平台,培养一批适应当前国内社会、懂操作会经营的创新创业型人才。

刊名:新课程研究(中旬刊)

ISSN:1671 – 0568

年:2017

期:01

第一责任人:赵乐

102. 题名:在育人兴农中不断发展

作者:许亚东;鲁健生

关键词:农业学校;农业职业教育;专业群;实训中心;校企合作模式;农业类;职业技术教育;互惠双赢;农业高职院校;专家大院

单位:成都农业科技职业学院

摘要:<正>成都农业科技职业学院是成都市人民政府主办的一所农业类普通高等职业技术学院,其前身为创建于1958年的四川省温江农业学校。2006年通过教育部……

刊名:中国农村教育

年:2007

期:09

第一责任人:许亚东


103. 题名:浅析天津市涉农产业职业技能培训工程

作者:孟庆霞

关键词:农业;职业技能培训;涉农工程

单位:天津市农业广播电视学校

摘要:按照"根据需求定工种,突出技能搞培训,学习理论上水平"的总体要求,重点围绕天津市设施农业和持证上岗的需求,扎扎实实地开展涉农产业职业技能培训鉴定工作。文章分析了天津市农村参加培训人员的基本情况,总结了培训经验,为建立农民教育培训长效机制打牢基础。

刊名:天津农林科技

ISSN:1002-0659

年:2012

期:01

第一责任人:孟庆霞


104. 题名:《养鸭生产技术》课程实践教学探索——以北京农业职业学院为例

作者:李玉清;张孝和;安英凤

关键词:养鸭生产技术;岗位轮动;实践教学

单位:北京农业职业学院

摘要:当前高职教育教学改革的核心任务是课程改革。在教学改革过程中,高职专业课要求突出职业能力培养、体现基于职业岗位分析和具体工作过程的课程设计理念,组织教学内容也要以真实工作任务或社会产品为载体,在真实工作情境中运用新的教学方法和手段组织实施。《养鸭生产技术》课程通过实施岗位轮动实践教学,既增强了学生养鸭生产技术的实践操作能力,在很大程度上又提高了学生的经营管理意识和理论联系实际的应职能力,教师实践水平同时得到提升。

刊名:北京农业职业学院学报

ISSN:1671-7252

年:2014

期:03

第一责任人:李玉清

105. 题名:浅议都市农业职业教育的发展与图书馆馆员角色转换

作者:周建成

关键词:都市农业职业教育;嵌入式服务;角色转换

单位:北京农业职业学院南区图书馆

摘要:随着社会的不断进步与发展,都市农业职业教育成为农业类院校新的研究热点。本文就图书馆馆员角色如何转换以适应不断发展壮大的都市农业职业教育做了充分论述。对图书馆馆员在角色转换过程中所遇到的重重困难进行了全面分析。并按照新时期图书馆发展的要求,确立改进方向,并找出相应的对策,积极解决现存的主要问题,从而更有效的服务于都市农业职业教育、服务新型读者的需求。

基金:北京农业职业学院人文社科研究基金项目"都市农业职业教育专题信息服务持续研究"(项目编号:XYSK-15-09)

刊名:价值工程

ISSN:1006-4311

年:2017

期:32

第一责任人:周建成

106. 题名:现代学徒制模式在本科院校人才培养实践中的借鉴与探索——以沈阳农业大学为例

作者:韩杰;白文林;尹荣焕;原婧;陈晓月;韩小虎;刘宝山;刘丽霞

关键词:现代学徒制;实践教学;人才培养;本科院校

单位:沈阳农业大学畜牧兽医学院

摘要:现代学徒制是通过加强学校和企业的联系,以培养学生实践技能为主要目标的一种新型人才实践培养方式,对解决学生"就业难"和企业"用人难"等问题具有现实指导意义。主要借鉴了高职院校在推行现代学徒制中积累的经验并结合高等教育人才培养的自身特点,探索并发展出具有本科人才实践能力培养特点的现代学徒制。

基金:辽宁省教育科学"十三五"规划课题(JG17DB440);沈阳农业大学教育教学研究项目(2016-27)

刊名:畜牧与饲料科学

ISSN:1672-5190

年:2017

期:10

第一责任人:韩杰

107. 题名:高职园艺专业"六园一体  技艺三进"式人才培养模式的构建与实践——以苏州农业职业技术学院园艺专业为例

作者:金立敏;唐蓉

关键词:教学改革;人才培养;园艺

单位:苏州农业职业技术学院

摘要:为了提高高职教育的办学质量,培养符合社会需求的具有高技能的人才,苏州农业职业技术学院进行了人才培养模式的深度改革,新的人才培养模式构建与实施过程中,以"六园一体技艺三进"为核心的技能实践的推进,提高了学生知识结构、能力结构和职业综合素质整体,育人模式取得显著成效。

基金:江苏高校品牌专业建设工程资助项目(PPZY2015A081);2015年江苏省高等教育教改研究立项课题(项目编号2015JSJG412);2015年苏州农业职业技术学院校内教改项目:课题名称"六园一体  技艺三进"园艺技术专业人才培养模式研究

刊名:科教导刊(下旬)

ISSN:1674-6813

年:2017

期:05

第一责任人:金立敏

108. 题名:高职学生实践动手能力培养研究——以成都农业科技职业学院为例

作者:杨洁

关键词:高职学生;人才提升;实践动手能力;培养

单位:成都农业科技职业学院

摘要:创新人才培养方案,深化教学改革,促进内涵建设,提高教学质量,使高职院校人才培养工作更加适应经济社会发展和行业企业需要,是高职院校办出特色、办出水平的关键所在。高职院校的人才培养模式需要综合改革和大胆创新,以培养高素质技能型创新人才为导向,结合学院、分院及专业的实际情况,制订具有专业个性化、特色鲜明的人才培养方案,既要突出职业能力和素质的培养,又要使学生具备一定的可持续发展能力。

刊名:河南农业

ISSN:1006 – 950X

年:2014

期:14

第一责任人:杨洁

109. 题名:强化高职课程教学改革实践,提高动物解剖生理课程教学效果

作者:尹洛蓉

关键词:高职教育;动物解剖生理;教学资源;教学改革

单位:成都农业科技职业学院

摘要:《动物解剖生理》是畜牧兽医及相关专业重要的专业基础课程,实践性强、内容抽象枯燥,如何提高课程教学效果是我们一直探讨的问题。本文就成都农业科技职业学院该课程在"互联网 + "时代,开发利用优质网络教学资源,实施课程教学改革实践,提高课程教学效果进行分析和总结,探究和实践知识、技能和素质"三位一体化"教学模式和高职"三型"人才培养模式的实现途径。

基金:成都农业科技职业学院教学改革项目"深化课程改革、培养三型人才——《动物解剖生理》课程改革实践应用"(项目编号:JG2015 – 27)的研究成果

刊名:中国畜牧兽医文摘

ISSN:1672 – 0857

年:2016

期:07

第一责任人:尹洛蓉

110. 题名:对"理实一体化"教学的探索与实践——以北京农业职业学院液压与气动技术课程为例

作者:杨佳慧;叶克;杨学坤

关键词:液压与气动;项目教学法;"理实一体化"

单位:北京农业职业学院机电工程学院

摘要:本文根据职业教育的特点、目标及认知规律,改革了职业院校液压与气动技术课程的教学目标、课程内容、教学方法、考核方式等内容。重点介绍了以项目为驱动、以任务为载体的"理实一体化"教学方式的具体实施。通过几轮课程改革的实施,越发激励了学生的学习积极性和主动性,使学生较好地掌握了贴近生产生活实际的应用技能,教学效果良好。

基金:北京农业职业学院教学改革研究项目(项目编号:2013051)

刊名:职业教育(中旬刊)

ISSN:2095-4530

年:2016

期:12

第一责任人:杨佳慧

111. 题名:关于都市农业职业教育灰色文献的搜集整理与利用

作者:周建成

关键词:都市农业;都市农业职业教育;灰色文献

单位:北京农业职业学院图书馆

摘要:本文论述都市农业的发展与都市农业职业教育的关系,阐述都市农业职业教育发展前景。重点介绍关于都市农业职业教育文献及其灰色文献的内涵与特点,以及都市农业职业教育灰色文献的搜集、整理与利用。

基金:北京农业职业学院人文社科研究基金项目"都市农业职业教育专题信息服务持续研究"(项目编号:XYSK-15-09)

刊名:中外企业家

ISSN:1000-8772

年:2016

期:29

第一责任人:周建成

112. 题名:关于京津冀都市型现代农业职业教育协同发展的思考

作者:鄢毅平

关键词:职业教育;都市型现代农业;京津冀

单位:北京农业职业学院

摘要:目前,京津冀三地都市型现代农业职业教育协同发展的前提条件已经具备,都市型现代农业职业教育可能在京津两市周边交通方便的农村地区以及石家庄、保定等河北省大城市郊区的部分农村协同发展起来。北京可以利用自身优势发展都市型现代农业职业教育,带动周边都市型现代农业的发展。建议建立京津冀都市型现代农业职教集团,制定三地联合培养都市型现代农业职业人才的计划,打破招生界限。

刊名:北京农业职业学院学报

ISSN:1671 - 7252

年:2017

期:02

第一责任人:鄢毅平

113. 题名:高职设施农业专业"双体系"教学模式的探索

作者:郑玉艳

关键词:设施农业专业;双体系育人;教学模式

单位:辽宁农业职业技术学院

摘要:"双体系"教学模式以"课程体系"和"项目体系"并行融通为主要特征,以生产任务为载体,以培养学生综合职业能力为核心的新型职业教育教学模式。设施农业专业探索实践"双体系"教学模式,提高了学生的职业能力和综合素质,提升了教师的教学能力,促进专业课程改革。

刊名:辽宁农业职业技术学院学报

ISSN:1671 - 0517

年:2016

期:06

第一责任人:郑玉艳

114. 题名:"工学结合"人才培养模式的探索与实践

作者:梁丽平

关键词:高职教育;计算机专业;校企合作;工学结合;培养模式

单位:北京农业职业学院

摘要:工学结合是一种人才培养模式改革的切入点。但怎样切入,怎样从点、线、面逐步展开,怎样从简单到复杂,全方位立体化实现工学结合人才培养模式,是一个长期的实现过程。本文主要对北京农业职业学院"校企结合、工学结合"人才培养模式的具体探索过程,进行了实践性总结,以期理论性的提升。

基金:北京农业职业学院专业带头人资助项目研究成果

刊名:产业与科技论坛

ISSN:1673 - 5641

年:2013

期:18

第一责任人:梁丽平

115. 题名:"互联网 +"视域下农业职业教育教学改革路径探索与实践

作者:李辉;任华;罗敏

关键词:"互联网 +";农业职业教育;教学改革

单位:成都农业科技职业学院;四川水利职业技术学院

摘要:随着"互联网 +"国家战略行动计划的迅猛发展和广泛推进,传统农业产业亟须变革与发展,农业职业教育相应地也面临着新的问题与挑战。结合成都农业科技职业学院的实践,提出"互联网 +"视野下农业职业教育教学改革新举措:优化专业结构与内容、促进专业融合与发展,推进"互联网 +教育"优质教育教学平台和资源建设,创新信息化教学模式与方法,提升师资队伍信息化水平,加强"互联网 +产学研"创新创业能力培养。

基金:全国农业职业教育"十三五"科研课题(2016 - 135 - Y - 241);四川省教育厅自然科学一般项目(16ZB0417)

刊名:中国农业教育

ISSN:1009 - 1173

年:2017

期:02

第一责任人:李辉

116. 题名:丰富职教内涵　延长职教链条——以北京农业职业学院为例

作者:崔坤

关键词:职业教育体系;创新;实践

单位:北京农业职业学院教务处

摘要:构建现代职业教育体系,是当前教育工作特别是职业教育工作的一项战略目标和重要任务。北京农业职业学院围绕都市型现代农业人才培养,为构建现代职业教育体系,在强化普职融通、学历教育与社会培训并重、京津冀协同培养人才、搭建职教发展平台等方面,进行了创新探索,使职业教育链条不断延长。

刊名:北京教育(高教)

ISSN:1000 - 7997

年:2017

期:05

第一责任人:崔坤

117. 题名:关于都市农业职业教育信息服务的研究报告

作者:肖丽华

关键词:都市农业;职业教育;资源建设;信息服务

单位:北京农业职业学院

摘要:都市农业职业教育是北京农业职业学院(以下简称"我院")创新职业教育发展理念,努力培养适应都市型现代农业的有知识、懂技能人才的新举措,新的办学模式,需要图书馆在服务过程中调整工作思路。专题信息服务的提出是图书馆为学院教学和科研提供更好服务的新尝试。通过对有关的文献信息资源进行收集、整理、研究、加工及馆藏,建立具有都市农业职业教育特色的专题文献资源数据库,为学院领导决策及教学科研提供了文献信息保障,取得了初步的研究成果。

基金:北京农业职业学院人文社科研究基金项目"都市农业职业教育专题信息服务持续研究"(项目编号:XYSK - 15 - 09)

刊名:中外企业家

ISSN:1000 - 8772

年:2017

期:15

第一责任人:肖丽华

118. 题名:重庆:全新工作室模式　培训农机人才

作者:王亚同

关键词:叶进;农机系统;农机修理;机械操作;设施农业装备;西南大学;农业

结构;技能操作;工程技术学院;农机社会化服务

摘要:〈正〉日前,重庆市农机系统首个以个人名义命名的人才培训工作室——"叶进工作室"获授牌,西南大学工程技术学院教授叶进等9名专家成为全市设施农业装备操作人才培训的首批导师。"瞄准"高层次农机人才据介绍,这是重庆市探索以专家工作室为平台开展农机技能人才培训的首次尝试。接下来,农机修理、农业机械操作、拖拉机联合收割机驾驶和合作社经理人技能培训的工作室也将陆续挂牌。市农机办相关负责人介绍,随着农业结构调整和农

刊名:南方农机

ISSN:1672-3872

年:2017

期:07

第一责任人:王亚同

119. 题名:北京农民手机应用技能培训工作成效

作者:李显友

关键词:手机应用;北京市农业局;农村工作;大幕;技术推广;农业技术服务;北京昌平区;农业政策;都市型现代农业;农技推广服务

单位:北京市农业局信息中心

摘要:〈正〉2017年3月20日,农业部全国手机应用技能培训周启动仪式在北京昌平区辛力庄村益农信息社圆满召开,拉开了全国农民手机应用技能培训工作的大幕,北京市农村工作委员会、北京市农业局高度重视农民手机应用技能培训工作,调动区、镇两级政府部门的力量,整合各类培训资源,融合农技推广系统,依托标准型益农信息社人员体系全面开展农民手机应用技能培训,发动村

刊名:农业工程技术

ISSN:1673-5404

年:2017

期:09

第一责任人:李显友

120. 题名:数控加工实训项目的特色化研究与实践

作者:蒋三生

关键词:数控加工实训;教学项目;特色化研究

单位:北京农业职业学院机电工程学院

摘要:国务院《关于加快发展现代职业教育的决定》中明确提出要推行项目教学法,以北京农业职业学院"数控加工综合实训"课程教学项目的特色化研究和教学实践为例,论述了特色化的教学项目对于培养学生综合素质和能力的促进意义;分析了该课程的性质、教学内容、培养目标、特色化项目设计的理念和思路;以一款约翰·迪尔8030拖拉机模型为教学载体,从项目总体设计、项目内容及适应性分析、项目实践几个方面对这门课程的项目化设计和教学实践进行了讨论。

基金:北京农业职业学院中青年骨干教师培养基金
刊名:北京农业职业学院学报
ISSN:1671-7252
年:2017
期:05
第一责任人:蒋三生

# 附录三

## 北京农业职业学院"都市农业职业教育"研究文献汇编目录

（按被引频次→下载频次→相关度为先后优先次序排序）

| 序号 | 篇名 | 作者 | 作者单位 | 刊名 | 年/期 | 被引频次↓ | 下载频次 | 相关度排序 |
|---|---|---|---|---|---|---|---|---|
| 1. | 高等职业院校学生顶岗实习的探索与实践 | 伊丽丽;刘春鸣;刘爱军;欧雅玲 | 北京农业职业学院 | 中国林业教育 | 2009/01 | 31 | 512 | |
| 2. | 强化产学研结合突出高职教育特色 | 王秀清;马俊哲 | 北京农业职业学院 | 中国职业技术教育 | 2007/08 | 22 | 187 | (26) |
| 3. | 日本农业职业教育的做法与启示 | 杜保德;李玉冰;赵素英;胡天苍;李志勇;邱强;马思亿;李国营 | 北京农业职业学院 | 北京农业职业学院学报 | 2008/01 | 16 | 352 | |
| 4. | 高等农业职业教育人才培养模式的创新与实践 | 郝婧 | 北京农业职业学院 | 职业技术教育 | 2010/13 | 5 | 230 | 22 |
| 5. | 关于高等职业院校校园文化建设的实践与思考 | 赵章彬 | 北京农业职业学院 | 中国职业技术教育 | 2017/04 | 3 | 208 | |
| 6. | 跨区域合作办学的理念创新与实践探索——以北京农业职业学院为个案的研究 | 马俊哲;李凌 | 北京农业职业学院 | 北京农业职业学院学报 | 2012/01 | 3 | 101 | (27) |
| 7. | 以示范校建设为契机全面提升整体办学水平 | 王振如 | 北京农业职业学院 | 北京农业职业学院学报 | 2007/03 | 3 | 87 | |
| 8. | 北京农业职业教育发展对策研究 | 杜保德;李凌 | 北京农业职业学院 | 中国职业技术教育 | 2008/23 | 3 | 70 | 27(5) |

| 序号 | 篇名 | 作者 | 作者单位 | 刊名 | 年/期 | 被引频次↓ | 下载频次 | 相关度排序 |
|---|---|---|---|---|---|---|---|---|
| 9. | 坚持"三开式"办学服务郊区"三化"建设 | 王振如;宋丽润 | 北京农业职业学院 | 北京农业职业学院学报 | 2005/03 | 3 | 67 | |
| 10. | 基于技能大赛的职业性教学探索——以畜牧兽医专业为例 | 乔利敏 | 北京农业职业学院 | 黑龙江畜牧兽医 | 2015/18 | 3 | 49 | |
| 11. | 北京农业职业学院开放办学实践与探索 | 赵庶吏 | 北京农业职业学院 | 北京农业职业学院学报 | 2013/01 | 2 | 47 | (9) |
| 12. | 以集团化办学推进现代职业教育发展 | 杜晓林 | 北京农业职业学院 | 北京教育(高教) | 2015/06 | 2 | 39 | 18(12) |
| 13. | 关于京津冀都市型现代农业职业教育协同发展的思考 | 鄢毅平 | 北京农业职业学院 | 北京农业职业学院学报 | 2017/02 | 2 | 35 | 3 |
| 14. | 强化专业建设开拓后示范校建设的新路径——以北京农业职业学院畜牧兽医系专业建设为例 | 曹授俊;钱静 | 北京农业职业学院 | 北京农业职业学院学报 | 2012/04 | 1 | 117 | (24) |
| 15. | 都市型现代农业高技能人才培养改革与实践 | 王晓华;崔砚青;王振如;王福海;崔坤;张京生;郝婧;张晖 | 北京农业职业学院 | 中国职业技术教育 | 2015/26 | | 112 | |
| 16. | 畜牧兽医专业"岗位轮动"教学模式探索与实践 | 曹授俊;关文怡;李玉冰 | 北京农业职业学院 | 北京农业职业学院学报 | 2009/02 | 1 | 115 | |
| 17. | 高职院校开展职业技能竞赛的探索与实践 | 王晶;崔宝发;张满清;李桂伶 | 北京农业职业学院 | 黑龙江畜牧兽医 | 2015/02 | 1 | 91 | |
| 18. | 基于北京农业职业教育市场现状与发展规划 | 张满清 | 北京农业职业学院 | 中国校外教育 | 2009/04 | | 85 | 17(4) |

| 序号 | 篇名 | 作者 | 作者单位 | 刊名 | 年/期 | 被引频次↓ | 下载频次 | 相关度排序 |
|---|---|---|---|---|---|---|---|---|
| 19. | 创新实践模式推行现代学徒制——以北京农业职业学院汽车检测与维修技术专业为例 | 叶克;陆静兵;诸刚;王芳 | 北京农业职业学院 | 北京农业职业学院学报 | 2016/06 | | 77 | (11) |
| 20. | 借示范校建设强劲东风推动学院建设再上新台阶 | 崔砚青 | 北京农业职业学院 | 北京农业职业学院学报 | 2008/05 | | 79 | |
| 21. | 中国与加拿大小动物医学专业高等职业教育的思考——以北京农业职业学院与加拿大圣力嘉学院为例 | 李志;刘朗 | 北京农业职业学院 | 黑龙江畜牧兽医 | 2012/24 | | 70 | (2) |
| 22. | 职业院校教师培训创新机制探索——以北京农业职业学院为例 | 王敏;吕嘉 | 北京农业职业学院 | 中国商界(上半月) | 2010/07 | | 59 | |
| 23. | 荷兰农业职业教育的特点及对我国职业教育的启示 | 曹允 | 北京农业职业学院 | 山东畜牧兽医 | 2015/06 | 1 | 58 | |
| 24. | 提升理念重内涵突出特色谋发展——北京农业职业学院办学实践 | 崔砚青;王振如 | 北京农业职业学院 | 中国职业技术教育 | 2008/11 | | 57 | |
| 25. | 高职农业经济管理专业特色与教改原则分析——以北京农业职业学院为例 | 罗斌 | 北京农业职业学院 | 高等农业教育 | 2015/03 | 1 | 53 | (6) |
| 26. | 试论北京农业职业教育 | 李秀华 | 北京农业职业学院 | 中国职业技术教育 | 2007/32 | | 54 | (8) |
| 27. | 发挥职业教育优势服务新农村建设 | 崔砚青 | 北京农业职业学院 | 北京教育(高教版) | 2008/02 | 1 | 52 | |

| 序号 | 篇名 | 作者 | 作者单位 | 刊名 | 年/期 | 被引频次↓ | 下载频次 | 相关度排序 |
|---|---|---|---|---|---|---|---|---|
| 28. | 动物药理实践教学对学生职业能力培养的评价调查 | 马建民 | 北京农业职业学院 | 黑龙江畜牧兽医 | 2011/07 | | 49 | |
| 29. | 都市农业职业教育集团的合作治理与管理创新 | 杜晓林 | 北京农业职业学院 | 北京农业职业学院学报 | 2014/02 | | 45 | 12 |
| 30. | 提升理念创新模式完善机制服务京郊新农村建设 | 崔砚青 | 北京农业职业学院 | 北京农业职业学院学报 | 2006/06 | | 36 | |
| 31. | 发挥农广校体系优势,实现职业教育与社会服务的有机结合 | 邓银章 | 北京农业职业学院 | 消费导刊 | 2008/18 | | 35 | (25) |
| 32. | 高职农畜特产品加工专业实践教学体系的构建与运行模式 | 王丽琼 | 北京农业职业学院 | 职业教育研究 | 2011/11 | | 35 | |
| 33. | 高等职业教育课程改革的思考——邢台市高等职业院校考察报告 | 王琳静;郭辉;张馨月 | 北京农业职业学院 | 北京农业职业学院学报 | 2013/02 | 1 | 34 | (22) |
| 34. | 北京地区宠物医学职业教育的态势分析与建议 | 李志 | 北京农业职业学院 | 黑龙江畜牧兽医 | 2014/20 | 1 | 33 | |
| 35. | 从高职旅游管理专业毕业实习调查谈教学改革 | 耿红莉;贾艳琼 | 北京农业职业学院 | 北京农业职业学院学报 | 2017/03 | 1 | 26 | |
| 36. | 高等职业教育在乡村休闲农业发展中的作用 | 杜晓林 | 北京农业职业学院 | 北京农业职业学院学报 | 2014/04 | | 30 | 1 |
| 37. | 正确处理五大关系促进学院全面发展 | 崔砚青 | 北京农业职业学院 | 北京农业职业学院学报 | 2006/04 | | 26 | |
| 38. | 农业职业人才供求:北京样本 | 李秀华 | 北京农业职业学院 | 职业技术教育 | 2011/24 | | 26 | |

| 序号 | 篇名 | 作者 | 作者单位 | 刊名 | 年/期 | 被引频次↓ | 下载频次 | 相关度排序 |
|---|---|---|---|---|---|---|---|---|
| 39. | 论高职院校图书馆特色文献资源建设——基于都市农业职业教育信息服务视角优先出版 | 肖丽华 | 北京农业职业学院 | 农业图书情报学刊 | 2016/12 | | 20 | 7 |
| 40. | 试论都市农业职业教育与图书馆的文献资源建设 | 周建成 | 北京农业职业学院 | 科技情报开发与经济 | 2015/20 | | 18 | 5 |
| 41. | 《养鸭生产技术》课程实践教学探索——以北京农业职业学院为例 | 李玉清;张孝和;安英凤 | 北京农业职业学院 | 北京农业职业学院学报 | 2014/03 | | 12 | |
| 42. | 浅议都市农业职业教育的发展与图书馆馆员角色转换 | 周建成 | 北京农业职业学院 | 价值工程 | 2017/32 | | 11 | |
| 43. | 对"理实一体化"教学的探索与实践——以北京农业职业学院液压与气动技术课程为例 | 杨佳慧;叶克;杨学坤 | 北京农业职业学院 | 职业教育(中旬刊) | 2016/12 | | 8 | |
| 44. | 关于都市农业职业教育灰色文献的搜集整理与利用 | 周建成 | 北京农业职业学院 | 中外企业家 | 2016/29 | 1 | 13 | 10 |
| 45. | "工学结合"人才培养模式的探索与实践 | 梁丽平 | 北京农业职业学院 | 产业与科技论坛 | 2013/18 | | 5 | |
| 46. | 丰富职教内涵延长职教链条——以北京农业职业学院为例 | 崔坤 | 北京农业职业学院 | 北京教育(高教) | 2017/05 | | 3 | 23(1) |
| 47. | 关于都市农业职业教育信息服务的研究报告 | 肖丽华 | 北京农业职业学院 | 中外企业家 | 2017/15 | | 3 | |
| 48. | 数控加工实训项目的特色化研究与实践 | 蒋三生 | 北京农业职业学院机电工程学院 | 北京农业职业学院学报 | 2017/05 | | 1 | |

# 参考文献

[1]中国国民经济和社会发展第十三个五年规划纲要[EB/OL].[2017-12-22]. http://www.gov.cn/xinwen/2016-03/17/content_5054992.htm.

[2]高飞,杨剑平主编."都市农业"研究文献分析报告2012[M].北京:中国质检出版社,2013.

[3]北京市国民经济和社会发展第十二个五年规划纲要[EB/OL].[2017-12-22]. http://district.ce.cn/zt/zlk/bg/201205/25/t20120525_1269356.shtml.

[4]北京市"十三五"时期都市现代农业发展规划[EB/OL].[2017-12-22]. http://www.bjnw.gov.cn/zfxxgk/fgwj/zcxwj/201612/t20161208_379050.html.

[5]国家中长期教育改革和发展规划纲要(2010-2020年)[EB/OL].[2017-12-22]. http://www.moe.edu.cn/srcsite/A01/s7048/201007/t20100729_171904.html.

[6]国务院关于加快发展现代职业教育的决定[EB/OL].[2017-12-22]. http://www.gov.cn/zhengce/content/2014-06/22/content_8901.htm.

[7]关于加快发展现代职业教育的实施意见[EB/OL].[2017-12-22]. http://www.beijing.gov.cn/sjbsy/zxgkxx/t1413659.htm.

[8]中国共产党第十九次全国代表大会报告[EB/OL].[2017-12-22]. http://news.xinhuanet.com/politics/2017-10/18/c_1121820849.htm.

[9]北京农业职业学院简介[EB/OL].[2017-12-22]. http://www.bvca.edu.cn/nzgk/xyjj.htm.

[10]庄连雄.建立适应都市型农业的高等农业职业教育体系[J].教育发展研究,1999,(S1).

[11]鄢毅平.关于京津冀都市型现代农业职业教育协同发展的思考[J].北京农业职业学院学报,2017,(2).

[12]高飞,杨剑平主编."都市农业"研究文献分析报告 2013[M].北京:中国质检出版社,2014.

[13]伊丽丽,刘春鸣,刘爱军,欧雅玲.高等职业院校学生顶岗实习的探索与实践[J].中国林业教育,2009,(1).

[14]王秀清,马俊哲.强化产学研结合突出高职教育特色[J].中国职业技术教育,2007,(8).

[15]杜保德,李玉冰,赵素英,胡天苍,李志勇,邱强,马思亿,李国营.日本农业职业教育的做法与启示[J].北京农业职业学院学报,2008,(1).

[16]王秀娟,李永晶.构建以技术专业能力为本位的项目课程体系[J].黑龙江高教研究,2008,(6).

[17]黄顺,潘文明,唐蓉,尤伟忠.高职园林技术专业"1+1+1"工学结合人才培养模式研究[J].现代农业科技,2009,(17).

[18]王峥.产学研结合培养农技人才的探索及实践[J].农业科技管理,2005,(6).

[19]王秀娟.高职设施农业技术专业实施工学结合、联合培养模式的实践探索[J].中国职业技术教育,2008,(2).

[20]吴学军.高等农业职业教育课程创新研究——以成都农业科技职业学院为例[J].高等农业教育,2007,(12).

[21]郝婧.高等农业职业教育人才培养模式的创新与实践[J].职业技术教育,2010,(13).

[22]陈俊红,王爱玲,周连第.北京市农民科技素质及影响因素的实证研究[J].北京市经济管理干部学院学报,2009,(1).

[23]费显伟,周贵平,富新华.高等职业教育设施农业专业人才培养目标和培养模式的构建[J].高等农业教育,1999,(7).

[24]尹洛蓉.开发共享型课程资源库,促进高职教育教学改革——以畜牧兽医专业课程资源库建设为例[J].中国畜牧兽医文摘,2015,(5).

[25]乔莉莉.高职教育参与农村劳动力转移培训研究[J].职业教育研究,2008,(12).

[26]华景清,蔡健,徐良.高职焙烤专业创业教育的探索与思考[J].农产品加工(学刊),2010,(10).

[27]赵章彬.关于高等职业院校校园文化建设的实践与思考[J].中国职业技术教育,2017,(4).

[28]许亚东,姜光丽,周光荣.院企合作共建畜牧兽医专业生产性实训基地的研究与实践[J].高等农业教育,2009,(9).

[29]马俊哲,李凌.跨区域合作办学的理念创新与实践探索——以北京农业职业学院为个案的研究[J].北京农业职业学院学报,2012,(1).

[30]王振如.以示范校建设为契机全面提升整体办学水平[J].北京农业职业学院学报,2007,(3).

[31]杜保德,李凌.北京农业职业教育发展对策研究[J].中国职业技术教育,2008,(23).

[32]王振如,宋丽润.坚持"三开式"办学服务郊区"三化"建设[J].北京农业职业学院学报,2005,(3).

[33]乔利敏.基于技能大赛的职业性教学探索——以畜牧兽医专业为例[J].黑龙江畜牧兽医,2015,(18).

[34]陈海生,吕乐燕.高职院校设施农业技术专业《设施园艺》教学改革探索[J].安徽农学通报,2013,(10).

[35]时忠明.农业高职机电类专业实施"双证书"制度探索——以苏州农业职业技术学院为例[J].职业技术教育,2013,(35).

[36]谈再红,姚季伦.改革农业职业教育服务休闲农业产业发展——从休闲农业的发展谈职业教育的改革创新[J].湖南农业科学,2014,(2).

[37]朱旭东,钱剑林,李庆魁.园艺生物技术实训基地建设的实践与思考[J].科技信息,2008,(26).

[38]石丽敏,叶琦.突出职教特色走产学研一体化办学之路——苏州农业职业技术学院校办产业模式的实践探索[J].中国职业技术教育,2008,(35).

[39]张红燕,谢红.设施农业技术专业基于工作过程导向的课程开发[J].职业教育研究,2009,(8).

[40]黄顺,周军,朱志钦.中高职分段培养园林技术专业衔接课程"一体化"设计[J].安徽农业科学,2014,(21).

[41]黄春来,黎定军.浅谈都市农业发展与职业教育创新[J].当代教育论坛(上半月刊),2009,(5).

[42]费显伟,张立今,王国东,富新华.突出能力培养构建农业高职实践教学新模式[J].辽宁高职学报,2003,(5).

[43]许爱萍.现代都市农业发展需求视域下的职业农民培育路径[J].农业科技管理,2015,(4).

[44]赵庶吏．北京农业职业学院开放办学实践与探索[J]．北京农业职业学院学报,2013,(1).

[45]高佳．如何搞好都市现代农业中的农民技能培训工作[J]．天津农业科学,2013,(2).

[46]杜晓林．以集团化办学推进现代职业教育发展[J]．北京教育(高教),2015,(6).

[47]杨长荣,周瑾．农业职业教育服务现代都市农业研究[J]．中国职业技术教育,2012,(3).

[48]殷志扬,林德明,程培堽．高职院校"冠名＋订单"工学交替培养模式的实践与思考——以苏州农业职业技术学院连锁经营管理专业为例[J]．武汉职业技术学院学报,2010,(4).

[49]曹授俊,钱静．强化专业建设开拓后示范校建设的新路径——以北京农业职业学院畜牧兽医系专业建设为例[J]．北京农业职业学院学报,2012,(4).

[50]周军,成海钟,钱剑林,潘文明,李臻,赵茂锦,黄顺,杨小平,闵小勇,梁铮．"双线四段、筑园塑人"人才培养模式的创新与实践[J]．中国职业技术教育,2015,(17).

[51]王晓华,崔砚青,王振如,王福海,崔坤,张京生,郝婧,张晖．都市型现代农业高技能人才培养改革与实践[J]．中国职业技术教育,2015,(26).

[52]曹授俊,关文怡,李玉冰．畜牧兽医专业"岗位轮动"教学模式探索与实践[J]．北京农业职业学院学报,2009,(2).

[53]丁继安,方东傅．高职创新创业人才培养要向绿色职教转型[J]．职业技术教育,2013,(36).

[54]王晶,崔宝发,张满清,李桂伶．高职院校开展职业技能竞赛的探索与实践[J]．黑龙江畜牧兽医,2015,(2).

[55]张满清．基于北京农业职业教育市场现状与发展规划[J]．中国校外教育,2009,(4).

[56]王信泰,谷淑萍,徐本仁．培育一代新型农民建设现代都市农业——关于实施"专业农民"培训若干问题的思考[J]．上海农村经济,2006,(9).

[57]邓继辉．培养具备可持续发展能力的新型职业农民新思考——以成都农业科技职业学院畜牧兽医专业为例[J]．黑龙江畜牧兽医,2014,(14).

[58]叶克,陆静兵,诸刚,王芳．创新实践模式推行现代学徒制——以北京农业职业学院汽车检测与维修技术专业为例[J]．北京农业职业学院学报,2016,

(6).

[59]崔砚青.借示范校建设强劲东风推动学院建设再上新台阶[J].北京农业职业学院学报,2008,(5).

[60]张平,邓继辉,周光荣,姜光丽.高等职业教育中创新校企合作培养模式的思考[J].中国畜禽种业,2010,(11).

[61]李志,刘朗.中国与加拿大小动物医学专业高等职业教育的思考——以北京农业职业学院与加拿大圣力嘉学院为例[J].黑龙江畜牧兽医,2012,(24).

[62]何钢,汤瑾.农业高职院校校企合作长效机制的研究实践——以苏州农业职业技术学院为例[J].学理论,2014,(6).

[63]邓继辉,姜光丽,黄雅杰,张平.涉农专业中高职衔接的思考——以成都农业科技职业学院畜牧兽医类专业为例[J].黑龙江畜牧兽医,2015,(22).

[64]费显伟,张立今,王国东,富新华.引入市场机制,构建高职设施农业专业校内实践教学新模式[J].高等农业教育,2003,(4).

[65]尹洛蓉.高职专业教学资源库建设与实践——以成都农业科技职业学院畜牧兽医及相关专业为例[J].黑龙江畜牧兽医,2015,(24).

[66]赵军.基于"理实一体"的高职"双证"技能体系的构建与实现——以苏州农业职业技术学院信息类专业为例[J].湖北科技学院学报,2013,(2).

[67]李克俭,徐良,胡强,司文会.高职院校实践课程量化考核体系研究——以苏州农业职业技术学院食品烘焙技术课程为例[J].科技信息,2014,(13).

[68]方蕾.都市农业背景下的农业高职教育教学改革[J].中国成人教育,2010,(22).

[69]王敏,吕嘉.职业院校教师培训创新机制探索——以北京农业职业学院为例[J].中国商界(上半月),2010,(7).

[70]曹允.荷兰农业职业教育的特点及对我国职业教育的启示[J].山东畜牧兽医,2015,(6).

[71]崔砚青,王振如.提升理念重内涵突出特色谋发展——北京农业职业学院办学实践[J].中国职业技术教育,2008,(11).

[72]罗斌.高职农业经济管理专业特色与教改原则分析——以北京农业职业学院为例[J].高等农业教育,2015,(3).

[73]李秀华.试论北京农业职业教育[J].中国职业技术教育,2007,(32).

[74]李克俭,阚小峰,司文会.高职院校专业教学团队建设的实践与成效——以苏州农业职业技术学院生物技术及应用专业为例[J].吉林省教育学院

学报（上旬），2014，（7）．

[75]罗丹丹，张平，杨洋，陈艳．高职院校现代学徒制试点教育现状分析——以成都农业科技职业学院为例[J]．中国农业教育，2017，（1）．

[76]崔砚青．发挥职业教育优势服务新农村建设[J]．北京农业职业学院学报，2007，（6）．

[77]吴智泉，陶春．发展北京农村职业教育的意义与对策研究[J]．中国电力教育，2010，（27）．

[78]刘洪波．"两型社会"背景下郊区农民职业教育研究[J]．辽宁行政学院学报，2009，（8）．

[79]解鹏，郭志海．深化内涵育人才彰显特色惠三农——苏州农业职业技术学院升格高职院10周年巡礼[J]．中国职业技术教育，2012，（1）．

[80]李海林，许建生，尤荣，胡强．"寓学寓工校企共育"创新人才培养模式的研究与实践——以苏州农业职业技术学院食品专业为例[J]．农产品加工（学刊），2013，（19）．

[81]马建民．动物药理实践教学对学生职业能力培养的评价调查[J]．黑龙江畜牧兽医，2011，（7）．

[82]杜晓林．都市农业职业教育集团的合作治理与管理创新[J]．北京农业职业学院学报，2014，（2）．

[83]唐蓉，李寿田，朱广慧，汪成忠，顾国海，李成慧．园校融合共建高职园艺类专业实践教学体系[J]．教育教学论坛，2013，（33）．

[84]李朝红．高职设施园艺课程实践教学改革探讨[J]．现代农业科技，2012，（14）．

[85]赵春春．园林工程技术专业工学结合模式的探索[J]．现代农业，2011，（7）．

[86]崔砚青．提升理念创新模式完善机制服务京郊新农村建设[J]．北京农业职业学院学报，2006，（6）．

[87]邓银章．发挥农广校体系优势，实现职业教育与社会服务的有机结合[J]．消费导刊，2008，（18）．

[88]王丽琼．高职农畜特产品加工专业实践教学体系的构建与运行模式[J]．职业教育研究，2011，（11）．

[89]王琳静，郭辉，张馨月．高等职业教育课程改革的思考——邢台市高等职业院校考察报告[J]．北京农业职业学院学报，2013，（2）．

[90]杨霞,杨冬芸,邓继辉.基于现代学徒制的宠物养护与驯导专业人才培养模式探索与研究[J].中国畜牧兽医文摘,2016,(6).

[91]刘益曦,胡春,于振兴,谢志远,张呈念.都市农业发展中新型职业农民培训的绩效评估与分析——基于规模示范合作社农户的实地调查[J].江苏农业科学,2017,(6).

[92]李志.北京地区宠物医学职业教育的态势分析与建议[J].黑龙江畜牧兽医,2014,(20).

[93]耿红莉,贾艳琼.从高职旅游管理专业毕业实习调查谈教学改革[J].北京农业职业学院学报,2017,(3).

[94]蔡健.提高人才培养质量的思考——以苏州农业职业技术学院为例[J].农产品加工(学刊),2012,(6).

[95]杜晓林.高等职业教育在乡村休闲农业发展中的作用[J].北京农业职业学院学报,2014,(4).

[96]孙孟侠.职业教育与都市型农业互动关系刍议[J].高等函授学报(哲学社会科学版),2007,(9).

[97]邹承俊.高职计算机类专业人才培养模式的改革研究与实践——以成都农业科技职业学院为例[J].工业和信息化教育,2013,(11).

[98]杨丽华.浅谈加快推进新型职业农民教育培训的思考[J].农民致富之友,2017,(4).

[99]崔砚青.正确处理五大关系促进学院全面发展[J].北京农业职业学院学报,2006,(4).

[100]李秀华.农业职业人才供求:北京样本[J].职业技术教育,2011,(24).

[101]张彭良.基于职业教育专业特点对现代学徒制的可行性探索——以成都农业科技职业学院种子生产与经营专业为依托[J].教育教学论坛,2017,(5).

[102]佟凤琴.高等职业教育中设施园艺专业人才培养探讨[J].农业技术与装备,2016,(2).

[103]吴元龙.园林工程技术专业课程实践教学培养模式例析[J].中国园艺文摘,2015,(9).

[104]孙曦,周志恩,李鹏,赵宇昕."双元制"在都市型现代农业高职教育中的应用研究[J].赤子(中旬),2014,(14).

[105]陈艳,杨洋,张平,蒋红丽,姜光丽.高职院校公选课助推复合型创新人

才培养的策略研究——以成都农业科技职业学院为例[J]. 教育教学论坛,2017, (6).

[106]马骏,苏冬云,濮海坤. 南通农机职业教育的思考[J]. 读与写(教育教学刊),2013,(2).

[107]苟鸿娅,易志清,张亚. 高等职业教育服务"三农"形式及对策研究[J]. 中国商贸,2014,(11).

[108]崔海. 高职"园艺技术实训"课程教学改革的思考[J]. 中国园艺文摘, 2013,(12).

[109]程冰. 设施农业生产技术"理实一体化"教学模式探索[J]. 企业导报, 2015,(22).

[110]赵乐. 新常态下中职观光农业经营专业人才培养应对措施[J]. 新课程研究(中旬刊),2017,(1).

[111]许亚东,鲁健生. 在育人兴农中不断发展[J]. 中国农村教育,2007, (9).

[112]孟庆霞. 浅析天津市涉农产业职业技能培训工程[J]. 天津农林科技, 2012,(1).

[113]李玉清,张孝和,安英凤.《养鸭生产技术》课程实践教学探索——以北京农业职业学院为例[J]. 北京农业职业学院学报,2014,(3).

[114]韩杰,白文林,尹荣焕,原婧,陈晓月,韩小虎,刘宝山,刘丽霞. 现代学徒制模式在本科院校人才培养实践中的借鉴与探索——以沈阳农业大学为例[J]. 畜牧与饲料科学,2017,(10).

[115]金立敏,唐蓉. 高职园艺专业"六园一体技艺三进"式人才培养模式的构建与实践——以苏州农业职业技术学院园艺专业为例[J]. 科教导刊(下旬), 2017,(5).

[116]杨洁. 高职学生实践动手能力培养研究——以成都农业科技职业学院为例[J]. 河南农业,2014,(14).

[117]尹洛蓉. 强化高职课程教学改革实践,提高动物解剖生理课程教学效果[J]. 中国畜牧兽医文摘,2016,(7).

[118]杨佳慧,叶克,杨学坤. 对"理实一体化"教学的探索与实践——以北京农业职业学院液压与气动技术课程为例[J]. 职业教育(中旬刊),2016,(12).

[119]郑玉艳. 高职设施农业专业"双体系"教学模式的探索[J]. 辽宁农业职业技术学院学报,2016,(6).

[120]梁丽平."工学结合"人才培养模式的探索与实践[J]. 产业与科技论坛,2013,(18).

[121]李辉,任华,罗敏."互联网＋"视域下农业职业教育教学改革路径探索与实践[J]. 中国农业教育,2017,(2).

[122]崔坤. 丰富职教内涵延长职教链条——以北京农业职业学院为例[J]. 北京教育(高教),2017,(5).

[123]李显友. 北京农民手机应用技能培训工作成效[J]. 农业工程技术,2017,(9).

[124]蒋三生. 数控加工实训项目的特色化研究与实践[J]. 北京农业职业学院学报,2017,(5).